# Gouvernance non intrusive des données

# frappe encore

## GAIN D'EXPÉRIENCE ET DE PERSPECTIVE

### PREMIÈRE ÉDITION

## Robert S. Seiner

Technics Publications
SEDONA, ARIZONA

115 Linda Vista
Sedona, AZ 86336 USA

https://www.TechnicsPub.com

Édité par Sadie Hoberman
Traduction française par Michel Hébert M.G.L., CDMP

Conception de la couverture par Lorena Molinari

Première impression 2023

© 2023 par Robert S. Seiner

ISBN, éd. imprimée.  9781634623087
ISBN, éd. Kindle     9781634623902
ISBN, éd. ePub       9781634624008
ISBN, éd. PDF        9781634624015

Library of Congress Control Number: 2023930977

---

*Trop souvent, les livres de données présentent une vision rose de la façon dont les choses devraient être. Bob Seiner a certainement les connaissances nécessaires pour savoir ce qu'il faut changer, mais il a aussi l'expérience pratique pour y parvenir. Ce livre est une clé qui peut aider n'importe qui à débloquer les connaissances que Bob a accumulées à la dure, à partir de l'expérience de nombreuses mises en œuvre de la gouvernance des données dans la vie réelle. Il devrait être ajouté à votre bibliothèque, car quel que soit le scénario, il y aura probablement un chapitre ou un article qui s'appliquera et contribuera à améliorer votre situation. Je ne peux imaginer un meilleur rappel au livre original de Bob, Gouvernance non intrusive des données!*

Anthony Algmin
Fondateur, Algmin Data Leadership

*Dans La gouvernance non intrusive des données frappe encore, Bob Seiner nous révèle les nombreuses questions qu'un expert doit se poser pour découvrir la voie pratique à suivre pour créer une culture d'excellence en matière de gouvernance des données. Dans cette suite tant attendue de la Gouvernance non intrusive des données, Bob ne se contente pas de mettre à jour son livre qui a changé la donne. Bob découvre, déballe, expose, défragmente et dissèque les leçons et les questions qu'il a découvertes en appliquant ses méthodologies révolutionnaires en matière de gouvernance des données. Le lecteur sera bien préparé dans un monde d'IA générative où les entreprises sont inondées de volumes de données plus importants que jamais. Nous apprenons à partir d'exemples comment gérer, administrer, mesurer et devenir le meilleur professionnel de la gouvernance des données avec le moins de frictions possible.*

Michelle Finneran Dennedy
Directrice générale, PrivacyCode, Inc. et partenaire, Privatus Strategic Consulting

*La méthodologie de Gouvernance non intrusive des données, inventée par Bob, a contribué à révolutionner la façon dont les organisations gèrent les données. Ce livre partage les leçons qu'il a tirées de la mise en pratique de la GNID. Si vous cherchez des conseils pour gouverner les données de votre organisation sans avoir à modifier de manière significative les processus ou l'infrastructure existants, laissez-vous guider par le dernier livre de Bob.*

Craig Mullins
Président et conseiller principal, Mullins Consulting, Inc.

*Il n'y a pas de source plus prolifique d'idées originales dans la communauté de la gouvernance des données que Bob Seiner. Il est sur le terrain tous les jours, travaillant aux côtés de ses clients pour les aider à répondre aux opportunités et aux problèmes réels de l'entreprise. En partageant « ses expériences et ses perspectives » dans ce livre, Bob vous fait profiter de milliers d'heures de travail acharné et de réflexion créative mises en pratique dans le monde réel.*

Tony Shaw
PDG et fondateur, DATAVERSITY

*Le nouveau livre de Bob Seiner, Gouvernance non intrusive des données frappe encore, transmet le bon message au bon moment aux organisations d'aujourd'hui axées sur les données et à leurs responsables des données, DSI et DD. Plus important encore, il aborde la manière d'obtenir le soutien du programme, la démonstration de la valeur métier, ainsi que les éléments humains et technologiques pour que cela fonctionne. En tant que processus opérationnel essentiel, il est temps que la gouvernance des données fonctionne réellement.*

Myles Suer
Facilitateur, CIOChat

*Depuis que nous sommes impliqués dans la gouvernance des données, il nous est souvent arrivé, à mon ami Bob et à moi, de nous retrouver sur scène pour débattre des approches de mise en œuvre. Je décrivais les efforts menés par les dirigeants et axés sur les grands change-ments, tandis qu'il décrivait le démarrage d'un programme non menaçant qui « se concentre sur l'exploitation de la redevabilité existante tout en abordant les possibilités d'amélioration ». Au cours du débat, je lui demandais : Quelle est la prochaine étape? Comment développer un tel programme? Comment passer les détails à des projets de plus grande portée? Dans GNID frappe encore! Bob répond à ces questions et à bien d'autres encore.*

Gwen Thomas
Fondatrice, The Data Governance Institute et Conseillère principale, DGI Consulting

*Si vous avez apprécié les conseils fournis par le premier livre sur la gouvernance non intrusive des données pour la création d'un programme formel de gouvernance des données, vous apprécierez les idées précieuses proposées dans nouveau livre. C'est un incontournable pour les praticiens des données qui cherchent à naviguer avec succès dans la multitude de nuances de l'entreprise lors de l'opérationnalisation de la gouvernance des données. S'appuyant sur des expériences concrètes tirées de sa pratique de consultant, Bob Seiner fournit aux lecteurs une plusieurs conseils pratiques pour faire évoluer leur programme de gouvernance des données afin de l'adapter aux besoins de leur entreprise. De l'obtention du soutien de l'entreprise jusqu'à la mesure de la valeur commerciale du programme, en passant par la conception d'un cadre organisationnel efficace, ce livre couvre tous les aspects pour les responsables des données qui gèrent un large éventail de programmes. Depuis la publication du premier livre, Bob a compilé ces leçons réelles sous forme d'essais, offrant aux lecteurs une compréhension actualisée des concepts de données dans le monde du travail moderne d'aujourd'hui.*

Peggy Tsai
Directrice des données, BigID

# Contenu

# Figures

# Introduction

Il y a plus de huit ans que la version originale de mon livre, *Gouvernance non intrusive des données : Le chemin de la moindre résistance et du plus grand succès*, a été publiée par Steve Hoberman, ami et confident de longue date, et sa maison d'édition, Technics Publications. Depuis, cinq langues ont été traduites, et d'autres sont prévues pour la fin de l'année. Cela démontre un intérêt continu et croissant pour la mise en œuvre de la gouvernance des données par une approche qui ne soit ni douloureuse ni menaçante pour la culture de l'entreprise.

Cette année a été remarquable pour les organisations qui ont mis en place des programmes formels de gouvernance des données. Bien que certaines aient eu beaucoup de succès, d'autres continuent à lutter, c'est pourquoi nous réintroduisons ici le concept de la gouvernance des données d'une manière pratique, pragmatique, efficace, efficiente, non intrusive et non menaçante.

La principale raison pour laquelle j'ai écrit le premier livre était de faire comprendre aux gens que la gouvernance des données n'est pas forcément une question de « commander et contrôler ». J'ai l'impression que lorsque les gens entendent *gouvernance des données,* ils s'enfuient en courant, pensant que quelqu'un va leur dire comment effectuer leur travail différemment et que l'impact ne sera pas beau à voir.

Le titre de ce livre peut sembler contradictoire. Le concept de non intrusif contraste fortement avec la notion de frapper quoi que ce soit. Ce que je veux dire, c'est que votre programme de gouvernance des données doit avoir un impact direct sur l'organisation et que vous pouvez mettre en place une gouvernance des données formelle en adoptant une approche moins menaçante (non intrusive) pour obtenir les mêmes résultats ou des résultats plus formels.

Dans le premier livre, j'ai utilisé l'expression « reconnaître » plutôt que « d'affecter » des intendants de données. J'ai parlé de « formaliser la redevabilité existante » et « d'appliquer la gouvernance au processus ». Une nouvelle terminologie est entrée dans mon dialecte au fil des ans, notamment l'affirmation selon laquelle « tout le monde est un intendant de données, acceptez-le! » et que « les données – et les métadonnées – ne se gouverneront pas d'elles-mêmes. » Les données de votre organisation sont déjà gérées par des personnes. Ils définissent, produisent et utilisent les données dans le cadre de leur travail. Si nous tenons ces personnes formellement redevables de leurs actions, elles sont les intendants de données. La gouvernance non intrusive des données vous aidera à passer de la redevabilité informelle à la redevabilité formelle.

Dans ce livre, je partage une série de courts essais qui parlent des leçons que j'ai apprises au cours des dix dernières années ou plus, des moyens de rendre la gouvernance des données plus accessible aux personnes qui ne sont pas spécialistes des données, et des perspectives que j'ai acquises en travaillant avec des organisations fantastiques.

Je travaille dans le domaine de la gestion des données depuis de nombreuses années. Le premier livre se concentrait sur la promotion de la gouvernance des données afin que les dirigeants donnent le feu vert à la définition, à la mise en œuvre et à l'administration du programme. Ce livre traite de la mise en place des éléments nécessaires à la gouvernance des données afin d'assurer sa réussite et sa pérennité au sein de notre organisation.

Les questions typiques posées par les personnes qui vendent la nécessité d'une gouvernance des données dans leur organisation sont les suivantes : « Que faut-il faire pour convaincre notre direction de consacrer des ressources, du temps et de l'argent à la mise en place et au fonctionnement d'un programme de gouvernance des données? » ou « Comment faire comprendre à la direction l'importance de la gouvernance des données? » Il n'y a pas de réponse simple à ces questions. Et le premier livre n'est pas destiné à répondre spécifiquement à ces questions pour votre organisation.

---

*Chaque organisation a sa propre façon de prioriser les ressources, le temps et l'argent, de déterminer si la gouvernance des données est suffisamment importante et utile pour être appliquée, et de décider ce qui sera fait ou non.*

---

Au lieu de cela, je vous redonne ces quelques conseils pour atteindre vos objectifs de gouvernance des données pour votre organisation, en espérant que vous considérerez l'approche non intrusive comme une option. Voici l'essentiel des messages à l'intention de la direction sur la gouvernance non intrusive des données, tirés du premier livre.

---

*Ne présentez pas la gouvernance des données comme un énorme défi.*

---

Si votre direction pense déjà que la gouvernance des données sera un grand défi, assurez-la qu'elle peut être mise en œuvre d'une manière non menaçante, non perturbante, sans changement de culture (oserais-je dire « non intrusive ») afin de réduire de manière significative le défi.

Il n'est pas nécessaire de mettre en œuvre la gouvernance des données en une seule fois. En fait, la plupart des organisations qui réussissent mettent en œuvre leurs programmes de manière progressive, en augmentant 1) l'étendue des données qui sont gouvernées (au niveau des domaines ou de l'organisation) et/ou 2) le niveau de gouvernance (comportement formel) appliqué à ces données.

---

*Insistez que la gouvernance des données n'est pas une solution technique.*

---

Votre programme de gouvernance des données comportera probablement une composante technique. Mais il se peut aussi qu'il n'y en ait pas. La plupart des gens s'accordent à dire que le simple achat d'un logiciel ne suffit pas pour mettre en place une solution de gouvernance des données. Et la plupart conviendront aussi que l'on peut développer des outils simples pour régir le comportement des personnes.

La technologie peut aider à formaliser le comportement des personnes. Le comportement des données dépend de celui des personnes. Par conséquent, la technologie peut vous aider à régir les comportements des personnes, mais elle ne régira pas, en soi, les données.

---

*Insistez que c'est le comportement des personnes qui est régi, pas les données.*

---

La gouvernance des données consiste généralement à formaliser le comportement des personnes pour la définition, la production et l'utilisation des données. Formaliser le comportement des personnes, pas les données. Les données se comportent de la même manière que les personnes. Par conséquent, la technologie peut vous aider à gouverner les comportements des personnes, mais les données font ce qu'on leur dit de faire.

Puisque le comportement des personnes est régi, de nombreuses organisations considèrent que la gouvernance des données est une discipline axée sur les processus. C'est en partie vrai. Faire en sorte que les gens fassent ce qu'il faut au moment où il le faut est un aspect important de la gouvernance. Cependant, les organisations qui « vendent » la gouvernance des données comme de nouveaux « processus de gouvernance » se heurtent à l'intrusivité inhérente (perçue) de cette approche. La gouvernance doit d'abord formaliser le comportement autour des processus existants et n'alourdir la charge de travail des personnes qu'en dernier recours.

---

*Insistez que la gouvernance des données est une évolution, pas une révolution.*

---

Comme indiqué précédemment, il n'est pas possible de passer d'un environnement de données non gouvernées à un environnement de données gouvernées en une seule étape. Les organisations évoluent vers un état de données gouvernées de différentes manières. Certaines organisations se concentrent d'emblée sur des domaines ou des sujets de données spécifiques. D'autres commencent par se concentrer sur des domaines opérationnels, des divisions, des unités et des systèmes spécifiques, plutôt que de mettre en œuvre leur programme dans l'ensemble de l'organisation. Certaines organisations se concentrent sur des données critiques et des éléments de données critiques (EDC) spécifiques qui ont un impact sur plusieurs unités opérationnelles à la fois. Il n'existe pas de méthode unique pour faire évoluer un programme de gouvernance des données. Je peux presque vous assurer que si vous considérez la gouvernance des données comme une révolution et que vous commencez par essayer de gouverner toutes vos données en même temps, il y aura une révolte.

J'espère que ces paroles de sagesse ont retenu votre attention et que ce livre, tout comme le premier – et le troisième à venir – répondront à vos questions sur la manière de rester non intrusif dans votre approche de la gouvernance des données.

Je remercie tout particulièrement Ronald Kok (traduction néerlandaise), Nino Letteriello (italien), Michel Hébert (français), Astrid Gelbke (allemand) et Michele Iurillo (espagnol) – et d'autres noms et langues viendront bientôt s'ajouter – d'avoir pris contact avec mon éditeur et moi-même pour mettre ce contenu à la disposition des gens du monde entier. Je suis très reconnaissant de l'intérêt qu'ils m'ont témoigné et j'en suis très honoré.

---

*Commencez et restez non intrusif dans votre approche*
*de la gouvernance des données.*

---

# Expériences et perspective

L'approche de la gouvernance non intrusive des données est plus âgée que mon premier livre. Le premier programme de gouvernance des données que j'ai mis en œuvre (appelé *stewardship* au milieu des années 90) était axé sur les intendants de données « de-facto » (existants) de mon entreprise – ou les personnes de l'organisation qui étaient déjà officieusement responsables des données. À l'époque, je n'utilisais pas le terme « non intrusif » et l'idée de qualifier l'approche de-facto de « non intrusif » n'avait pas encore vu le jour.

En 2014, j'ai mis en mots les leçons que j'ai apprises au cours de cette première mise en œuvre, ainsi que plusieurs autres qui ont suivi la même approche au fil des ans. Cette section du livre se concentre sur l'expérience que j'ai acquise depuis la publication du premier livre, ce qui a donné lieu à un artefact qui consolide ces expériences dans un cadre opérationnel. En outre, cette section propose des méthodes d'évaluation des approches et de la maturité de la gouvernance des données, ainsi que de nouvelles façons d'aborder la gouvernance des données afin d'améliorer la manière dont vous en parlez avec vos collègues.

# CHAPITRE 1

# Leçons apprises

J e trouve toujours de nouvelles façons d'expliquer en quoi la gouvernance non intrusive des données diffère des autres approches. Je teste comment faire ressortir l'approche et simplifier les moyens pour mieux faire comprendre les messages et les concepts fondamentaux de l'approche. J'ai tiré des enseignements sur la manière de faire progresser le concept de gouvernance des données en général et de consolider la compréhension des avantages de l'approche non intrusive.

Ce chapitre décrit des façons de décrire ce que signifie « gouverner » et ce que signifie « être non intrusif », ainsi que de nouvelles façons d'expliquer les différences entre les approches de la gouvernance des données. Ce chapitre comprend un nouveau cadre opérationnel qui rassemble les éléments essentiels d'un programme de gouvernance des données réussi tout en fournissant un moyen efficace de communiquer sur ces éléments à travers les différents points de vue de votre organisation. En outre, ce chapitre présente des réflexions sur ce qui rend les données critiques et fournit un modèle de maturité que vous pouvez utiliser pour évaluer et décrire l'état actuel et futur de votre programme.

## Expérience : Qu'est-ce que la gouvernance non intrusive des données?

Comment la gouvernance des données peut-elle être non intrusive? Cette question m'est encore souvent posée ces jours-ci. En fait, plus de 90 % des personnes qui assistent à mes sessions lors de conférences et de webinaires me disent que l'expression gouvernance non intrusive des données[1] est ce qui les attire dans mes écrits et dans la session à laquelle ils assistent. Ils repartent à la fin des sessions en étant convaincus. Permettez-moi de répondre rapidement à cette question et d'aller droit au but :

*La gouvernance non intrusive des données se concentre sur la formalisation de la redevabilité, l'amélioration de la communication et l'intendance efficace des ressources de données par l'ensemble de l'organisation.*

Je définis la gouvernance des données comme « l'exécution et l'application de l'autorité sur la gestion des données et des actifs liés aux données. » De nombreuses organisations considèrent cette définition comme effrayante et trop agressive. La vérité est qu'en fin de compte, les organisations doivent « exécuter et appliquer » l'autorité sur leurs données pour que leur programme de gouvernance des données soit et reste efficace. Je ne dis pas que vous devez utiliser cette définition, mais je suggère une définition forte pour que les gens soient intrigués et demandent ce que vous entendez par ces mots.

Je décris la gouvernance non intrusive des données comme « la pratique consistant à appliquer une redevabilité et un comportement formels pour assurer la qualité, l'utilisation efficace, la conformité, la sécurité et la protection des données ». Non intrusive décrit la manière dont la gouvernance est appliquée

---

[1] NdT: en anglais, *Non-Invasive Data Governance*, est une marque déposée par l'auteur.

pour garantir la gestion non menaçante d'actifs de données précieux. L'objectif est de faire preuve de transparence, de soutien et de collaboration.

De nombreuses organisations considèrent que la gouvernance des données représente un effort supplémentaire et qu'elle menace la culture de travail existante de l'organisation. *Il n'est pas nécessaire qu'il en soit ainsi.*

De nombreuses organisations éprouvent des difficultés à faire adopter les meilleures pratiques de gouvernance des données en raison d'une croyance répandue selon laquelle la gouvernance des données est une question de commandement et de contrôle. *Il n'est pas nécessaire qu'il en soit ainsi.*

Bien que j'affirme fermement que la gouvernance des données est « l'exécution et l'application de l'autorité sur la gestion des données », il n'est dit nulle part dans cette définition que la mise en œuvre de la gouvernance des données doit être intrusive ou menaçante pour le travail, les personnes et la culture de l'organisation. *Il n'est pas nécessaire qu'il en soit ainsi.*

Nous pouvons résumer la gouvernance non intrusive des données en quelques mots. Avec la gouvernance non intrusive des données :

- Les responsabilités des intendants de données sont identifiées et reconnues, formalisées et engagées en fonction de leurs responsabilités existantes plutôt que d'être affectées ou confiées à des personnes comme s'il s'agissait d'un surplus de travail.

- La gouvernance des données est appliquée aux politiques, procédures opérationnelles, pratiques et méthodologies existantes, plutôt que d'être introduite ou mise en avant en tant que nouveaux processus ou méthodes.

- La gouvernance des données soutient toutes les activités d'intégration des données, de protection de la vie privée, de gestion des risques, d'informatique décisionnelle et de gestion des données maîtres, au lieu d'imposer une rigueur incohérente à ces initiatives.

- Une attention particulière est accordée pour s'assurer que les dirigeants comprennent cette approche pratique, non menaçante mais efficace de la gouvernance des données, afin de faciliter l'appropriation et de promouvoir la gestion des données en tant qu'actif de l'ensemble de l'organisation, plutôt que la méthode traditionnelle qui consiste à dire « vous ferez ceci ».

- Les meilleures pratiques et les concepts clés de l'approche non menaçante sont communiqués de manière efficace, par rapport aux pratiques existantes d'identification et d'exploitation des points forts, et de renforcement de la capacité à aborder les possibilités d'amélioration.

---

### Ce qu'il faut retenir

Le simple fait d'inclure le terme « gouvernance » signifie que la gouvernance des données nécessite l'administration de quelque chose. Dans ce cas, la gouvernance des données fait référence à l'administration d'une discipline autour de la gestion des données. Plutôt que de faire apparaître cette discipline comme menaçante et difficile, je suggère de suivre une approche de gouvernance non intrusive des données qui se concentre sur la formalisation de ce qui existe déjà et sur les possibilités d'amélioration.

## Expérience : Le cadre opérationnel pour la gouvernance non intrusive des données

Cet essai fournit une description détaillée d'une nouvelle structure (depuis le premier livre) du cadre opérationnel de la gouvernance non intrusive des données, qui regroupe de nombreux enseignements tirés de plusieurs années de mise en œuvre de cette approche. Le cadre est une simple matrice à deux dimensions qui croise les composantes essentielles d'un programme de gouvernance des données réussi avec les niveaux (ou perspectives) de l'organisation, de la direction aux niveaux de soutien.

Le cadre décrit les principaux éléments d'un programme réussi et les niveaux de l'organisation auxquels nous devons appliquer les éléments de la gouvernance des données. Le détail de ce que nous considérons comme un programme réussi apparaît lorsque nous abordons chaque niveau (ligne) pour chaque composant (colonne) du cadre.

Dans ce cadre, les niveaux sont principalement basés sur les personnes et l'autorité. De nombreuses organisations utilisent des termes similaires pour définir ses niveaux et son mode de fonctionnement. Les niveaux définis dans ce cadre devraient vous sembler familiers si vous connaissez le modèle opérationnel des rôles et responsabilités de la gouvernance non intrusive des données tel qu'il est décrit dans mon premier livre, et également mis à jour dans le présent ouvrage.

Les niveaux du cadre opérationnel sont les suivants :

- Dirigeants – équipe de direction – vue d'ensemble de l'entreprise
- Stratégique – gestion des opérations et de la technologie – direction des opérations
- Tactique – expertise en la matière – tous domaines d'activité
- Opérationnel – fonction quotidienne – au sein d'un domaine d'activité
- Soutien – gestion fonctionnelle – fonctions de gouvernance actuelles

Les composants du cadre sont les éléments essentiels de la gouvernance pour la plupart des organisations. Ils se concentrent sur les six éléments de base nécessaires à la mise en œuvre d'un programme réussi. Les organisations doivent se concentrer sur les données à gouverner, les rôles que les personnes joueront, les processus dans son état actuel et la manière dont la gouvernance est communiquée à tous les niveaux de l'organisation. En outre, les organisations doivent démontrer la valeur opérationnelle et utiliser la technologie et les outils pour gouverner leurs données à tous les niveaux.

Les composants du cadre opérationnel sont les suivants :

- Données – actifs gouvernés – structurées et non structurées
- Rôles – redevabilité et responsabilité formelles à l'égard des données
- Processus – application et mise en œuvre de la gouvernance
- Communications – orientation, intégration, communications continues
- Mesures – indicateurs clés de performance de l'impact du programme
- Outils – artefacts et instruments permettant une gouvernance active des données

---

### Le cadre opérationnel vide

La figure 1-1 présente le schéma d'un cadre opérationnel de gouvernance des données vide. La matrice se concentre sur les six composants fondamentaux de la gouvernance des données décrits ci-dessus à chacun des cinq niveaux fondamentaux de l'organisation. Cette version du cadre est laissée vide afin de souligner la manière dont l'intersection de chaque composant et de chaque niveau est planifiée, définie, développée et déployée dans l'ensemble de l'organisation.

Ce diagramme n'a de sens pour l'organisation que si nous remplissons chacun des carrés avec des noms et des verbes représentant des sujets, des actions, des artefacts ou des messages à prendre en compte lors de la planification, de la définition, du développement et du déploiement de chaque composant pour chaque niveau.

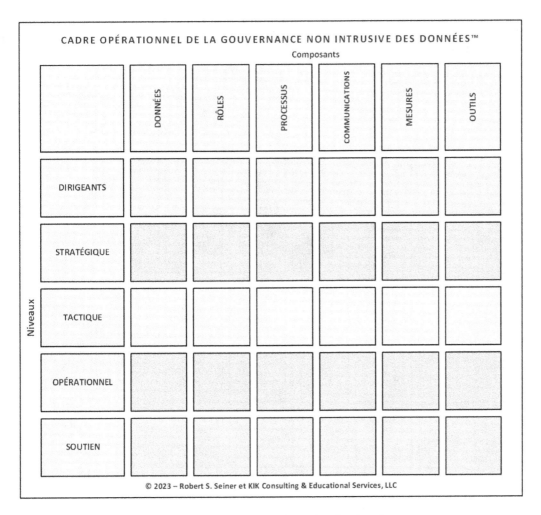

**Figure 1-1 Cadre opérationnel de la gouvernance non intrusive des données**

---

### *Le cadre opérationnel renseigné*

La figure 1-2 présente un schéma renseigné du cadre opérationnel de la gouvernance non intrusive des données. La matrice établit des références croisées entre chacun des six composants fondamentaux de la gouvernance des données et chacun des cinq niveaux fondamentaux de l'organisation. Cette version du cadre est complétée par des noms et des verbes qui guident la manière dont nous planifions, définissons, développons et déployons chaque composant dans l'ensemble de l'organisation.

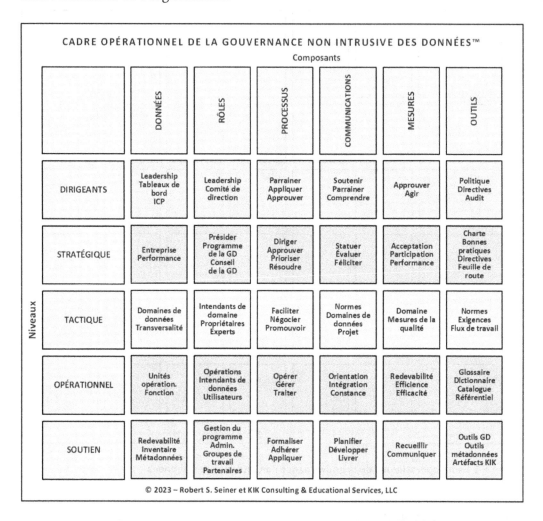

**Figure 1-2 Cadre opérationnel de la gouvernance non intrusive des données renseigné**

Le cadre renseigné démontre l'importance pour l'organisation d'avoir des points de discussion et de planification concernant la définition, le développement et le déploiement de chaque élément de base pour chaque niveau. La figure 1-2 montre le cadre complété en utilisant des termes et des phrases qui démontrent comment une organisation a mis en œuvre une approche non intrusive de la gouvernance des données.

La façon dont vous complétez le cadre, y compris les niveaux et les composants que vous sélectionnez, et la façon dont vous remplissez les cases vides, dépend entièrement de vous. Il n'y a pas de réponse « correcte » à la manière de remplir le cadre. Envisagez de remplir les cases vides avec une terminologie et des phrases qui précisent qui, quoi, pourquoi, quand et comment ce composant est important à ce niveau.

---

### *Les niveaux du cadre (rangées)*

Les niveaux du cadre opérationnel de gouvernance des données représentent les niveaux de l'organisation. Les noms donnés aux niveaux sont typiques de nombreuses organisations. Cependant, votre organisation peut utiliser des noms différents. De nombreuses organisations parlent de calibrer le programme en fonction de leurs besoins spécifiques et d'utiliser des noms qui reflètent étroitement leur culture organisationnelle. En outre, il est plus probable d'éliminer ou de combiner des niveaux que d'en ajouter.

### Dirigeants

Le niveau de direction d'une organisation se compose généralement de personnes situées au sommet de la hiérarchie. Cela inclut les conseils d'administration, les présidents, les vice-présidents principaux et les postes de niveau CXO[2] (c'est-à-dire les PDG, les directeurs de l'exploitation, de l'information, de la mise en marché, des données, de la recherche et du développement, de la gestion des risques, etc.) Ce niveau organise souvent des réunions régulières ou programmées en tant que comité directeur de l'entreprise.

Dans la gouvernance non intrusive des données (GNID), la gouvernance des données est ajoutée à l'ordre du jour de ces réunions. Le comité de direction comprend les responsables opérationnels et technologiques de la gouvernance des données et de toutes les autres initiatives au niveau de l'entreprise.

---

[2] NdT: Dans le texte original : (meaning CEOs, COOs, CIOs, CDOs, CDAO, CROs, CMOs, etc.)

## Stratégique

Le niveau stratégique d'une organisation se compose généralement de personnes qui dépendent directement du niveau de direction et qui sont chargées par ce dernier de superviser et de diriger des initiatives spécifiques. Il peut s'agir de vice-présidents principaux, de vice-présidents et de personnes reconnues comme étant les seconds ou représentant leur partie de l'organisation dans le cadre de l'initiative. Le niveau stratégique est redevable au niveau de direction de la réussite de l'initiative.

Dans la GNID, le niveau stratégique est appelé Conseil de la gouvernance des données. La responsabilité du conseil est de s'assurer que le programme de gouvernance des données est couronné de succès. Le conseil connaît très bien les politiques et les procédures de gouvernance des données. Il agit en tant que décideur ultime pour résoudre les problèmes qui n'ont pas pu être résolus à un niveau inférieur de l'organisation.

## Tactique

Le niveau tactique se compose généralement de personnes qui sont des experts en la matière, des facilitateurs et potentiellement des décideurs pour des domaines spécifiques de données. Le niveau tactique est délégué ou reconnu par le niveau stratégique comme étant celui des personnes qui prennent les décisions relatives aux données dans leur domaine. Le niveau tactique peut être défini par le biais d'une politique, d'une nomination ou d'un processus de sélection naturelle (la « personne de référence »).

Dans la GNID, le niveau tactique est souvent désigné sous le nom de Intendants de domaine de données ou Intendants de données d'entreprise pour un sujet spécifique de données. Les intendants de domaine sont reconnus pour leur expertise dans leur domaine au sein de l'entreprise. Ce rôle est le plus critique d'un programme GNID et peut être simple (si les gens sont déjà considérés comme des experts en la matière) ou difficile (il n'y a pas de personnes évidentes) à pourvoir. Les intendants de domaine peuvent avoir l'autorité de prendre des décisions d'entreprise pour leur domaine, ou ils peuvent faire remonter la décision au niveau stratégique.

Le niveau tactique peut également inclure les propriétaires de données – bien que je suggère d'éviter d'utiliser le terme « propriétaire » dans la mesure du possible. La propriété implique un niveau de contrôle très personnel. L'intendance implique une relation formelle mais moins contrôlante. Je préfère utiliser le terme d'intendant du domaine de données.

## Opérationnel

Le niveau opérationnel d'une organisation comprend généralement toutes les personnes qui ont un rôle à jouer dans les données et qui sont (ou seront) formellement redevables de ce rôle. Ces rôles comprennent la définition, la production et l'utilisation de données. Si une personne effectue une ou plusieurs de ces activités dans le cadre de son travail, on attend d'elle qu'elle respecte la politique, les meilleures pratiques et les normes relatives à ces activités.

Dans le GNID, le niveau opérationnel peut inclure tous les membres de l'organisation. Ces personnes sont appelées les véritables intendants de données ou les personnes qui sont formellement redevables de la manière dont elles définissent, produisent et utilisent les données. Ces personnes n'ont pas besoin d'un titre d'intendant de données. Depuis le niveau opérationnel jusqu'aux dirigeants, les personnes doivent être tenues formellement redevables de leurs actions associées aux données. Dans la GNID, une attention particulière est accordée à la sensibilisation à la gouvernance à tous les niveaux, que celle-ci soit axée sur la qualité, la protection ou la gestion des données.

## Soutien

Le niveau de soutien d'une organisation comprend généralement les responsables du programme de gouvernance des données, des technologies de l'information, le bureau de gestion de projet, les groupes chargés de la réglementation et de la conformité, la sécurité de l'information, le service juridique et l'audit, les communications, les ressources humaines et les groupes de travail constitués pour traiter des problèmes et des opportunités. En d'autres termes, tout groupe qui régit activement quelque chose ou qui a un intérêt direct dans « l'exécution et l'application de l'autorité sur la gestion des données ».

Dans la GNID, le niveau de soutien varie en fonction de la conception du programme dans chaque organisation. Le leadership du programme de gouvernance des données est un niveau critique de soutien, et l'implication de l'informatique et du bureau de projet sont les principaux contributeurs aux programmes les plus réussis.

### Les composants du cadre (colonnes)

Les éléments du cadre opérationnel de la gouvernance non intrusive des données sont les pièces maîtresses d'un programme de gouvernance des données réussi. Il s'agit d'éléments essentiels dont le programme ne peut se passer. De nombreux praticiens considèrent les personnes, les processus et la technologie comme les piliers d'un programme réussi. J'ai ajouté trois composants et proposé une manière différente de présenter la technologie.

#### Données

Le premier composant fondamental du cadre de la GNID se concentre sur le périmètre des ressources à gouverner. Il peut exister des pratiques telles que la gestion des registres, des documents et de l'information, et le cadre peut être utilisé pour différencier les besoins en matière de données, d'informations, de registres et de connaissances à tous les niveaux de l'organisation.

Dans la GNID, l'approche de la gouvernance est très similaire pour chacune des différentes catégories de données, y compris l'exécution et l'application de l'autorité et la formalisation de la redevabilité pour les données dans le périmètre.

#### Rôles

Le deuxième composant d'un programme de gouvernance des données réussi est la définition des rôles et des responsabilités. La façon dont les rôles sont définis prédit l'effort nécessaire pour gouverner les données. L'attribution de rôles suscite souvent des réactions négatives lorsque l'effort à fournir dépasse les responsabilités existantes. L'identification des rôles existant suscite moins de réactions négatives, car les personnes s'y reconnaissent. La reconnaissance des personnes dans les rôles est une manière directe de souligner le rôle que chacun joue dans le programme.

Au sein de la GNID, nous représentons généralement les rôles par le biais d'un modèle opérationnel de rôles et de responsabilités (décrit plus loin dans cet ouvrage). Un modèle opérationnel doit décrire les responsabilités formalisées, les voies d'escalade et de décision, la manière dont les rôles sont formellement engagés dans les processus, et les communications partagées avec chaque niveau.

## Processus

Le troisième composant se concentre sur l'application des rôles aux processus. La notion d'un « seul processus de gouvernance des données » unique ne reflète pas le fait que les processus sont essentiels de la réussite de la gouvernance de données. Au contraire, nous appliquons la gouvernance des données à une série de processus.

Dans la GNID, nous veillons à fournir des processus reproductibles qui reflètent le niveau approprié de redevabilité formelle tout au long du processus.

---

*La gouvernance des données vise à impliquer la « bonne » personne dans la « bonne » étape du processus afin d'obtenir le « bon » résultat, quel que soit l'objectif du processus – résolution de problèmes, protection, qualité, projet.*

---

La gouvernance des données est l'application de la gouvernance formelle aux processus.

## Communications

La communication est un composant critique d'un programme de gouvernance des données réussi. Il est essentiel de sensibiliser et d'éduquer chaque personne qui définit, produit et utilise des données pour que le programme soit un succès. En outre, l'éducation doit se concentrer sur les politiques, les règles de manipulation, les meilleures pratiques, les normes, les processus et les activités de gouvernance centrées sur les rôles.

Dans la GNID, la communication joue un rôle dans tous les aspects de la définition et de la mise en œuvre des programmes. Les communications doivent être approfondies et mesurables. Les communications doivent se concentrer sur la formalisation de la redevabilité pour la résolution des problèmes, la protection des données, l'amélioration de la qualité ou toute autre application de l'autorité pour la gestion des données.

Le plan de communication doit refléter le composant des rôles décrit dans le cadre. En outre, les communications doivent inclure l'orientation, l'intégration et des discussions sur des sujets pertinents axés sur l'auditoire concerné, tout en utilisant les instruments de communication disponibles.

**Mesures**

Les programmes de gouvernance des données doivent pouvoir mesurer leur impact sur l'organisation. L'impact et la valeur ne sont pas toujours financièrement quantifiables. La mesure des améliorations de l'efficacité et de l'efficience nécessite des repères sur l'état actuel et l'activité contrôlée de mesure et de communication des résultats.

Dans la GNID, les organisations mesurent les améliorations apportées à la gouvernance en recueillant et en communiquant le nombre de problèmes signalés et résolus, le nombre de personnes engagées, la quantité de données qui ont été « certifiées » et le nombre de normes et de politiques qui sont connues et suivies.

Sur demande, les paramètres et les mesures de la gouvernance des données doivent pouvoir être audités et vérifiés par la direction et les autorités. Les organisations recensent généralement la réutilisabilité et la compréhensibilité des définitions de données, la capacité et la rapidité d'accès aux « bonnes » données au « bon » moment, la production de données de haute qualité, ainsi que l'utilisation et la manipulation correctes des données.

## Outils

Les outils de gouvernance des données permettent au programme d'apporter une valeur ajoutée à l'organisation. Les organisations utilisent des outils qu'elles développent en interne ainsi que ceux qu'elles ont achetés pour répondre aux besoins spécifiques du programme. Les outils développés ou achetés sont basés sur l'aspect pratique, la facilité d'utilisation et les objectifs spécifiques du programme de gouvernance des données.

Dans la GNID, les outils formalisent la redevabilité pour la gestion des données et l'amélioration des inventaires et de la connaissance des données, des règles et des processus actuels nécessaires pour gouverner les données. Les outils consignent et mettent à disposition des métadonnées pour améliorer la compréhension et la qualité des données dans l'ensemble de l'entreprise.

Le marché des outils de gouvernance des données se développe à mesure que la définition de la gouvernance des données s'élargit pour prendre en compte l'application de l'autorité sur les mégadonnées, les données intelligentes, les métadonnées et toutes les données utilisées pour l'analytique. Avant d'investir dans de nouvelles technologies, les organisations devraient énoncer clairement leurs exigences, envisager de tirer parti des outils existants et développer des outils en interne pour répondre aux besoins spécifiques en matière de métadonnées pour leur programme de gouvernance des données.

-----------------------

Le reste de cet essai vise à compléter les cases vides du cadre par des noms et des verbes qui permettent d'orienter les discussions sur la manière dont le programme sera mis en place et fonctionnera. Pensez à vous concentrer sur les perspectives des parties prenantes qui tireront profit de l'approche de la gouvernance non intrusive des données.

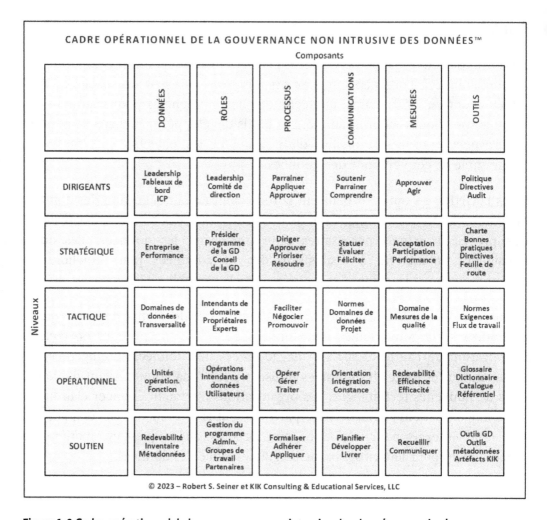

**Figure 1-3 Cadre opérationnel de la gouvernance non intrusive des données renseigné**

### *Données par niveau*

Les données elles-mêmes constituent le premier composant fondamental d'un programme de gouvernance des données réussi. Lorsque nous utilisons le terme données, nous incluons les données structurées qui existent dans les bases de données et les systèmes d'information, et les données non structurées qui peuvent inclure toutes les données qui ne sont pas traditionnellement stockées dans une base de données ou un fichier, telles que les documents, les courriels, l'audio, la vidéo, et les registres qui nécessitent une gouvernance. Le type « registre » est le plus vague et le moins bien compris des types de données, bien que la discipline existe depuis longtemps dans de nombreuses organisations. Le type de données régies dicte souvent le nom du programme : gouvernance des données, gouvernance de l'information, gestion des registres et même gouvernance des métadonnées. Je ne résoudrai pas la différence entre les données, les informations et les registres dans ce cadre, mais sachez que le cadre aborde les composantes essentielles de toutes ces catégories de données.

---

*Dans la GNID, il y a deux axes principaux :*
*Les données que vous choisissez de gouverner et*
*les personnes que vous choisissez pour gouverner les données.*

---

Les programmes de gouvernance non intrusive des données ne doivent pas nécessairement couvrir tous ces différents types de données dès le début. Traditionnellement, les programmes de gouvernance des données se concentrent d'abord sur les données des systèmes développés, achetés et installés par le service informatique de l'organisation ou au sein d'un département spécifique. Il s'agit des données qui alimentent les plateformes d'informatique décisionnelle et d'analytique. La gouvernance des données se concentre souvent sur les données dans les systèmes et les métadonnées qui expliquent ces données. La discipline de la gouvernance de l'information est reconnue depuis peu pour inclure la gestion des registres, qui, en tant que discipline, existe depuis aussi longtemps, voire plus longtemps, que la gouvernance des données.

| Niveau dirigeants : | Les cadres dirigeants se concentrent sur les données qui leur permettent de diriger efficacement l'organisation. Souvent, ces données sont fournies sous forme de résumé et/ou de graphique par le biais de tableaux de bord et de rapports, ou de portails en libre-service qui ciblent les données sur une tâche précise. Les données structurées sont principalement utilisées à ce niveau pour la prise de décision et les données non structurées pour les besoins conditionnels. |
|---|---|
| Leadership Tableau de bord ICP | |

| | |
|---|---|
| **Niveau stratégique :**<br><br>**Entreprise**<br>**Performance** | Le conseil de la gouvernance des données (ou un comité similaire) veille à ce que le programme soit conçu, développé, déployé et entretenu de manière à apporter une valeur mesurable à l'organisation par le biais d'une amélioration des performances et d'autres paramètres. Le conseil se concentre sur les données, les informations, les registres et les métadonnées dont l'organisation a besoin pour devenir efficace et efficiente dans la gestion des données en tant qu'actif. Cet actif peut comprendre des données structurées et non structurées, des registres et des métadonnées. |
| **Niveau tactique:**<br><br>**Domaines de données**<br>**Transversalité** | Les personnes participant aux rôles de niveau tactique de votre programme ont la redevabilité formelle des données au sein d'un domaine ou d'une fonction spécifique. Elles ont une redevabilité formelle pour ces données dans l'ensemble des unités opérationnelles ou des services fonctionnels de l'organisation. Les intendants tactiques (souvent appelés intendants de domaine de données) sont formellement redevables de la définition, de la production et de l'utilisation des données dans leur domaine. Ces données peuvent inclure des données structurées ou non structurées ainsi que des registres concernant le domaine. |
| **Niveau opérationnel**<br><br>**Unités opérationnelles**<br>**Fonction** | Les données opérationnelles sont le moteur de l'entreprise et de son fonctionnement. Ces données peuvent inclure des données structurées et non structurées, des registres et des métadonnées que les employés des unités opérationnelles utilisent pour remplir leurs fonctions de manière efficace et efficiente. Les données définies, produites et utilisées par l'entreprise constituent le point de départ de la chaîne de transmission des données au niveau de la direction. |
| **Niveau soutien :**<br><br>**Redevabilité**<br>**Inventaire**<br>**Métadonnées** | Les groupes de soutien du programme, appelés partenaires, apportent leur point de vue par le biais de la fonction qu'ils remplissent. Par exemple, la sécurité informatique, en tant que partenaire, se concentre sur la discipline de sécurité associée à sa fonction. L'administration du programme nécessite des métadonnées gouvernées qui aident à formaliser la redevabilité et à inventorier les données, afin d'obtenir une gestion appropriée des données, qu'elles soient structurées ou non structurées, et couvrant leur définition, production et utilisation. |

## *Rôles par niveau*

Le deuxième composant fondamental d'un programme de gouvernance des données réussi est la définition des rôles et des responsabilités. La façon dont nous définissons les rôles prédit l'effort nécessaire pour gouverner les données. L'attribution de rôles se heurte souvent à des réticences lorsque l'effort est considéré comme excédant les responsabilités existantes. L'identification des rôles existant suscite moins de réactions négatives, car les personnes s'y reconnaissent. La reconnaissance des personnes dans les rôles est une manière directe de souligner le rôle que chacun joue dans le programme.

Dans la GNID, nous représentons les rôles de gouvernance des données par le biais du modèle opérationnel des rôles et responsabilités de la GNID. Le diagramme pyramidal familier du premier livre du GNID est également mis à jour et expliqué dans l'essai Rôles et responsabilités en matière de gouvernance des données au chapitre six.

Un modèle opérationnel complet fournit une description détaillée des responsabilités formalisées, des voies d'escalade et de décision, de la manière dont les rôles sont formellement engagés dans les processus, des personnes qui participent généralement au rôle et du temps qu'elles y consacrent, ainsi que des communications partagées avec chaque niveau.

| | |
|---|---|
| **Niveau dirigeants :**<br><br>**Leadership Comité de direction** | Le rôle du comité de direction est de parrainer, d'approuver, de comprendre et de défendre le plan et la politique stratégiques de gouvernance des données de l'entreprise au plus haut niveau de l'organisation. Le comité doit communiquer efficacement avec les unités opérationnelles sur les attentes et les exigences en matière de gouvernance des données, et identifier les initiatives en matière de données et les classer par ordre de priorité. Pour ce faire, les dirigeants de votre organisation devront acquérir une connaissance et une compréhension approfondies de la question. Le comité délègue la responsabilité de la prise de décision stratégique au conseil de gouvernance des données. |

| | |
|---|---|
| **Niveau stratégique :**<br><br>**Présider**<br>**Programme de la GD**<br>**Conseil de la GD** | Le rôle du conseil de la gouvernance des données est de maîtriser ce que signifie la gouvernance des données, comment elle peut et doit fonctionner pour l'organisation, et ce que signifie la mobilisation des intendants de données. Le conseil fournit des orientations, préside les activités du programme et approuve la politique, les méthodes, les priorités et les outils en matière de données. Les membres du conseil donnent l'exemple en s'engageant activement dans l'amélioration des pratiques de gestion des données dans leurs domaines respectifs. Le conseil prend des décisions opportunes en matière de données à un niveau stratégique, sur la base des connaissances appropriées pour prendre cette décision, et se réunit régulièrement pour se tenir informé des activités du programme. |
| **Niveau tactique :**<br><br>**Intendants de domaine**<br>**Propriétaires**<br>**Experts** | L'intendant de domaine (souvent appelé propriétaire ou expert du domaine) se concentre sur la qualité, la valeur et la protection des données qui relèvent d'un domaine spécifique (sujet) pour l'entreprise. Ces personnes sont le plus souvent identifiées par leur fonction, et ce sont elles qui facilitent la résolution des problèmes de données transversales dans leur domaine. L'intendant du domaine peut être l'autorité (décideur) ou non, en fonction de sa position dans l'organisation. L'intendant du domaine est chargé d'escalader les problèmes bien documentés au niveau stratégique, de documenter les règles de classification des données, les règles de conformité et les règles métier pour les données de son domaine. En outre, l'intendant de domaine participe souvent à des groupes de travail tactiques pour des périodes déterminées afin de traiter des questions, des opportunités et des projets spécifiques liés à son domaine. |
| **Niveau opérationnel :**<br><br>**Opérations**<br>**Intendants de données**<br>**Utilisateurs** | Le rôle de l'intendant de données au niveau opérationnel est de faire preuve de redevabilité quant à sa relation avec les données qu'il définit, produit et utilise quotidiennement. Les intendants de données sont formés et souvent certifiés comme connaissant les règles associées aux données qu'ils définissent, produisent et utilisent. |

| | |
|---|---|
| **Niveau soutien :** <br><br> **Gestion du programme** <br><br> **Administration** <br><br> **Groupes de travail** <br><br> **Partenaires** | C'est le rôle des groupes de soutien de l'organisation, y compris la direction de la gouvernance des données et son équipe, et des partenaires de l'organisation, y compris les technologies de l'information, la sécurité de l'information, l'audit, le service juridique, la gestion des risques et la gestion de projet (pour n'en citer que quelques-uns), d'administrer et de soutenir les activités du programme de gouvernance des données en contribuant aux groupes de travail et en participant aux activités de gouvernance appropriées pour leurs secteurs. |

### *Processus par niveau*

Le troisième composant fondamental d'un programme réussi est la manière dont les personnes sont reconnues dans les rôles et dont les rôles sont appliqués aux processus. La notion de « processus de gouvernance des données » reflète mal le fait que les processus sont un élément essentiel de la réussite de la gouvernance des données. Il n'y a pas un processus unique de gouvernance des données; il y a plutôt une série de processus auxquels nous appliquons cette gouvernance.

Au sein de la GNID, les programmes de gouvernance des données prévoient généralement des processus reproductibles qui reflètent le niveau approprié de redevabilité formelle constant. La gouvernance des données se concentre sur l'implication de la « bonne » personne dans la « bonne » étape du processus afin d'obtenir le « bon » résultat, quel que soit l'objectif du processus : résolution de problèmes, protection, qualité, projet. La gouvernance des données devient l'application de la gouvernance formelle aux processus. Dans la GNID, la gouvernance s'applique aux processus existants plutôt que de créer un nouveau processus de gouvernance des données.

| Niveau dirigeants : Parrainer Appliquer Approuver | La direction doit être informée des processus et de la manière dont ils sont gérés. Elle doit comprendre l'impact de la gouvernance des processus, les ressources nécessaires et les attentes raisonnables quant à la valeur que cela apportera à l'entreprise. Une fois que les dirigeants ont compris, il leur incombe d'approuver, d'appliquer, de soutenir, de parrainer et d'autoriser les processus régis. |
|---|---|
| Niveau stratégique : Diriger Approuver Prioriser Résoudre | Le niveau stratégique transpose l'approbation par la direction des processus gouvernés à un niveau exploitable. Le niveau stratégique identifie et supervise les activités de l'équipe de gouvernance des données, les processus clés et les acteurs au niveau tactique. Le conseil résout les problèmes de processus qui lui sont soumis pour une prise de décision stratégique et se réunit régulièrement pour diriger, approuver, examiner et prioriser les activités liées aux processus de gouvernance des données. |
| Niveau tactique : Faciliter Négocier Promouvoir | Le niveau tactique est étroitement lié à la gestion des domaines de données (sujets) en faisant appel aux experts de domaine de l'entreprise. Le niveau tactique initie, facilite et sert de médiateur pour la résolution des problèmes transversaux liés aux processus métiers ou aux données de son domaine d'expertise. Le niveau tactique promeut, dirige et coordonne les activités opérationnelles des intendants de données dans sa partie de l'organisation et transmet les problèmes au niveau stratégique si nécessaire. |
| Niveau opérationnel : Opérer Gérer Traiter | Le niveau opérationnel est engagé quotidiennement dans des processus gouvernés définis au niveau tactique et imposés au niveau stratégique. Le niveau opérationnel est formé et certifié pour suivre les processus et les règles associés à la gestion des données (définition, production et utilisation des données). Le niveau opérationnel rend compte au niveau tactique des changements en matière d'efficacité et d'efficience afin de favoriser l'amélioration continue des processus, et respecte les règles associées au traitement des informations sensibles. |

| Niveau soutien : Formaliser Adhérer Appliquer | Le niveau de soutien formalise et applique les processus gouvernés. Le niveau de soutien comprend l'équipe de gouvernance des données, la sécurité de l'information, le risque et la conformité, la gestion de projet, le service juridique/audit et d'autres partenaires qui veillent à ce que les processus gouvernés soient respectés et appliqués par le biais de l'éducation et de la technologie. |
| --- | --- |

## Communications par niveau

Le quatrième composant fondamental, la communication, est un élément très important d'un programme de gouvernance des données réussi. La sensibilisation de chaque personne qui définit, produit et utilise des données est essentielle à la réussite du programme. En outre, l'éducation doit se concentrer sur les politiques, les règles de manipulation, les meilleures pratiques, les normes, les processus et les activités de gouvernance basées sur les rôles.

Dans la GNID, la communication joue un rôle dans tous les aspects de la définition et de la mise en œuvre d'un programme. Les communications doivent être approfondies et mesurables. Elles doivent se concentrer sur la formalisation de la redevabilité pour les processus mentionnés ci-dessus : résolution des problèmes, protection, qualité, projet, ou toute autre application de l'autorité dans la gestion des données.

Le plan de communication doit refléter la composante « rôles » décrite dans ce cadre. Les communications doivent comprendre des séances d'orientation, d'intégration et de communication continue axées sur l'auditoire spécifique (dirigeants, stratégiques, tactiques, opérationnels et de soutien) en utilisant les instruments de communication disponibles.

| | |
|---|---|
| **Niveau dirigeants :**<br><br>**Soutenir**<br>**Parrainer**<br>**Comprendre** | Les pratiques recommandées exigent que les dirigeants soutiennent, parrainent et, surtout, comprennent le fonctionnement de la gouvernance des données et ce qu'il faut pour qu'elle soit couronnée de succès dans l'organisation. Pour ce faire, le plan de communication joue un rôle important. Les informations relatives à la gouvernance doivent être partagées efficacement afin de trouver un écho et d'être adoptées par les dirigeants. Ces derniers ne soutiendront et ne parraineront la gouvernance des données que s'ils comprennent le qui, le quoi, le pourquoi, le où et le quand de la mise en œuvre du programme GNID. |
| **Niveau stratégique :**<br><br>**Statuer**<br>**Évaluer**<br>**Féliciter** | Le niveau stratégique reçoit des communications régulières (planifiées) sur l'état d'avancement des processus gouvernés. Le niveau stratégique évalue et approuve la politique et les pratiques de gouvernance détaillées en examinant régulièrement les communications et l'état d'avancement du programme. Le niveau stratégique diffuse les communications dans ses domaines d'activité, fait l'éloge des améliorations en matière d'efficience et d'efficacité et soutient les activités régies. |
| **Niveau tactique :**<br><br>**Normes**<br>**Domaines de données**<br>**Projet** | Les communications relatives à la gouvernance se concentrent sur les domaines de données et les normes, règles et processus associés à la définition, à la production et à l'utilisation des données dans les domaines tactiques. En outre, le niveau tactique participe à l'élaboration de matériel d'éducation, de sensibilisation et de gouvernance axé sur son domaine de données, pour les projets du domaine et les processus connexes dans l'ensemble de l'organisation. |
| **Niveau opérationnel :**<br><br>Orientation<br>Intégration<br>Constance | Le niveau opérationnel reçoit des communications sur la manière dont il sera formellement redevable de la gouvernance des données. Ce niveau suit les règles approuvées et les processus gouvernés tout en surveillant et en communiquant les résultats de la gouvernance. Il est orienté vers la gouvernance des données, intégré au moment opportun et reçoit des communications constantes associées à la gouvernance des données. |

| Niveau soutien : | Le niveau de soutien, y compris toutes les fonctions de type gouvernance de l'organisation, communique le comportement formel approprié préconisé par leur fonction. Le niveau de soutien se coordonne avec l'équipe de gouvernance des données pour planifier, développer et fournir des communications approfondies, actuelles et régulières sur la gouvernance des données. |
|---|---|
| Planifier Développer Livrer | |

## Mesures par niveau

Le cinquième composant fondamental d'un programme GNID concerne les mesures. Les programmes de gouvernance des données doivent pouvoir mesurer leur impact sur l'organisation. Cette responsabilité incombe souvent au rôle de soutien, souvent appelé gestionnaire, administrateur, responsable et/ou équipe de gouvernance des données. L'impact et la valeur de la gouvernance des données peuvent être financièrement quantifiables, mais ce n'est pas toujours le cas. Mesurer les améliorations en termes d'efficacité et d'efficience nécessite des repères sur l'état actuel, ainsi que l'activité gouvernée de mesure et de communication des résultats.

Dans la GNID, les organisations mesurent les améliorations apportées à la gouvernance en recueillant et en communiquant le nombre de problèmes enregistrés et traités, ainsi que les changements qui ont un impact positif sur l'efficience et l'efficacité des fonctions de l'entreprise. Les organisations doivent également quantifier la valeur de la résolution des problèmes, de l'éducation, de la sensibilisation et de la certification des règles de traitement et des incidents.

Sur demande, les paramètres et les mesures de la gouvernance des données doivent pouvoir être audités et vérifiés par la direction et les instances compétentes. Les organisations recensent généralement la réutilisabilité et la compréhensibilité des définitions de données, la capacité et la rapidité d'accès aux « bonnes » données au « bon » moment, la production de données de haute qualité, ainsi que l'utilisation et la manipulation correctes des données.

| | |
|---|---|
| **Niveau dirigeants :**<br><br>Approuver<br>Agir | Les dirigeants examinent et approuvent la manière de mettre en œuvre la gouvernance et de mesurer sa valeur dans l'ensemble de l'organisation. En outre, ce niveau reçoit les résultats des niveaux stratégique, tactique et de soutien, et agit pour améliorer les capacités de gouvernance. |
| **Niveau stratégique :**<br><br>Acceptation<br>Participation<br>Performance | Le niveau stratégique travaille avec les niveaux tactique et de soutien pour définir et mettre en place des processus acceptables pour mesurer la gouvernance des données. Le niveau stratégique encourage l'étalonnage dynamique et la définition de paramètres mesurables et d'une valeur opérationnelle pour la direction de l'entreprise. Les mesures typiques se concentrent sur l'acceptation du programme par l'organisation, la participation des fonctions de l'entreprise et des personnes clés, et la performance de l'organisation. |
| **Niveau tactique :**<br><br>Domaine<br>Mesures de la qualité | Le niveau tactique définit la manière de mesurer la gouvernance par rapport aux exigences de qualité propres au domaine et à la nécessité de protéger les données dans ce domaine. Le niveau tactique fournit des mesures associées à la qualité de la définition, de la production et de l'utilisation des données dans l'ensemble de l'organisation. |
| **Niveau opérationnel :**<br><br>Redevabilité<br>Efficience<br>Efficacité | Nous mesurons le niveau opérationnel en termes de redevabilité, d'efficience et d'efficacité dans la définition, la production et l'utilisation des données dans les processus quotidiens. Le niveau opérationnel suit des processus et des procédures pour définir, recueillir, communiquer et analyser la valeur de la gouvernance pour les opérations, les individus et les équipes de l'organisation. |
| **Niveau soutien :**<br><br>Recueillir<br>Communiquer | Il incombe à chaque domaine de soutien de définir, de recueillir et de communiquer des paramètres et des mesures efficaces pour démontrer la valeur de gouvernance pour les services qu'il fournit à l'organisation. La valeur comprendra l'amélioration des opérations commerciales, la réduction des risques et la capacité à protéger les données, ainsi que l'amélioration de la valeur tirée des données et des capacités d'analyse. |

### *Outils par niveau*

Le dernier composant fondamental d'un programme GNID est l'outillage. Les outils de gouvernance des données permettent au programme d'apporter de la valeur à l'organisation. Les organisations utilisent des outils qu'elles développent en interne, ainsi que des outils qu'elles ont achetés pour répondre aux besoins spécifiques de leurs programmes. Les outils développés ou achetés sont basés sur l'aspect pratique, la facilité d'utilisation et les objectifs spécifiques du programme de gouvernance des données.

Dans la GNID, les outils formalisent la redevabilité pour la gestion des données et l'amélioration de la connaissance des données, des règles et des processus gouvernés. En outre, les outils enregistrent et mettent à disposition des métadonnées pour améliorer la compréhension et la qualité des données dans l'ensemble de l'entreprise. Le marché des outils de gouvernance des données se développe à mesure que la définition de la gouvernance des données s'élargit pour prendre en compte l'application de l'autorité sur les mégadonnées, les données intelligentes, les métadonnées et les données utilisées pour l'analytique. Avant d'investir dans de nouvelles technologies, les organisations devraient énoncer clairement leurs exigences, envisager de tirer parti des outils existants et développer des outils en interne pour répondre aux besoins spécifiques en métadonnées de leur programme de gouvernance des données.

| | |
|---|---|
| **Niveau dirigeants :**<br><br>**Politique**<br>**Directives**<br>**Audit** | Les dirigeants sont chargés d'émettre des directives pour la gouvernance des données dans l'ensemble de l'organisation. Cette directive peut prendre la forme d'une politique et de déclarations écrites soulignant le soutien, le parrainage et la compréhension des principes fondamentaux et directeurs de la gouvernance des données et de l'approche que suivra l'organisation. En outre, un tableau de bord pour la gouvernance et la transmission des résultats d'audit au niveau de la direction est précieux pour le maintien du programme. |

| | |
|---|---|
| **Niveau stratégique :**<br><br>**Charte**<br>**Bonnes pratiques**<br>**Directives**<br>**Feuille de route** | Les outils du niveau stratégique sont des artefacts mis en place pour établir une gouvernance formelle des données dans l'organisation. Le niveau stratégique est responsable de la reconnaissance des pratiques recommandées en matière de gouvernance et de l'évaluation et de l'analyse critique de la situation de l'organisation par rapport à ces pratiques et aux lignes directrices. Le niveau stratégique accepte le plan d'action et la feuille de route pour aligner l'organisation sur les pratiques choisies de gouvernance des données et soutient les niveaux tactique, opérationnel et de soutien de l'organisation pour atteindre un état de bonnes pratiques. |
| **Niveau tactique :**<br><br>**Normes**<br>**Exigences**<br>**Flux de travail** | Les outils du niveau tactique comprennent des normes de qualité des données approuvées et des exigences visant à améliorer la gouvernance des données par domaine dans l'ensemble de l'organisation. En outre, le niveau tactique est chargé d'élaborer et de promouvoir les exigences en matière de données, les normes et les flux de travail régis au niveau stratégique pour approbation et mise en œuvre par le niveau de soutien du programme. |
| **Niveau opérationnel :**<br><br>**Glossaire**<br>**Dictionnaire**<br>**Catalogue**<br>**Référentiel** | Le niveau opérationnel utilise des outils de métadonnées pour améliorer sa capacité à définir, produire et utiliser des données dans le cadre de son travail quotidien. Le niveau opérationnel fournit des définitions métier des données utilisées pour créer des glossaires métier, des dictionnaires de données, des catalogues de données et d'autres ressources et référentiels de métadonnées. En outre, le niveau opérationnel contribue à la mise en correspondance de la signification et de l'héritage des données dans des systèmes d'information et des stockages de données disparates. |
| **Niveau soutien :**<br><br>**Outils de GD**<br>**Outils métadonnées**<br>**Artefacts KIK** | Le niveau de soutien fournit des outils associés à leur fonction d'entreprise, y compris des logiciels axés sur l'amélioration des technologies de l'information, de la sécurité de l'information, du risque et de la conformité, de l'audit, du service juridique et de la gestion de projet. L'administrateur et l'équipe de gouvernance des données utilisent des outils fournis par le fournisseur, des gabarits personnalisables, des outils de métadonnées et des modèles pour améliorer les performances de leur programme et maximiser la valeur de la gouvernance des données. |

## *Ce qu'il faut retenir*

Le cadre opérationnel présenté ici détaille les composants fondamentaux et les niveaux d'organisation nécessaires à la réussite de votre programme de GNID. Il existe de nombreuses approches de la gouvernance des données. Si vous ne mettez pas en œuvre la gouvernance des données de manière non intrusive, j'espère que le cadre comprend tout de même des idées qui peuvent faire progresser votre approche de gouvernance des données et fournir des succès supplémentaires pour compléter votre programme.

## Expérience : En quoi la gouvernance non intrusive des données est-elle différente ?

Personne n'a besoin de vous dire que les données et les informations occupent une place importante dans votre vie. Qu'il s'agisse des données personnelles que vous gérez méticuleusement ou des données que vous possédez sur vos clients, vos produits et vos fournisseurs. Des services que vous offrez jusqu'aux données que vous protégez, analysez et communiquez à titre personnel ou via votre entreprise. De la responsabilité adéquate, morale et légale à la redevabilité formelle de chaque personne dans votre organisation pour gérer ces données de manière appropriée. Ces éléments définissent la « gouvernance des données ».

Les données peuvent 1) être d'une grande valeur pour l'organisation ou 2) être un obstacle à la pérennité et à la capacité de votre organisation à servir pleinement ses clients ou à garder une longueur d'avance sur ses concurrents.

Les dirigeants des entreprises et les organisations reconnaissent que les données constituent un actif précieux et un passif potentiel. Il existe un moyen de gérer formellement vos données sans interférer avec les plans opérationnels actuels, sans bouleverser la culture et sans menacer les personnes qui définissent, produisent et utilisent déjà les données dans le cadre de leurs fonctions.

Comme vous le savez, j'appelle cette approche la gouvernance non intrusive des données. Les programmes de gouvernance des données se concentrent sur l'exécution et l'application de l'autorité et de la redevabilité pour la gestion des données en tant qu'actif précieux de l'organisation. Ces programmes sont axés sur la gestion des risques et l'optimisation de la valeur des données et des informations de l'organisation. À l'ère des « mégadonnées », une véritable définition de la gouvernance des données pourrait inclure « la formalisation du comportement des personnes par l'application d'une redevabilité appropriée à leur relation avec les données - conduisant à des améliorations dans la gestion des risques liés aux données, à une qualité et une compréhension accrues des données, et à des capacités d'analyse et de prise de décision améliorées. »

En d'autres termes, la gouvernance des données illustre tout ce dont une organisation a besoin pour réussir et prospérer. La gouvernance des données conduit à la gestion formelle des données en tant qu'actif stratégique de l'organisation, ainsi qu'à la gestion formelle et à la redevabilité des données dans l'ensemble de l'organisation. Par conséquent, de nombreuses organisations envisagent de mettre en œuvre un programme de gouvernance des données, si elles ne l'ont pas déjà fait. Le tableau suivant présente les principales différences entre l'approche de la gouvernance non intrusive des données et les méthodes traditionnelles de mise en œuvre de la gouvernance des données :

| Avec la gouvernance non intrusive des données : | Avec d'autres approches de gouvernance des données: |
| --- | --- |
| La gouvernance des données est présentée comme quelque chose qui existe déjà, bien que de manière informelle, inefficace et souvent inefficiente. La gouvernance non intrusive des données se concentre sur la formalisation des niveaux de redevabilité existants, sur la résolution des lacunes dans la redevabilité formelle, et ne coûte généralement que le temps investi dans cet effort. | La gouvernance des données est présentée comme coûteuse, complexe, chronophage et au-delà de la culture de travail existante de l'organisation. |
| La gouvernance non intrusive des données est conçue pour s'adapter à la culture de l'organisation et pour tirer parti des niveaux de gouvernance existants afin de ne pas être perçue comme un empiètement. | La gouvernance des données est considérée comme une discipline qui ajoutera une rigueur et une bureaucratie inutiles aux processus métiers, ralentissant ainsi les cycles de livraison et rendant les données plus difficiles d'accès et d'utilisation. |
| La gouvernance non intrusive des données permet de définir les attentes en aidant les secteurs d'activité à reconnaître et à formuler ce qu'ils ne peuvent pas faire parce que les données de l'organisation ne soutiennent pas ces activités. | Les attentes en matière de gouvernance des données sont définies par l'équipe de personnes responsables de la conception et de la mise en œuvre du programme de gouvernance des données. |

| Avec la gouvernance non intrusive des données : | Avec d'autres approches de gouvernance des données: |
|---|---|
| Les personnes sont reconnues dans les rôles associés à leur relation avec les données, en tant que définisseurs de données, producteurs, utilisateurs, experts et décideurs, afin de souligner leur importance et leur impact sur les données dans l'ensemble de l'organisation. | Les individus se voient affecter à de nouveaux rôles dans le cadre de leur implication dans le programme de gouvernance des données. |
| Les titres des postes ne changent pas et il est admis que la grande majorité de leurs responsabilités ne changeront pas. | Les personnes se voient attribuer le titre d'intendant de données et leurs responsabilités professionnelles sont adaptées en conséquence. |
| Plus d'un intendant de données (personne formellement redevable) est associé à chaque type de données. L'organisation reconnaît de nombreuses personnes associées aux données (c'est-à-dire plusieurs utilisateurs qui doivent tous être tenus formellement redevables de l'utilisation qu'ils font des données). | Des personnes sont désignées comme L'Intendant de données pour des domaines spécifiques de données (par exemple, un intendant de données clients, un intendant de données produits, un intendant de données financières). |
| Les organisations appliquent les principes de la gouvernance non intrusive des données aux flux de travail et processus existants en formalisant la discipline, la redevabilité et l'implication dans ces processus. | Les organisations font référence aux processus en tant que « processus de gouvernance des données », ce qui donne l'impression que les processus sont exécutés à cause du programme de gouvernance des données ou en conséquence de celui-ci. |
| La gouvernance non intrusive des données peut être gérée à partir d'une unité opérationnelle ou des services informatiques, dans la mesure où ces unités et les services informatiques possèdent des connaissances spécifiques et une redevabilité formelle en ce qui concerne la gestion des données en tant qu'effort valorisé de l'entreprise. | La gouvernance des données doit résider dans une unité opérationnelle et être dirigée comme un effort de l'entreprise avec une implication limitée des technologies de l'information. |

Avec la gouvernance non intrusive des données :

- Les responsabilités des intendants de données sont identifiées, reconnues, formalisées et intégrées en fonction des responsabilités existantes plutôt qu'attribuées ou confiées à des personnes comme s'il s'agissait d'un surcroît de travail. Tout le monde est un intendant.

- La gouvernance des données est appliquée aux politiques, procédures, pratiques et méthodologies existantes – plutôt que d'être introduite ou mise en avant en tant que nouveaux processus ou méthodes.

- La gouvernance des données enrichit et soutient toutes les activités d'intégration des données, de protection de la vie privée, de gestion des risques, d'informatique décisionnelle et de gestion des données maîtres, au lieu d'imposer une rigueur incohérente à ces initiatives.

- Une attention particulière est portée afin de s'assurer que les dirigeants comprennent que cette approche est pratique, non menaçante mais efficace, afin de faciliter l'appropriation et de promouvoir les données en tant qu'actif de l'ensemble de l'organisation, plutôt que la méthode traditionnelle qui consiste à dire « vous ferez ceci ».

---

*Faites savoir où vous vous situez par rapport aux meilleures pratiques.*
*Exploitez ensuite vos points forts et saisissez les opportunités.*

---

### Ce qu'il faut retenir

Le simple fait d'utiliser le terme « gouvernance » signifie que la gouvernance des données nécessite l'administration de quelque chose. Dans ce cas, on fait référence à l'administration d'une discipline autour de la gestion des données. Plutôt que de faire apparaître cette discipline comme menaçante et difficile, je suggère de suivre une approche de gouvernance non intrusive des données afin de formaliser ce qui existe déjà et d'aborder les possibilités d'amélioration.

## Expérience : Comparer les approches de gouvernance des données

Il existe trois approches de la mise en œuvre de la gouvernance des données. Il s'agit de l'approche « commande et contrôle », de l'approche « traditionnelle » et de l'approche « non intrusive ». Cet essai résume brièvement chaque approche et compare la manière dont les organisations les appliquent. La méthode utilisée pour comparer les approches se concentre sur les six composants essentiels d'un programme de gouvernance des données que j'ai abordés dans le cadre opérationnel de la gouvernance non intrusive des données.

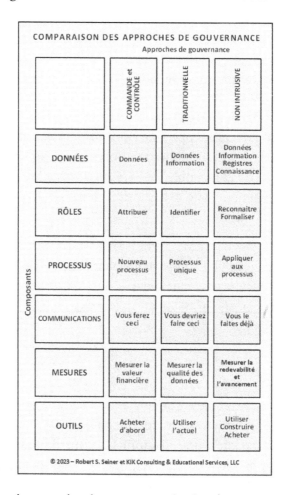

**COMPARAISON DES APPROCHES DE GOUVERNANCE**

Approches de gouvernance

| Composants | COMMANDE et CONTRÔLE | TRADITIONNELLE | NON INTRUSIVE |
|---|---|---|---|
| DONNÉES | Données | Données Information | Données Information Registres Connaissance |
| RÔLES | Attribuer | Identifier | Reconnaître Formaliser |
| PROCESSUS | Nouveau processus | Processus unique | Appliquer aux processus |
| COMMUNICATIONS | Vous ferez ceci | Vous devriez faire ceci | Vous le faites déjà |
| MESURES | Mesurer la valeur financière | Mesurer la qualité des données | Mesurer la redevabilité et l'avancement |
| OUTILS | Acheter d'abord | Utiliser l'actuel | Utiliser Construire Acheter |

© 2023 – Robert S. Seiner et KIK Consulting & Educational Services, LLC

**Figure 1-4 Comparaison des approches de gouvernance des données**

### L'approche « commande et contrôle »

L'approche de la gouvernance des données fondée sur le commandement et le contrôle est principalement une méthode hiérarchisée qui démarre par un mandat de la direction de l'organisation ou comme réponse à un rapport interne ou externe émanant d'un examinateur ou d'un auditeur.

Les caractéristiques de l'approche « commande et contrôle » sont :

- Les données contenues dans les bases de données, les applications ou les systèmes analytiques sont les seules dans la portée du programme.

- Les personnes se voient ATTRIBUER de nouvelles responsabilités qui viennent s'ajouter à celles qu'elles avaient déjà.

- On leur dit que la gouvernance est un NOUVEAU PROCESSUS qui doit être appliqué pour résoudre les problèmes et saisir les opportunités.

- On leur dit que les activités de gouvernance VONT s'intégrer dans les priorités existantes.

- Le programme est mesuré en fonction du retour sur investissement et de l'impact sur les résultats.

- Les outils de gouvernance, tels que les catalogues et les référentiels, sont au cœur du programme.

### L'approche traditionnelle

L'approche traditionnelle de la gouvernance suit le dicton « si vous le construisez, ils viendront ». Les programmes traditionnels mettent en place les éléments nécessaires, tels que les rôles et les outils, dans l'espoir que les gens se mettent à participer aux rôles et à utiliser les outils. Le succès de ces programmes dépend de la capacité de la direction du programme à amener les gens à participer et à utiliser ces outils.

Les caractéristiques de l'approche traditionnelle sont les suivantes :

- Toutes les données sont concernées, y compris les données structurées et non structurées, mais elles ne sont pas toutes traitées en même temps.

- Les personnes sont IDENTIFIÉES dans les rôles de gouvernance sur la base des responsabilités existantes.

- On leur dit que la gouvernance est LE processus qui s'applique à toute une série de besoins de l'entreprise.

- On leur dit que les activités de gouvernance DEVRAIENT s'intégrer dans les priorités existantes.

- Le programme est mesuré sur la base des améliorations apportées aux dimensions de la qualité des données.

- Les outils de gouvernance sont au cœur du programme, l'accent étant mis sur la création d'outils internes avant leur achat.

---

### L'approche non intrusive

L'approche de la gouvernance non intrusive des données met l'accent sur le fait qu'il existe déjà des niveaux de gouvernance qui peuvent être mis à profit pour assurer une gouvernance efficace des données. Les gens définissent, produisent et utilisent déjà des données dans le cadre de leur travail. Dans de nombreuses organisations, les personnes ont une redevabilité informelle pour les données qu'elles définissent, produisent et utilisent – ce qui signifie qu'il n'y a pas de lignes directrices cohérentes ou formelles sur la manière dont ces actions se déroulent.

Les caractéristiques de l'approche non intrusive sont les suivantes :

- Toutes les données sont concernées et le programme reconnaît qu'une gouvernance préexistante peut déjà être mise en place sous différents noms (gouvernance de l'information, gestion des registres, des documents et du contenu).

- Les personnes sont RECONNUES dans les rôles de gouvernance sur la base des responsabilités existantes. Les composants de gouvernance sont des aides fournis à ceux qui ont des relations avec les données.

- On dit que la gouvernance est quelque chose qui s'APPLIQUE aux processus existants plutôt que de les redéfinir. La gouvernance consiste à impliquer les « bonnes » personnes au « bon » moment.

- On leur dit que les activités de gouvernance FONT DÉJÀ PARTIE de leurs priorités et que le programme leur permet de définir, de produire et d'utiliser des données de qualité.

- Le programme est mesuré sur la base du retour sur investissement de toutes les activités primaires d'information et de technologie des données de l'organisation plutôt que sur le programme lui-même. La valeur est basée sur les résultats opérationnels des efforts et des projets de données ciblés qui sont en cours de réalisation.

- Les outils de gouvernance sont un facteur de réussite du programme, l'accent étant mis sur l'alignement des nouveaux outils et des outils déjà dans votre environnement avec des exigences bien définies en matière de métadonnées opérationnelles et techniques.

Dans la suite de cet essai, je passerai en revue chacun des composants du cadre de gouvernance non intrusif des données présenté plus haut dans cet ouvrage et je donnerai un bref aperçu de la manière dont chacun est généralement considéré par ces trois approches.

---

## Données

Dans une approche de *commande et contrôle* de la gouvernance des données, les données qui résident dans les sources structurées (et modélisées) sont au cœur de toutes les discussions. Les organisations reconnaissent que les données sont importantes pour les personnes à tous les niveaux de l'organisation, et l'accent est mis sur la diffusion de ces données vers les utilisateurs finaux.

Dans une approche *traditionnelle* de la gouvernance des données, le terme « données » fait référence aux données structurées et non structurées. Les organisations définissent les différences entre « données » et « informations » et prévoient souvent des fonctions distinctes pour la gouvernance des données et la gouvernance de l'information.

Dans une approche *non intrusive* de la gouvernance des données, il est courant que les organisations mélangent les fonctions de gouvernance des données et de l'information sous le nom de gouvernance des données tout en traitant également la gouvernance des données structurées (bases de données et ressources de données) et non structurées (gestion du contenu, des documents, des registres et des connaissances).

## Rôles

Dans l'approche *commande et contrôle*, la direction attribue de nouveaux rôles aux employés. Immédiatement, les employés perçoivent la gouvernance des données comme quelque chose qui va au-delà de leurs niveaux de responsabilité existants, et ils pensent à l'effort que cela va leur prendre et à la manière dont la gouvernance des données entre en concurrence avec leurs tâches actuelles.

Dans l'approche *traditionnelle*, la direction identifie les rôles des employés en fonction de leur ancienneté et de la propriété des systèmes et des ressources de données. La politique décrit les responsabilités nécessitant la gouvernance formelles et désigne les personnes pour jouer des rôles spécifiques dans le cadre du programme de gouvernance des données.

Dans l'approche *non intrusive*, la direction reconnaît les rôles des employés en fonction de leur relation existante avec les données. Les personnes qui définissent les données sont guidées tout au long du processus de définition des données lorsqu'elles en définissent de nouvelles. Les personnes qui produisent des données comprennent l'impact des données qu'elles produisent. Les utilisateurs de données sont officiellement formés, sensibilisés et tenus de respecter toutes les règles associées à l'utilisation des données. Le fait d'être reconnu pour quelque chose a une connotation positive et suscite des attentes positives.

## Processus

Dans l'approche *commande et contrôle*, tous les processus sont nouveaux et gouvernés. La gouvernance des données consiste à prendre le contrôle et à réorienter les processus spécifiquement pour gouverner les données. On explique aux employés que la gouvernance des données justifie le processus, et elle énonce les sanctions encourues en cas de non-respect.

Dans l'approche *traditionnelle*, il existe un processus unique de gouvernance des données. Souvent, le processus est intitulé « Le processus de gouvernance des données ». Le processus est appliqué à chaque activité et reconnu comme la dimension principale du programme. En les appelant processus de gouvernance des données, la discipline est blâmée pour justifier les retards.

Dans l'approche *non intrusive*, la gouvernance est appliquée aux processus existants et aux nouveaux processus. Nous ne donnons pas aux processus l'étiquette de processus de gouvernance des données – ils conservent leurs noms d'origine, tels que « demande d'accès », « résolution de problèmes » et « méthodologie de projet ». Lorsque de nouveaux processus sont définis, ils sont eux aussi gouvernés dès le départ.

## Communications

Dans l'approche *commande et contrôle*, la gouvernance des données est communiquée sur le ton de « vous devez faire ceci ». La gouvernance des données est nouvelle pour les personnes et l'organisation, et on leur dit exactement ce qu'elles doivent faire de manière autoritaire. Ce n'est pas toujours une mauvaise chose. En fait, certaines organisations ont besoin d'une orientation hiérarchique forte pour exiger une amélioration des comportements.

Dans l'approche *traditionnelle*, la gouvernance des données est présentée comme quelque chose que l'on doit faire. Souvent, la gouvernance des données est définie dans une politique et une directive est donnée à un groupe spécifique de personnes pour qu'elles assument la responsabilité principale de la gouvernance des données dans l'ensemble de l'organisation. Ce n'est pas toujours une mauvaise chose. Pour que cette approche donne des résultats, les personnes doivent être tenues redevables de faire ce qu'on leur demande.

Dans l'approche *non intrusive*, la gouvernance des données est présentée comme quelque chose que nous faisons déjà, mais que nous pouvons améliorer. Étant donné que les personnes sont reconnues pour leur relation avec les données, la plupart des responsabilités sont assumées par la formalisation des activités que les personnes exercent déjà pour définir, produire et utiliser les données.

## Mesures

Dans l'approche *commande et contrôle*, l'efficacité du programme est souvent mesurée en termes de retour sur investissement. En d'autres termes, on s'attend à ce que la gouvernance des données rapporte de l'argent directement grâce aux capacités améliorées de la gestion des données ou grâce aux économies réalisées par l'organisation en raison de la gouvernance des données. Malheureusement, ces résultats sont souvent difficiles à démontrer.

Dans l'approche *traditionnelle*, la qualité des données est utilisée pour mesurer l'efficacité du programme. En règle générale, les organisations évaluent la qualité de la définition, de la production et de l'utilisation des données et mettent en place des mesures pour évaluer l'amélioration associée aux différentes dimensions de la qualité des données, tels que l'exactitude, l'exhaustivité, l'actualité et la pertinence.

Dans l'approche *non intrusive*, la valeur est démontrée par le retour attendu des investissements réalisés par l'organisation dans les données et les ressources analytiques. Le retour sur investissement est généralement mesuré par l'amélioration de l'efficacité opérationnelle et des capacités analytiques résultant d'autres investissements dans les technologies de l'information.

## Outils

Dans l'approche *commande et contrôle*, l'achat précoce d'outils augmente les attentes. Avec cette approche, l'outil devient le point central du programme et les personnes doivent apprendre l'outil et l'intégrer dans leurs routines et processus quotidiens. La direction choisit souvent des outils de gouvernance des données sans en comprendre les capacités et les exigences.

Dans l'approche *traditionnelle*, on utilise les outils existants avant d'en acquérir de nouveaux pour permettre la gouvernance des données. Les organisations qui suivent cette approche s'intéressent d'abord aux outils dont elles disposent et se concentrent sur des activités spécifiques telles que l'amélioration de la définition des données grâce à la modélisation, la production de données grâce à des capacités d'intégration améliorées et l'utilisation des données grâce à des capacités de protection des données.

Dans l'approche *non intrusive*, on s'appuie sur les outils existants et sur des gabarits et modèles éprouvés par l'industrie pour définir les besoins d'outils futurs. L'approche non intrusive prévoit le développement d'outils en interne et l'utilisation de modèles industriels existants qui répondent à des besoins spécifiques en matière de gouvernance afin de définir les besoins détaillés pour l'achat d'outils.

---

*Chacune de ces trois approches peut être efficace.*
*Et chacune a ses avantages et ses inconvénients.*

---

### Ce qu'il faut retenir

Cet essai résume les trois approches de la gouvernance des données et fournit des considérations sur la manière dont chacun des éléments fondamentaux d'un programme de gouvernance des données réussi est considéré en fonction des trois approches. Les programmes peuvent suivre différentes approches pour différents composants. L'approche sera différente d'une organisation à l'autre.

## Expérience: Qu'est-ce qui rend un élément de données critique?

Il y a toujours de nouveaux termes qui apparaissent dans le monde des données. Alors que des termes aussi nouveaux que « maillage de données » et « fabrique de données »[3] nécessitent de longues descriptions, le terme « élément de données critique » (EDC) est plus facile à expliquer. Comme leur nom l'indique, les EDC sont essentiels à la gestion des données, à la gouvernance des données, à la qualité des données et au succès de l'entreprise. Apprenons sur les EDC.

Avant de commencer, il est important de noter que les éléments de données individuels sont des sous-ensembles de ressources de données qui peuvent contenir des centaines, voire des milliers, d'éléments de données. Les meilleures pratiques ont démontré qu'il est préférable pour les organisations de se concentrer sur des sous-ensembles de données plutôt que d'essayer d'améliorer la qualité et la valeur de la totalité des données en une seule fois.

Lorsque les organisations adoptent une approche progressive pour appliquer une discipline formelle de gestion des données, elles doivent acquérir de la maturité grâce à l'expérience et améliorer progressivement leurs techniques de gestion et de gouvernance. Les cas d'utilisation initiaux pour les programmes de gouvernance, de gestion et de qualité des données devraient commencer par se concentrer sur certains EDC. Il faut ensuite aborder d'autres EDC en utilisant ce que l'on vient d'apprendre. Tirez les leçons de l'expérience et améliorez-les à chaque fois pour couvrir une quantité croissante de données essentielles à votre organisation.

Commençons par définir ce qu'est un élément de données, puis abordons ce que signifie être critique. Un élément de données est :

- *Toute unité atomique de données définie pour le traitement avec une signification précise.* En d'autres termes, les bases de données, les tableaux et les fichiers (même les feuilles de calcul et les rapports)

---

[3] NdT: Maillage de données et fabrique de données sont *Data Mesh* et *Data Fabric* en anglais.

comportent de nombreux éléments (unités) de données. Chaque élément singulier est considéré comme un élément de données. Par exemple, l'adresse d'un client peut être considérée comme un élément de données unique ou comme une collection d'éléments de données - rue, ville, état, territoire, pays, etc.

- *Défini par la taille (en caractères) et le type (alphanumérique, numérique, vrai/faux, date)*. Chaque élément de données possède des caractéristiques spécifiques représentant la manière dont ces données sont stockées dans la ressource de données. Par exemple, un code de pays peut être un champ de texte d'une longueur définie dont les valeurs autorisées sont tirées d'une table de référence des codes de pays. Le fait de n'autoriser que les codes sélectionnés dans un tableau de référence garantit que l'élément est standard et cohérent en termes de longueur et de valeur.

Un élément de données est une donnée unique. Une seule. L'unité de données la plus atomique qui soit. Par exemple, un numéro de compte, un numéro de sécurité sociale, une date de naissance, un prix, etc. En réalité, de nombreux éléments de données peuvent être considérés comme essentiels pour votre organisation. Et différents EDC seront critiques pour différentes personnes.

Il n'existe pas de réponse parfaite à la question de savoir combien d'éléments de données doivent être considérés comme essentiels et inclus dans chaque cas d'utilisation. Certaines organisations commencent avec un très petit nombre d'éléments (trois à cinq). D'autres organisations commencent avec une douzaine (ou des dizaines) d'EDC. D'autres encore ont commencé à se concentrer sur des EDC dont le nombre peut atteindre cinquante ou plus. Encore une fois, pensez qu'il y aura toujours plus d'éléments de données.

Il est important de noter que chaque EDC est comme une pieuvre. Il a des tentacules. Les EDC sont rarement autonomes et sont influencés par d'autres éléments de données. Par exemple, le niveau de rémunération d'un employé peut dépendre de sa date d'embauche qui dépend de son statut. Très peu d'éléments de données sont autonomes. Commencer par un nombre adéquat d'EDC démontrera leur valeur pour l'organisation, compte tenu du temps disponible, des ressources, des attentes et de l'effort requis. En règle générale, il est judicieux de regrouper les éléments de données connexes lors de l'application des disciplines de données. Parmi les exemples de regroupement, on peut citer les éléments d'adresse postale (ville, état, code postal), les éléments de nom de personne (prénoms, nom de famille) ou les éléments connexes qui composent une transaction spécifique (telle qu'une vente ou un événement).

Dans de nombreux cas, l'importance des données dépend de la personne à qui l'on s'adresse. Ce qui est essentiel pour une personne, voire pour un département ou une division, peut ne pas être important ou utilisé par d'autres. Les personnes d'une même partie de l'organisation accèdent souvent à leurs données à partir de ressources différentes ou utilisent des données différentes pour remplir leurs fonctions. Il n'existe pas de définition unique des données critiques pour votre organisation. Mais si vous disposez d'un critère standard qui vous aide à vous concentrer d'abord sur les données importantes, toutes vos données ne seront pas considérées comme critiques.

Utilisez ces lignes directrices pour déterminer si un élément de données est un EDC. Plusieurs items de cette liste m'ont été communiqués lors de discussions avec des clients, tandis que d'autres sont des idées générales pour déterminer quels éléments de données sont des EDC. Un élément de données peut être considéré comme critique s'il s'agit d'une donnée unique qui est :

- Considérée comme critique ou protégé par la politique de l'organisation.
- Considérée comme une « toile de fond » entre les systèmes d'information.
- Considérée comme le « mortier entre les briques » ou nécessaire pour améliorer la signification et l'utilité d'autres données.
- Utilisée comme indicateur clé de performance (ICP).
- Essentielle à l'activité de l'entreprise.
- Aide l'organisation à prioriser son travail.
- Associée à des amendes ou des pénalités réglementaires ou à des risques de violation de la conformité.
- Associée à un risque d'impact financier significatif, tel qu'une augmentation des responsabilités, des coûts ou des pénalités, ainsi

qu'une réduction des actifs, des opportunités de revenus ou des bénéfices.

- Associée à une interruption ou à une réduction significative des risques liés aux processus métiers critiques, pendant une période prolongée.

De nombreuses organisations ont documenté un processus permettant de quantifier la criticité d'un élément de données. Le processus commence par la détermination des facteurs (comme ceux énumérés ci-dessus) pour la sélection des EDC.

---

## Ce qu.il faut retenir

Les organisations mettent progressivement en œuvre des stratégies de données en concentrant leurs initiatives de gouvernance, de gestion et de qualité des données sur l'amélioration de la valeur qu'elles tirent de leurs données critiques. Comme il est impossible d'avoir instantanément le même niveau de discipline formelle associé à toutes les données de l'organisation, il est important de disposer d'une méthode permettant de prioriser les données critiques qui feront l'objet d'une attention particulière. Cet essai s'est concentré sur l'amélioration de votre définition d'un élément de données critiques.

## Expérience: Un modèle d'évolution de la gouvernance des données

De temps en temps, des organisations me demandent d'utiliser un modèle traditionnel d'évolution des capacités (MEC)[4] pour évaluer leur maturité en matière de gouvernance des données. Dans cet essai, j'alignerai un modèle de capacité connu sur plusieurs aspects de la gouvernance des données.

L'énoncé suivant est tiré de Wikipedia (version anglaise) : « Le modèle d'évolution des capacités, une marque de commerce déposée de l'université Carnegie Mellon (CMU), est un modèle de développement créé à la suite d'une étude des données recueillies auprès d'organisations ayant des contrats avec le ministère américain de la défense. C'est à partir de ce modèle que Carnegie Mellon a créé le Software Engineering Institute (SEI). Le terme « évolution » se rapporte au degré de formalité et d'optimisation des processus, depuis les pratiques ad hoc jusqu'aux étapes formellement définies, aux mesures des résultats gérés et à l'optimisation active des processus ».

*Le terme « évolution » se rapporte au degré de formalité et d'optimisation des processus, depuis les pratiques ad hoc jusqu'aux étapes formellement définies, aux mesures des résultats gérés et à l'optimisation active des processus.*

Lorsqu'une organisation applique le modèle à ses processus existants de développement de logiciels, cela permet une approche efficace de l'amélioration de ces processus. Lorsqu'une organisation applique le modèle à ses processus et structures de gouvernance des données, elle peut améliorer ces derniers.

Au fil du temps, il est apparu que le modèle pouvait également s'appliquer à de nombreux autres processus. Cela a donné naissance à un concept plus général appliqué à de nombreux domaines d'activité. Par exemple, de nombreuses

---

[4] NdT : *Capability Maturity Model* (CMM) en anglais.

entreprises qui planifient systématiquement la progression de leur gouvernance des données utilisent des modèles d'évolution de la gouvernance des données pour contrôler le changement en déterminant le niveau approprié pour leur activité et leur utilisation de la technologie, et en déterminant quand et comment passer d'un niveau à l'autre. Chaque étape nécessite un certain investissement, principalement dans l'utilisation des ressources internes. Les avantages d'un programme de gouvernance des données augmentent et les risques diminuent à mesure que l'organisation passe d'un niveau à l'autre.

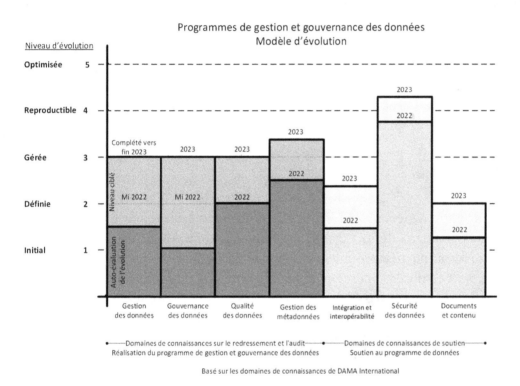

**Figure 1-5 Exemple d'un modèle d'évolution pour la gestion et la gouvernance des données.**

### *Niveau 1 – Initial*

Les processus de ce niveau se caractérisent par le fait qu'ils ne sont généralement pas documentés et qu'ils se trouvent dans un état de changement constant, tendant à être pilotés de manière ad hoc, incontrôlée et réactive par les utilisateurs ou les événements. Cela crée un environnement chaotique voire instable pour les processus. L'organisation de niveau 1 n'a pas de règles ou de procédures strictes en matière de gouvernance des données. Les données peuvent exister dans de multiples fichiers et bases de données utilisant de multiples formats (connus et inconnus) et stockées de manière redondante dans de multiples systèmes (sous différents noms et en utilisant différents types de données). Peu de tentatives, voire aucune, ont été faites pour cataloguer les données existantes.

Les analyses sont élaborées au fur et à mesure que les unités opérationnelles en font la demande. La qualité des données dans une organisation de niveau 1 dépend des compétences des analystes et des développeurs. L'organisation entreprendra des tâches monumentales sans connaître leur impact, ce qui entraînera l'annulation de projets ou, pire encore, la mise en œuvre ou la mise à jour de progiciels avec des données gravement corrompues ou des rapports non valides. On estime qu'environ 30 à 50 % des organisations opèrent au niveau 1.

## *Niveau 2 – Définie*

Les processus de ce niveau se caractérisent par l'existence d'ensembles de processus standard définis et documentés, qui font l'objet d'un certain degré d'amélioration au fil du temps. Ces processus standard sont en place et sont utilisés pour établir la cohérence des processus dans l'ensemble de l'organisation. Les organisations qui passent avec succès du niveau 2 au niveau 3 sur l'échelle d'évolution de la gouvernance des données ont documenté et mis en place un programme de gouvernance des données en tant qu'élément central du cycle de vie du développement des rapports et de l'utilisation des données. Le programme est appliqué et des tests sont effectués pour s'assurer que les exigences en matière de qualité des données sont définies et respectées.

Les organisations de niveau 2 comprennent généralement la signification commerciale des données et ont créé une fonction de gouvernance des données à l'échelle de l'organisation. Les organisations de niveau 2 ont déclaré que « les données sont traitées comme un actif de l'entreprise », même si elles ne comprennent pas tout à fait ce que cela signifie. Le succès de l'organisation de niveau 2 dépend généralement de l'interaction entre les fonctions de gouvernance des données et de gestion de projet, ainsi que de la bonne utilisation des outils. Bien que les organisations de niveau 1 et de niveau 2 puissent disposer d'outils, elles ne les appliquent généralement pas de manière cohérente ou correcte (parfois, ils sont oubliés sur les étagères). Les outils sont utilisés par les organisations de niveau 2 pour consigner et maintenir la documentation relative à la gouvernance des données, et pour automatiser les étapes de gouvernance des données initiées afin de commencer à surveiller et à régler de manière proactive la performance de la gouvernance des données. Environ 10 à 15 % des organisations opèrent au niveau 2.

## Niveau 3 – Gérée

Les processus de ce niveau se caractérisent par le fait qu'à l'aide d'indicateurs de performance, la direction peut contrôler efficacement le processus (par exemple, pour le développement de logiciels). En particulier, la direction peut identifier les moyens d'ajuster et d'adapter le processus à des projets particuliers sans pertes notables de qualité ou d'écarts par rapport aux spécifications. La capacité du processus est établie à partir de ce niveau.

Une organisation ne peut passer au niveau 3 que lorsqu'elle met en place un environnement de gestion des métadonnées (données sur les données). Cela permet à l'équipe de gouvernance des données de cataloguer et de maintenir des métadonnées pour les structures de données de l'entreprise. Il permet également au personnel des technologies de l'information et aux utilisateurs finaux d'accéder aux données qui existent au sein de l'organisation (ainsi qu'aux définitions, synonymes, homonymes, etc.) L'équipe de gouvernance des données est impliquée (à un certain niveau) dans tous les efforts de développement pour aider à cataloguer les métadonnées et à réduire les éléments de données redondants (toujours dans les modèles logiques et dans les modèles physiques selon les exigences). En outre, les organisations de niveau 3 ont commencé à effectuer des audits de données de production pour évaluer leur qualité.

Le succès de l'organisation de niveau 3 dépend de l'adhésion de la haute direction au soutien de la doctrine « les données sont un actif de l'entreprise ». Cela implique de traiter les données comme les autres actifs (personnel, finances, bâtiments, produits finis, etc.). L'organisation utilise des outils avancés pour gérer les métadonnées (référentiels), la qualité des données (moteurs de transformation) et les bases de données (surveillance par des agents, consoles centralisées pour l'administration de bases de données hétérogènes, etc.)

Environ 15 à 20 % des organisations opèrent au niveau 3. Une fois le premier déploiement de la gouvernance des données réussi et la capacité de reproduire ces mêmes étapes pour les prochains déploiements, l'organisation sera en bonne voie pour devenir une organisation de niveau 4.

### Niveau 4 – Reproductible

Certains processus de ce niveau se caractérisent par le fait qu'ils peuvent être répétés, éventuellement avec des résultats cohérents. Il est peu probable que la discipline dans les processus soit rigoureuse, mais lorsqu'elle existe, elle peut contribuer à garantir que l'organisation maintient les processus existants en période de stress. Pour passer du niveau 1 au niveau 2, une organisation doit commencer à adhérer aux meilleures pratiques de gouvernance des données. Pour passer au niveau 3, l'organisation doit atteindre des niveaux cohérents de mise en œuvre de ces pratiques. Les meilleures pratiques définissent (généralement) quatre à six pratiques sur lesquelles l'organisation construit le plan d'action de gouvernance des données.

Les organisations de niveau 4 suivent un programme de gouvernance qui s'est institutionnalisé au point que les actions de gouvernance des données sont devenues réellement reproductibles. Ces organisations s'appuient souvent sur une personne ou un groupe central pour comprendre les problèmes et mettre en œuvre la gouvernance des données de manière cohérente. Cela s'est traduit par la création d'une équipe de gouvernance des données bien établie.

Le succès des organisations de niveau 4 dépend des compétences des analystes techniques à gérer les aspects « techniques » des données. Bien que les différences entre les aspects opérationnels et techniques des données soient généralement (mais pas toujours) comprises à un certain niveau, moins d'efforts sont déployés pour documenter et saisir la signification opérationnelle des données. En outre, il n'y a que peu (ou pas) de différenciation entre la conception logique et physique des données. Les organisations de niveau 3 commenceront à mettre en place des pratiques de gouvernance des données axées sur un type spécifique de données utilisées pour les comptes rendus destinés aux unités opérationnelles. Pour passer d'une organisation de niveau 3 à une organisation de niveau 4, il faut pouvoir reproduire l'amélioration de la qualité, de la valeur et de la confiance dans les données critiques associées à des ressources de données spécifiques. Environ 5 à 10 % des organisations opèrent au niveau 4.

## *Niveau 5 — Optimisée*

Les processus de ce niveau se caractérisent par le fait que l'accent est mis sur l'amélioration continue des performances du processus grâce à des changements et améliorations technologiques progressifs et novateurs.

L'organisation de niveau 5 utilise les pratiques développées aux niveaux 1 à 4 pour améliorer continuellement l'accès aux données, la qualité des données et les performances des bases de données. Avant d'introduire une modification dans les données de production, l'équipe de gouvernance des données l'examine minutieusement et la documente dans le référentiel de métadonnées. Les organisations de niveau 5 tentent continuellement d'améliorer les processus de gouvernance des données. Moins de 5 % des organisations opèrent au niveau 5.

## *Ce qu'il faut retenir*

La figure 1-5 montre comment les niveaux décrits dans cet essai peuvent être appliqués aux disciplines de la gouvernance et de la gestion des données. Commencez par définir les niveaux de maturité qui ont un sens pour votre organisation. J'ai inversé les niveaux 3 et 4 du MEC de la CMU dans le modèle que j'ai présenté ci-dessus car, dans les disciplines de la gestion et de la gouvernance des données, je trouve qu'il est difficile de devenir reproductible avant d'être géré. C'est là toute la beauté de la création de votre propre modèle d'évolution de la gouvernance des données.

# CHAPITRE 2

# Perspectives à considérer

Au fil des ans, les « problèmes liés aux données » ont été décrits de différentes manières. De nombreuses manières apportent de nouvelles perspectives aux problèmes liés à la gouvernance des données et rendent le sujet accessible aux personnes qui ne vivent pas de la gouvernance des données. Certaines de ces façons sont humoristiques, tandis que d'autres sont mémorables car elles établissent un lien particulier grâce au langage ou au concept utilisé.

Ce chapitre sera probablement amusant à lire. Il comprend plusieurs courts essais destinés à élargir votre perception et votre compréhension des concepts liés aux données par le biais d'analogies. En outre, ce chapitre comprend des essais qui remettent en question les façons traditionnelles d'envisager la gouvernance des données tout en facilitant la compréhension du sujet. J'ai rédigé ces essais afin d'aider le public à mieux comprendre les façons d'envisager les données et la gouvernance des données.

## Perspective : Régler la « situation des données »

Que feriez-vous avec vos données (c'est-à-dire quel type d'analyse feriez-vous) si vous disposiez des données requises pour le faire et ayez confiance dans leur qualité? Quelles questions poseriez-vous? Quel comportement prédiriez-vous? Quelles connexions trouveriez-vous pour comprendre les activités de vos clients? Autant de questions que se posent les dirigeants d'entreprises.

Les dirigeants et les analystes qui se préoccupent de l'avenir constatent qu'ils ne disposent pas des données nécessaires pour répondre à ces questions. Cela devient un gros problème pour les organisations qui se croient à la pointe des technologies de l'information. Elles ont des problèmes de données.

Lorsque les dirigeants voient qu'un problème de données les empêche de rentabiliser leurs investissements dans les technologies de l'information, la porte est ouverte pour aborder ce que j'appellerai la *situation des données*. Cela semble mystérieux, mais ce ne l'est pas. L'amélioration de la qualité des données pour améliorer l'analytique peut être le levier pour aborder la gestion de données. Les praticiens des données devraient suivre leurs dirigeants, et viser à améliorer les capacités analytiques en développant et appliquant une stratégie de données et une gouvernance des données à leurs données les plus critiques.

Permettez-moi de vous présenter quelques exemples.:

- **Situation 1 :** Les données que vous utilisez dans votre travail sont de qualité convenable. Les données sont là, mais vous devez passer beaucoup de temps à les manipuler pour les adapter à vos besoins.

- **Situation 2 :** Les données manquent. Il existe des données spécifiques sur lesquelles vous vous concentrez pour évaluer les performances, et il est difficile de les obtenir ou de leur faire confiance à première vue.

- **Situation 3 :** Vous demandez des données pour accomplir votre travail et devez souvent faire des pieds et des mains pour y accéder. Le processus est lent. Il y a des niveaux et des niveaux d'approbateurs.

- **Situation 4** : Les données provenant des unités opérationnelles ne sont pas cohérentes d'une à l'autre. Certaines fournissent des données de qualité, tandis que d'autres soumettent de simples feuilles de calcul.

- **Situation 5** : Les gens ne comprennent pas la différence entre les données pour un prêt étudiant de celles pour un prêt immobilier. Vous avez des définitions uniques des données relatives aux prêts, alors que les données s'inscrivent dans un contexte différent. Vous ne disposez que de glossaires ou de dictionnaires limités, voire inexistants, pour partager la signification des données appropriées au moment opportun.

Les situations liées aux données sont désagréables. Chacune de ces situations types peut conduire à prendre une mauvaise décision, à avoir un impact commercial coûteux, à laisser des données sensibles sans protection ou à perdre du terrain par rapport à vos concurrents les plus proches. C'est pourquoi nous voulons tous remédier à la situation des données.

Voici trois choses facile à faire pour régler une mauvaise situation de données :

1. *Réalisez que vos données peuvent être améliorées.* Il y a plusieurs façons d'y parvenir. Commencer par les membres de votre organisation. Que pensent-ils de la situation des données à laquelle ils sont confrontés chaque jour? Où passent-ils leur temps? Ont-ils confiance dans les données ou, mieux encore, pourquoi n'y font-ils pas confiance? Comprennent-ils les données et savent-ils comment obtenir celles dont ils ont besoin? Comment répondraient-ils aux questions posées au début de cette section? Les réponses à ces questions peuvent être considérées comme la clé de la boîte de Pandore ou celle du paradis. Que vous vous concentriez sur les données clients et leur expérience, sur les données produits et la définition du produit, ou sur la classification et la protection des données sensibles, réalisez qu'il est possible d'améliorer votre situation en matière de données.

2. *Identifier une ou des personnes qui auront du temps alloué à la correction de la situation des données.* Cette personne ou cette équipe doit être responsable de la recherche, de l'inventaire, du catalogage, de

l'évaluation, de la mesure et de l'évolution de l'environnement des données. Dans l'idéal, il y a deux personnes : l'une chargée de veiller à l'amélioration de la situation des données et l'autre responsable des activités mentionnées dans cette section. La vérité est que sans une personne redevable et responsable de la stratégie de données ou de la gouvernance des données, la discipline est vouée à l'échec. Bien entendu, cela vaut pour toute discipline que vous essayez d'appliquer, et pas seulement pour la gestion des données. Dans de nombreuses organisations, la personne redevable se trouve à un niveau de gestion organisationnelle plus élevé que la personne responsable.

3.  La troisième chose que vous pouvez faire est d'élaborer un dossier de décision irréprochable sur la nécessité d'améliorer les données et les informations dans l'ensemble de votre organisation. Il se peut qu'il y ait déjà une personne responsable de cette activité. Vous ne la connaissez peut-être pas encore. Mais il est probable que, quelque part dans vos murs, il y ait une ou plusieurs personnes qui souhaitent monter un dossier décisionnel pour régir et améliorer la situation de vos données. Recherchez-les. Partagez votre histoire et encouragez l'élaboration de ce dossier de décision. La direction doit démontrer que la valeur des données va au-delà de ce qui est agréable à avoir lorsqu'il s'agit des opérations quotidiennes et de la prise de décision. Le dossier de décision doit démontrer la situation actuelle des données par rapport aux bonnes pratiques, les lacunes et les risques associés à ces lacunes, ainsi que les mesures à prendre pour mettre en place une stratégie formelle de données et un programme de gouvernance des données. Ce n'est qu'à ce moment-là que vous pourrez démontrer les véritable avantages et les efforts nécessaires pour améliorer la situation des données.

---

### Ce qu'il faut retenir

Les dirigeants voient qu'ils ne disposent pas des données requises pour soutenir les capacités innovantes et en pleine expansion de l'analytique. Les données sont devenues un frein pour les organisations qui croient être à la pointe de l'utilisation des technologies de l'information. Vous pouvez remédier à cette situation.

## Perspective : La gouvernance des données comme un casse-tête

J'ai hésité à intituler cet essai La gouvernance des données comme un casse-tête ou La gouvernance des données est un casse-tête. Les deux titres conviennent.

J'ai choisi la première option et j'ai décidé d'utiliser cet essai pour comparer la gouvernance des données et les bons casse-têtes plutôt que de décrire le casse-tête. Le dictionnaire Le Robert définit une casse-tête comme « un problème difficile à résoudre ».

Récemment, je suis tombé sur un article amusant écrit par Eleanor Robinson, fondatrice de la société de jeux 7-128, qui décrivait les caractéristiques d'un bon casse-tête[5]. Son essai m'a fait réfléchir aux similitudes entre la gouvernance des données et un « bon » casse-tête. Je vais donc utiliser les caractéristiques énumérés par Robinson pour décrire la gouvernance des données comme un casse-tête.

Mme Robinson a commencé son essai en mettant l'accent sur les caractéristiques des casse-têtes auxquels elle joue souvent par rapport à celles des casse-têtes auxquels elle ne joue que quelques fois ou auxquels elle ne revient jamais. Il s'agit d'une excellente analogie pour la gouvernance des données, car la plupart des organisations souhaitent que leurs intendants continuent à jouer (à la gouvernance des données) plutôt que de partir et de ne jamais revenir.

Plusieurs des caractéristiques qu'elle a définies s'appliquent directement à la réussite de la gouvernance des données, tandis que d'autres nécessitent un effort d'imagination (ou une longue expérience pratique) pour établir la comparaison.

Voici ses caractéristiques d'un bon casse-tête :

---

[5] https://7128.com/

## Rejouabilité

*Caractéristique d'un bon casse-tête* : On doit pouvoir le rejouer. (Robinson)

La gouvernance des données doit être rejouable, ou devrais-je dire, les actions de gouvernance des données doivent être reproductibles. Les données doivent servir à des fins multiples (et donc être réutilisables). Les rôles doivent être réutilisables, les processus gouvernés doivent être répétables, les communications cohérentes et répétables, les mesures et les outils rejouables également. En fait, comme dans un casse-tête, les organisations améliorent la valeur, l'efficacité et l'efficience de leurs activités de gouvernance par la répétition.

*Verdict* : Selon cette caractéristique, la gouvernance des données est comme un casse-tête.

## Engagement

*Caractéristique d'un bon casse-tête* : le casse-tête doit être suffisamment captivant pour que vous perdiez la notion du temps et de ce qui se passe autour de vous, au moins pendant de brèves périodes, lorsque vous y jouez. (Robinson)

Je ne cesse de répéter, à propos de la gouvernance des données, que la mobilisation des intendants de données est le seul moyen de mettre en œuvre un programme efficace. J'ai dit que « tout le monde est un intendant de données », et les organisations doivent accepter et prendre avantage de cette réalité afin de fournir une prestation à l'ensemble de l'organisation. Les programmes de gouvernance des données qui démontrent leur succès à leurs organisations mobilisent leurs intendants de données, les aident à se reconnaître en tant qu'intendants de données, et engagent les intendants de données là où ils « touchent » les données. Comme dans un casse-tête, la façon la plus efficace de susciter l'engagement consiste à utiliser l'ingéniosité des intendants de données afin de résoudre les problèmes et de saisir les opportunités qui se présentent.

*Verdict* : L'une des principales caractéristiques d'un bon casse-tête est la façon dont il vous interpelle. Un aspect essentiel d'un programme de gouvernance des données est la manière dont vous allez impliquer les intendants et le reste de l'organisation. La gouvernance des données me semble être un bon casse-tête.

## Nécessite une planification stratégique

*Caractéristique d'un bon casse-tête* : le casse-tête doit inclure la possibilité de faire de la planification stratégique, de prévoir à l'avance et de moduler l'issue du jeu. Les jeux de hasard pur perdent rapidement de leur éclat, même s'ils sont très jolis. (Robinson)

Un plan pour votre effort de gouvernance des données garantit que vos activités se concentrent sur la réalisation de votre objectif. Au lieu d'adopter l'approche « prêt, feu, visé » qui consiste à tirer avant de connaître la cible, je suggère toujours d'orienter le programme de gouvernance des données vers des activités spécifiques ciblées. Souvent, nous déterminons les activités cibles par le biais d'une évaluation ou d'une analyse des meilleures pratiques de l'industrie pour la mise en place d'un programme formel de gouvernance des données. Les plans de gouvernance des données de qualité sont souvent agiles, se concentrant sur l'efficacité et la capacité à modifier le résultat de votre programme en fonction du succès démontré (ou de l'absence de succès). En outre, la capacité à cibler (et à recentrer) votre programme de gouvernance des données sur la base d'une planification anticipée prépare mieux le programme à réagir lorsque le casse-tête de la gouvernance des données se complique ou est menacé.

*Verdict* : Bien qu'un bon casse-tête permette de faire de la planification stratégique, la gouvernance des données exige la capacité de planifier et d'ajuster pour moduler les résultats de votre programme. Cette caractéristique du casse-tête s'aligne sur la gouvernance des données dans la mesure où les deux requièrent une planification avancée et la capacité d'ajuster les actions afin d'améliorer les résultats.

## Facteur temps

*Caractéristique d'un bon casse-tête :* Il doit y avoir un facteur temps, soit sous la forme d'un compte à rebours, soit sous la forme d'une récompense pour être plus rapide. L'objectif de temps doit être réglable en fonction des compétences, des modes de jeu ou des niveaux d'aptitude. (Robinson)

Les programmes de gouvernance des données ne sont généralement pas basés sur le temps. Cependant, les responsables de programme ne disposent pas d'un temps infini pour démontrer sa valeur pour l'organisation. La valeur d'un programme de gouvernance des données provient des améliorations apportées à la définition, à la production et à l'utilisation des données, qui nécessitent une planification, une exécution et une mesure. Les organisations mesurent souvent le succès d'un programme de deux manières. La première consiste à mesurer la valeur commerciale résultant de l'amélioration de la gouvernance des données. Cette méthode prend du temps et nécessite de connaitre l'état actuel pour évaluer le changement. La seconde méthode consiste à mesurer le degré d'acceptation et d'adoption du programme par l'entreprise. Elle permet de mesurer les améliorations de la gouvernance sur une période plus courte. Le temps presse toujours. Prévoyez de démontrer les succès rapidement et souvent afin d'apaiser l'attention que porte la direction au facteur temps. La caractéristique suivante met l'accent sur l'amélioration par la répétition. La répétition permet d'améliorer les compétences et d'accéder à différents modes de jeu du casse-tête de la gouvernance des données (en fonction du niveau de maturité de l'organisation).

*Verdict :* Le facteur temps, caractéristique des bons casse-têtes, a un impact sur tous les programmes de gouvernance des données lorsque des succès tangibles doivent être obtenus rapidement. Il est à espérer que vous n'atteindrez pas la fin du facteur temps (5-4-3-2-1-fini) avant d'avoir obtenu une récompense démontrable pour votre organisation.

---

### *Amélioration par la répétition*

*Caractéristique d'un bon casse-tête :* L'amélioration des compétences par la répétition devrait permettre d'obtenir de meilleurs scores, d'atteindre des niveaux plus élevés et de résoudre des casse-têtes plus difficiles. Cela signifie que le casse-tête ne doit pas être résolu du premier coup, mais que l'amélioration des compétences, et non de la chance, augmente les chances de réussite. (Robinson)

La maturité naît de l'expérience. De nombreux modèles publiés d'évolution des capacités présentent une progression d'un niveau initial à un niveau défini, puis à un niveau répétitif, avant d'être gérés et finalement optimisés. Les organisations qui planifient la réussite de la gouvernance des données tirent les leçons de leur expérience et améliorent la façon dont elles gouvernent les données. Lorsqu'il s'agit de résoudre un bon casse-tête, les joueurs améliorent leurs capacités grâce à l'expérience des progrès et des échecs qu'ils rencontrent lorsqu'ils tentent de le résoudre. Dans le domaine de la gouvernance des données aussi, nous apprenons par la pratique. Les organisations apprennent à gouverner les données au fil du temps. Le Saint-Graal de la gouvernance des données est l'optimisation, tout comme la capacité à résoudre un casse-tête est le résultat ultime.

*Verdict :* Les programmes de gouvernance des données sont de bons casse-têtes car les organisations s'améliorent par la répétition. Les succès mesurables ne sont pas toujours rapides, mais les organisations peuvent tirer des leçons de leur expérience et s'améliorer simultanément.

## Succès rapide et facile

*Caractéristique d'un bon casse-tête :* Vous devez réussir du premier coup. Cela signifie qu'il doit être suffisamment facile pour tout le monde d'atteindre au moins les premiers écrans (objectifs) avec le réglage le plus facile. (Robinson)

L'expression « fruit facile à cueillir » signifie que les organisations doivent chercher à saisir les opportunités qui apportent de la valeur rapidement et sans une exécution complexe. Ces fruits sont ceux qui apportent une véritable valeur ajoutée à l'entreprise sans nécessiter une longue période d'exécution. Les programmes de gouvernance des données qui ont fait leurs preuves dès le début ont des chances supplémentaires de continuer à faire leurs preuves. Visez les lampadaires avant de viser les étoiles. Les lampadaires sont à portée de main dès le premier essai, alors que les étoiles nécessitent une planification, une exécution et des mesures – le succès ne viendra pas rapidement.

*Verdict :* Selon cette caractéristique, la gouvernance des données est certainement un bon casse-tête. Le succès doit s'accompagner de quelques défis, mais la démonstration des premiers succès incite les organisations à persévérer.

## Niveaux de réussite définissables

*Caractéristique d'un bon casse-tête :* S'il y a des niveaux, il doit y avoir une variabilité entre les niveaux pour ajouter de l'intérêt. Il ne suffit PAS de rendre le jeu plus rapide ou d'augmenter le nombre de joueurs. Il peut s'agir de modifier les terrains de jeu et les règles du jeu ou d'ajouter de nouveaux dangers et types de graphiques. (Robinson)

Comme nous l'avons déjà mentionné, il existe des niveaux de maturité que les organisations utilisent pour définir leur succès en matière de gouvernance des données. Après avoir commencé au niveau initial, les organisations passent au niveau défini, où elles enregistrent et formalisent les composants de leur programme. Les organisations atteignent un niveau de réussite reproductible lorsque les composants définis sont réussis. Les organisations atteignent le niveau géré lorsque les actions reproductibles qu'elles entreprennent démontrent leur valeur. Une organisation atteint le niveau optimisé en améliorant constamment son score de gouvernance des données. Ces niveaux de réussite définis sont largement utilisés lorsque les organisations effectuent des évaluations de leur capacité à mettre en œuvre la gouvernance des données.

*Verdict :* La gouvernance des données est un bon casse-tête selon cette caractéristique, car les organisations qui vise l'amélioration continue parviennent souvent à mieux démontrer les niveaux de réussite au fil du temps.

## Capacité à franchir les obstacles

*Caractéristique d'un bon casse-tête :* Si le hasard bloque la possibilité d'une solution, il doit y avoir quelque chose – un bonus acquis précédemment ou un objet de valeur – qui peut briser cette entrave, au moins de temps en temps. Sinon, le jeu devient ennuyeux si vous échouez toujours à un niveau ou un défi particulier. L'utilisation d'une « bombe » est un exemple d'objet de valeur. Mais ces objets ne doivent pas être trop (facilement) disponibles, sinon le jeu deviendra ennuyeux si vous avez toujours le bon élément pour gagner le jeu. Vous devez échouer de temps en temps. (Robinson)

Cette caractéristique ne s'applique que légèrement pour évaluer si la gouvernance des données est un bon casse-tête. Les programmes de gouvernance des données rencontrent constamment des obstacles et des barrières à la réussite. Qu'il s'agisse d'un changement de direction, de ressources, d'orientation ou de tout autre changement dans l'organisation, les ressources d'un programme de gouvernance des données sont généralement affectées. Ces obstacles à la réussite peuvent être considérés comme des entraves qui vous obligent à prendre du recul et à réévaluer votre approche pour résoudre le casse-tête ou mettre en œuvre votre programme de gouvernance des données. Les obstacles sont courants. Certains diront même que le fait de prévoir les obstacles à la réussite et de s'y attaquer dès le départ fait de la vie d'un administrateur de programme de gouvernance des données (qui résout le casse-tête) un défi passionnant.

*Verdict :* Les programmes de gouvernance des données, comme les bons casse-têtes, se heurtent toujours à des obstacles. Les responsables de programmes qui réussissent s'attaquent avec succès à ces obstacles, en rendant leurs efforts continuellement « intéressants » et stimulants.

---

### Composants et approche

*Caractéristique d'un bon casse-tête :* Une grande variété de dispositions des pièces doit apparaître de manière aléatoire lorsque vous commencez le jeu. La même configuration ne doit pas toujours apparaître. L'un des facteurs qui rend les jeux de cartes si attrayants est que, fondamentalement, il n'y a pas deux dispositions ou mains identiques. (Robinson)

Le cadre de gouvernance des données que j'ai présenté dans un essai précédent a été enrichi au fil du temps. Ce cadre se compose de six éléments fondamentaux (données, rôles, processus, communications, mesures et outils) considérés à partir de cinq niveaux organisationnels (dirigeants, stratégique, tactique, opérationnel et de soutien) afin de démontrer tous les éléments d'un programme efficace de gouvernance des données. Je considère qu'il s'agit là des pièces du casse-tête complet de la gouvernance des données. Les organisations ne se concentrent généralement pas sur l'ensemble du cadre à la fois. Elles travaillent plutôt sur un ou deux composants spécifiques, ou sur un ou deux niveaux spécifiques, afin de s'améliorer en tirant les leçons de leur expérience et en améliorant leur maturité avant de passer à l'élément suivant. En combinant toutes les pièces (composants) au fil du temps, vous augmentez considérablement vos chances de résoudre le casse-tête (en démontrant le succès du programme de gouvernance des données).

*Verdict :* Selon cette caractéristique, la gouvernance des données est un casse-tête car elle comporte plusieurs éléments qui peuvent être améliorés par l'expérience et complétés progressivement.

---

### Ce qu'il faut retenir

Dans cet essai, j'ai comparé la gouvernance des données aux caractéristiques d'un bon casse-tête. J'ai hésité à écrire sur les aspects déroutants et difficiles de la gouvernance des données (qui sont nombreux), mais j'ai plutôt décidé d'écrire sur la façon dont la gouvernance des données et les casse-têtes ont des caractéristiques en commun. De nombreuses caractéristiques des bons casse-têtes sont aussi celles des programmes efficaces de gouvernance des données. J'espère que la comparaison entre les casse-têtes et la gouvernance des données a un sens lorsque l'on considère le travail nécessaire à la mise en œuvre de la gouvernance des données.

La gouvernance des données est comme un casse-tête. Amusez-vous bien à résoudre les énigmes de la gouvernance des données!

## Perspective : Les données, c'est comme l'eau contaminée

Que se passerait-il si l'eau qui alimente votre maison ou votre appartement était contaminée et si vous saviez que boire ou se baigner dans cette eau vous rendrait malade? Comme la plupart des gens, vous investiriez dans l'installation de filtres à eau partout pour réduire l'exposition à la contamination.

Que se passerait-il si vous étiez propriétaire d'un immeuble de cent appartements et que l'eau était mauvaise pour tous les locataires? Il est plus coûteux d'installer cent filtres à eau pour assumer votre responsabilité. Vous pourriez plutôt envisager d'installer un système de filtration de l'eau à la source, là où l'eau pénètre dans l'immeuble. Cela réglerait le problème une fois pour toutes et vous permettrait de maintenir une qualité d'eau constante pour tous les occupants de votre immeuble. Cette solution plus large peut coûter un peu plus cher, mais elle réduira considérablement les risques, améliorera la satisfaction des clients et vous permettra d'économiser de l'argent à long terme.

Chut. Ne le dites à personne, mais vos données peuvent être contaminées. Elles peuvent être incomplètes, inexactes, inopportunes, non intégrables ou non protégées. Demandez aux personnes qui définissent, produisent et utilisent les données dans votre organisation si vos données sont fiables. C'est-à-dire qu'elles sont formellement définies, produites et utilisées dans l'ensemble de l'organisation. Demandez-leur ensuite comment les données pourraient être améliorées. Si votre direction connaissait la vérité sur l'eau... je veux dire sur les problèmes de données, pensez-vous qu'elle boirait à cette source? Il est fort probable que non. Il est logique qu'ils veuillent remédier à la situation.

Vos données sont comme l'eau qui coule dans les tuyaux de votre maison ou dans un immeuble résidentiel. Les données alimentent et circulent à partir de vos processus, de vos prises de décision et, en fin de compte, du personnel de votre organisation. Les problèmes de données proviennent de ressources de données mal conçues, d'acquisitions de systèmes et d'organisations, de silos et d'investissements isolés réalisés dans des applications d'entreposage de données, d'informatique décisionnelle, de mégadonnées, de données intelligentes et de métadonnées – autant d'investissements réalisés avec l'argent durement gagné de votre organisation. Votre organisation peut choisir de nettoyer le problème des données chaque fois qu'il se manifeste, comme dans l'exemple de l'appartement individuel, ou vous pouvez mettre en place un programme de gouvernance des données pour améliorer la qualité, l'utilité et la protection des données de manière systématique et cohérente.

---

*La gouvernance des données est l'exécution et l'application de l'autorité sur la gestion des données et des actifs liés aux données. En termes plus simples, elle exige une redevabilité formelle pour les données.*

---

Je suggère aux organisations de suivre l'approche de la gouvernance non intrusive des données. Le terme « non intrusif » décrit la manière d'exercer la gouvernance des données : les rôles des personnes sont formalisés en fonction de leur relation avec les données, et nous appliquons la gouvernance aux processus existants. Cette approche est la plus pratique et la plus efficace qui soit publiée aujourd'hui. Elle est plus simple, mais pas nécessairement facile.

Revenons un instant à votre maison. L'installation d'un filtre à eau sur l'évier de la cuisine n'améliore pas la qualité de l'eau de la salle de bains. De même, le filtre du réfrigérateur n'améliore pas la qualité de l'eau de la baignoire. Les solutions ponctuelles ne règlent pas le problème dans son ensemble.

L'outil de qualité des données utilisé pour nettoyer les données lorsqu'elles entrent dans l'entrepôt de données ne résout pas les problèmes de qualité des données dans les systèmes sources. Protéger les personnes qui peuvent voir les données dans une application n'empêche pas les mauvaises personnes de les voir dans une autre application. La seule solution à long terme consiste à se concentrer sur le nettoyage systématique des données contaminées.

*Ce qu'il faut retenir*

Pour aller de l'avant avec un programme formalisé de gouvernance non intrusive des données, il faut que quelqu'un, à un niveau supérieur de votre organisation, reconnaisse que vos données sont contaminées. Certains dirigeants le comprendront, d'autres non. Si vous faites partie d'une organisation qui n'accorde pas d'importance à la nécessité d'une gouvernance formelle des données, peut-être que cette anecdote comparant l'eau contaminée à des données sales l'aidera à comprendre le message.

## Perspective : Anarchie des données versus gouvernance

Sommes-nous à l'ère de l'anarchie des données? Lorsque l'on considère toutes les données que nous utilisons dans notre vie personnelle et professionnelle, il est effrayant de penser que la plupart d'entre elles ne sont pas gouvernées et se trouvent dans un état d'anarchie.

L'anarchie est définie de différentes manières, mais il y a un thème commun à toutes les définitions : État de trouble, de désordre dû à l'absence d'autorité politique, à la carence des lois.[6] L'anarchie est l'état d'une société, d'une entité, d'un groupe de personnes ou d'une seule personne qui rejette la hiérarchie.[7] L'anarchie est le type de gouvernement où il n'y a pas de gouvernement du tout. Chaque personne est laissée à elle-même.[8]

Si l'anarchie est une absence de gouvernement, elle se traduit par une absence de gouvernance. S'il y a un manque de gouvernance des données que nous utilisons quotidiennement, à la fois dans notre vie professionnelle et personnelle, cela signifie-t-il que nous vivons à l'ère de l'anarchie des données?

### L'anarchie des données dans notre quotidien

Pensez à la grande quantité de données que vous produisez et utilisez quotidiennement. Qu'il s'agisse des données que vous créez à chaque frappe ou clic de souris, lorsque vous utilisez votre carte de crédit ou de débit, ou lorsque vous utilisez votre téléphone, déplacez votre voiture sur l'autoroute ou regardez la télévision. Vous créez des données sur vous-même à chaque instant. La gestion de ces données est souvent désordonnée en raison de l'absence d'une autorité intégrée pour traiter ces données. C'est l'anarchie des données.

---

[6] Définition du Larousse

[7] Traduit depuis « Decentralism: Where It Came From-Where Is It Going? » Amazon.com.

[8] Tirée du site de l'université Western Oregon (WOU.edu).

Nous ne pensons habituellement pas à l'anarchie ou à l'absence de gouvernance formelle autour des données personnelles que nous produisons tout au long de la journée. Nous ne nous en préoccupons pas parce que la gouvernance de ces données est cachée au commun des mortels. Malheureusement, plus nous apprenons que nos données sont mal traitées, plus nous nous inquiétons.

Il est plus facile de se rassurer en se disant que des personnes très bien payées travaillent à ce que leur organisation passe de l'anarchie des données à un environnement de données gouvernées.

Examinons maintenant notre vie professionnelle. L'environnement de données de nos organisations est-il géré comme une anarchie de données ou comme un environnement gouverné? À quoi ressemble l'anarchie des données d'entreprise par rapport à un environnement de données d'entreprise gouvernées?

## *L'anarchie des données d'entreprise face à la gouvernance des données*

Comment savoir si les données de votre organisation se trouvent dans un état d'anarchie ou si elles constituent un environnement de données gouvernées?

Une anarchie de données présente généralement les caractéristiques suivantes :

- Il n'y a pas de redevabilité formelle pour la définition, la production et l'utilisation des données.

- Personne n'est chargé de superviser les données transversales en tant qu'actif de l'entreprise.

- Il n'existe pas de processus formel pour faire remonter les problèmes liés aux données à un niveau stratégique pour prendre des décisions.

- Il existe des investissements et une gestion irresponsables des projets de grande envergure liés aux données.

- Des processus inefficaces sont associés à l'exploitation des données pour la prise de décision.

- Les personnes qui manipulent les données ne connaissent pas les règles associées aux données sensibles.

Un environnement de données gouvernées a les caractéristiques suivantes :

- Les personnes qui définissent, produisent et utilisent des données sont formellement redevables du respect des règles documentées et communiquées associées à leur définition, production et utilisation.

- Certaines personnes sont responsables de la gestion des données dans l'ensemble des domaines et des fonctions de l'entreprise, ainsi que des grands projets d'intégration de données.

- Il existe une redevabilité formelle pour le suivi d'un processus convenu permettant de faire remonter les problèmes de données au niveau approprié de l'organisation.

- Les investissements et les projets d'intégration de données de grande envergure font l'objet d'un examen approfondi, l'accent étant mis sur les exigences de l'organisation en matière de données.

- Les processus métiers et techniques associés à la gestion des données sont formalisés et les personnes sont tenues de respecter ces processus.

- Les personnes qui manipulent les données sont bien informées et contrôlées sur le respect des règles de protection des données sensibles.

---

### Vivons-nous vraiment dans une anarchie de données d'entreprise?

La plupart des organisations savent qu'elles ont des problèmes liés à leurs données. Ces problèmes peuvent concerner leur qualité, leur protection ou les questions de réglementation et de conformité. Les problèmes peuvent être liés au défi pour accéder aux données et les analyser afin de prendre les meilleures décisions possibles en temps réel.

Ces mêmes organisations investissent des millions de dollars dans d'énormes projets axés sur les données, où les exigences en matière de données peuvent ou non faire partie intégrante de leurs efforts de développement Agile ou de livraison de données intégrées. Elles peuvent s'être développées par le biais d'acquisitions et avoir plusieurs départements de la chaîne d'approvisionnement, des ressources humaines ou des finances qui tentent de synchroniser et d'actualiser leurs processus.

Est-il approprié d'appeler ces environnements des anarchies de données? Eh bien, non et oui. Non parce qu'il faut du temps et un effort formel pour obtenir le soutien, le parrainage et la compréhension au plus haut niveau et pour formaliser et déployer un effort de gouvernance des données dans l'ensemble d'une organisation. Oui, il s'agit très probablement d'une anarchie de données - un désordre non gouverné. Alors, qu'attendez-vous si votre organisation n'a pas encore commencé à migrer de l'anarchie vers la gouvernance?

## Ce qu'il faut retenir

La gouvernance des données est « l'exécution et l'application de l'autorité sur la gestion des données et des ressources liées aux données ». L'anarchie est définie comme l'absence totale de gouvernance. Par conséquent, les organisations qui ne peuvent pas exécuter et faire respecter l'autorité sur la définition, la production et de l'utilisation des données sont très probablement dans un état d'anarchie.

Les Sex Pistols, groupe punk classique d'une époque punk classique, ont exprimé l'anarchie dans leur chanson « *Anarchy in the U.K.* », incluse dans les 500 chansons qui ont façonné le rock and roll selon le Rock & Roll Hall of Fame. « Je ne sais pas ce que je veux. Je sais comment l'obtenir ». La vérité est que de nombreuses organisations savent ce qu'elles veulent, mais ne savent pas comment l'obtenir. Par conséquent, les organisations doivent passer de l'anarchie des données à la gouvernance des données si elles veulent tirer le maximum de valeur de leurs données.

## Perspective : Vaincre vos démons des données

Les journaux mentionnent parfois la façon dont une personne lutte contre ses démons : alcoolisme, toxicomanie et comportements compulsifs comme le jeu. Les démons prennent de nombreuses formes. Le mot « démon » fait allusion à quelque chose qui n'est pas bon. Il y a des moments où les démons sont maîtres.

---

*Les organisations ont aussi des démons.*

---

Tout comme les individus, certaines organisations luttent contre leurs démons connus, tandis que d'autres savent qu'elles ont des démons mais n'essaient pas de s'y attaquer. Les démons des organisations peuvent être politique, culturel, de genre, d'ignorance ou même de données. Les démons des données des organisations sont réels.

Je définis les démons des données comme des comportements liés aux données dont nous savons qu'ils sont erronés, mais que nous continuons à pratiquer. De nombreuses organisations s'efforcent d'améliorer ces démons au quotidien, tandis que d'autres ont du mal à reconnaître qu'elles ont des démons. Examinons les formes que prennent ces démons des données et la manière de les combattre.

Les démons des données se présentent généralement sous trois formes :

- Démons de la définition des données
- Démons de la production de données
- Démons de l'utilisation des données

### Démons de la définition des données

Commençons par la définition des données. La définition des données se fait par le biais d'exercices de modélisation des données, de la mise en œuvre de progiciels, du développement d'applications, de l'incorporation de sources de données externes et de la définition des données dans les nouvelles bases de données et les nouveaux systèmes d'information.

Les données doivent être bien définies dès le début de leur cycle de vie afin d'être bien comprises tout au long de ce cycle. Une bonne définition des données nécessite une collecte et une compréhension approfondie des exigences de données, un domaine dans lequel les organisations ont des démons des données. Les méthodes traditionnelles de développement des systèmes d'information ne prennent pas toujours le temps de collecter les besoins en données de l'entreprise et d'en élaborer des définitions. Les méthodes de développement Agile ont encore compliqué les choses en exigeant la livraison rapide et incrémentale de systèmes d'information complexes, ce qui laisse peu de temps pour résoudre les problèmes de données alors que s'accumule la dette de données.

La gouvernance des données permet de lutter contre les démons de la définition des données de plusieurs manières. La définition de la gouvernance des données que j'ai donnée plus haut dans ce livre fait référence à « l'exécution et l'application de l'autorité sur les données », ce qui signifie que l'autorité doit être utilisée pour s'assurer que les données sont définies de manière à aider l'organisation à tirer le meilleur parti de ces données. La gouvernance des données peut lutter contre les démons de la définition des données en formalisant l'implication des « bonnes » personnes au « bon » moment dans le processus de définition des données et en faisant en sorte que les « bonnes » personnes attestent que la définition des données est exhaustive et complète.

La définition des données met l'accent sur les métadonnées, y compris les descriptions métier, la dénomination normalisée des données, la traçabilité et l'emplacement des données, les règles métier et celles de conformité et de traitement, c'est-à-dire tout ce que l'organisation juge important pour une valorisation maximale de ses données.

Les démons de la définition des données deviennent évidents lorsque celle-ci n'est pas complète ou partagée avec les utilisateurs. Si les utilisateurs ne comprennent pas les données, ne savent pas où trouver les « bonnes » données ni comment les utiliser, il y a des démons dans la définition des données.

### *Démons de la production de données*

Nous avons des données pour répondre aux besoins de l'entreprise. Malheureusement, la production de données a aussi ses démons. Les démons de la production de données deviennent évidents lorsque les personnes et les processus responsables de cette production ne comprennent pas pourquoi les données sont collectées, comment elles doivent être produites ou comment elles seront utilisées. Les caissières qui saisissent le code postal du magasin plutôt que celui du client, le personnel de bureau qui modifie les codes de diagnostic des patients, qui accepte les données par défaut au lieu de saisir les données correctes et qui partage des données confidentielles sont autant de conséquences de l'absence de redevabilité des personnes sur la façon dont elles produisent les données.

Les démons de la production de données résultent d'une incapacité à communiquer efficacement avec les intendants de la production de données (les personnes qui en sont responsables) sur l'aspect que doivent avoir les données lorsqu'elles sont saisies ou transférées, de l'incapacité à bloquer la saisie de données erronées, ou de la mauvaise synchronisation ou qualité des sources de données requises.

Les démons de la production de données peuvent résulter de la paresse ou de la possibilité d'ajouter un client à la base de données de multiple fois (avec une orthographe légèrement différente). Ce même démon peut apparaître parce que les informations sur les clients sont stockées dans de nombreux dépôts de données non synchronisés. Il peut apparaître pour les fournisseurs, les médecins, les patients ou toute autre personne qui est le client de votre entreprise.

Les démons de la production de données sont souvent liés à ceux de la définition des données – lorsque les données ne sont pas définies de manière complète ou précise, il est difficile de produire des données de qualité. La gouvernance des données combat les démons de la production de données en impliquant les « bonnes » personnes au « bon » moment, avec la « bonne » compréhension et les « bonnes » contraintes, afin de produire des données de qualité. Rappelez-vous ma définition de la gouvernance des données : l'autorité sur la production des données doit être appliquée pour optimiser l'utilisation des données.

## Les démons de l'utilisation des données

Les démons de l'utilisation des données sont peut-être les démons les plus prévalents dans les organisations. Ils résultent d'une utilisation inappropriée ou inefficace des données pour de nombreuses raisons : manque de compréhension, manque d'accès, manque de connaissance des règles de manipulation, manque de cohérence et de qualité, etc.

Les démons de la définition et de la production de données entraînent une mauvaise qualité des données, ce qui rend difficile l'utilisation efficace des données. Les dirigeants veulent des tableaux de bord qui fournissent des réponses cohérentes lorsqu'ils posent des questions cruciales et prennent des décisions au niveau de l'entreprise. Les personnes aux niveaux stratégique et tactique de l'organisation veulent utiliser les données pour rechercher et développer des produits et des services de qualité, et enrichir les relations avec les clients. Les personnes au niveau opérationnel ont besoin d'utiliser les données pour accomplir leurs tâches quotidiennes.

Les démons de l'utilisation des données se manifestent chaque fois que quelqu'un dit « donnez-moi toutes les données et je vous dirai ensuite celles dont j'ai besoin », ou utilise des données qu'il ne comprend pas entièrement. Les démons de l'utilisation des données se traduisent par des processus épuisants associés à la collecte de données pour des usages imprécis, tels que des analyses des clients, de rapports gouvernementaux ou sectoriels, ou la réponse à une demande de statistiques de la part d'un dirigeant.

La gouvernance des données permet de lutter contre les démons de l'utilisation des données de plusieurs façons. L'exécution et l'application de l'autorité sur la définition, la production et l'utilisation des données doivent être mises en œuvre pour utiliser les données de manière efficace et efficiente, protéger les données sensibles, partager les données de manière appropriée et enfin devenir une organisation centrée sur les données. Tous ces démons nécessitent une amélioration de la communication et de la sensibilisation sur les données qui sont régies.

*Ce qu'il faut retenir*

Les démons des données empêchent l'organisation d'être à la hauteur de ses capacités. Vous pouvez reconnaître que votre organisation n'a que quelques démons des données, ou peut-être qu'elle en a plusieurs. Si vous laissez les démons s'installer, vous pouvez vous attendre à ce que les choses demeurent inchangées – les analyses et la prise de décision ne s'amélioreront pas, l'inefficacité et l'inefficience des données continueront d'être un handicap, et les membres de votre organisation deviendront eux-mêmes des démons en trouvant leur propre façon de résoudre les problèmes liés aux données en raison de l'absence d'une gouvernance formelle.

Mettez en œuvre un programme efficace de gouvernance des données pour lutter contre vos démons des données. La gouvernance des données est le seul moyen d'appliquer une redevabilité formelle pour les données, d'exécuter et de faire respecter l'autorité pour les données, et de faire face à nos bêtes, ogres et monstres.

# Perspective : Votre organisation a la grippe des données

Votre organisation souffre-t-elle d'une mauvaise qualité, d'un manque de protection ou d'une compréhension insuffisante de vos données? Il y a de fortes chances qu'elle soit malade. Les germes sont partout autour de vous, les symptômes sont évidents et le traitement n'est pas connus. Votre organisation est atteinte de la grippe des données. Les traitements s'appuient sur une bonne dose de gouvernance des données.

### Les germes

Les germes qui causent des données malsaines proviennent des personnes, des processus et des technologies associés aux données. Les personnes doivent faire les « bonnes » choses avec les données de votre organisation. Certaines doivent avoir la redevabilité formelle de bien définir les données, ce qui signifie que la définition des données doit faire l'objet d'une réflexion préalable, stratégique par nature. Si personne n'est responsable de cette réflexion, les germes sont voués à se multiplier. Peu importe la quantité de « désinfectant de données » utilisé.

Des personnes doivent avoir la responsabilité formelle de produire les données afin qu'elles puissent être utilisées à bon escient, en tant qu'actif stratégique. Les utilisateurs de données doivent avoir la responsabilité formelle de les utiliser de la manière dont elles sont censées l'être. Cela implique de protéger les données sensibles et de se conformer aux réglementations. En l'absence de responsabilité formelle, les données peuvent très vite devenir malades.

*Sans responsabilité formelle pour les données,*
*les données peuvent devenir malades très rapidement.*

Les germes peuvent provenir de tout processus mal défini ou qui n'est pas exécuté de manière formelle ou efficace. Le processus nécessite les bonnes personnes au bon moment afin de faire les bonnes choses pour définir, produire et utiliser des données. Dans le premier livre, j'ai appelé cela la « bonne route de la gouvernance des données ». Elle est au cœur d'une gouvernance efficace.

## Les symptômes

Comment reconnaître les symptômes de la grippe des données? Ils comprennent le manque de confiance, les manipulations fastidieuses utiliser les données, celles qui sont difficiles à obtenir ou celles en qui vous faites confiance que si elles proviennent de vos sources fiables. Presque tous ces symptômes requièrent une attention particulière. Mais vous le saviez déjà. Souvent le problème est que personne au sein de l'organisation n'est responsable de le résoudre.

Ce problème est comparable à l'absence de médecin. Votre organisation présente les symptômes, mais vous n'avez personne pour vous aider à résoudre ces problèmes. Enfin... jusqu'à présent. Les personnes responsables de la gouvernance des données sont généralement celles qui résolvent les symptômes lors de la communication et de la sensibilisation au niveau approprié de l'organisation.

## Le traitement et la guérison

Le traitement de la grippe des données n'est pas toujours simple et ne s'attaque souvent qu'à certains symptômes. C'est comme le vaccin contre la grippe. Le vaccin est disponible, mais il n'est parfois que partiellement efficace.

L'un des premiers traitements que je recommande est de créer la fonction de gouvernance des données et ainsi avoir un « docteur des données ». Il se peut que vous disposiez déjà de cette fonction. Elle peut exister sous le directeur des données (*CDO*) ou le directeur de l'analytique (*CDAO*), qui pourrait être considéré comme le docteur des données de cet essai. Le Gartner Group a prédit que 90 % des grandes organisations auraient un directeur des données d'ici 2019[9].

---

[9] https://www.gartner.com/newsroom/id/3190117.

L'année 2019 est passée et cette prévision n'a pas été réalisée.

Si vous n'avez pas de directeur des données et que la gouvernance des données ne fait pas partie des responsabilités du directeur des systèmes d'information, cherchez les personnes chargées d'améliorer les capacités analytiques ou qui s'occupent de science des données. Ce sont de bonnes personnes à contacter si vous souffrez des symptômes de la grippe des données.

La fonction de gouvernance des données consiste à exécuter et à faire respecter l'autorité sur la gestion des données et des actifs liés aux données. Cette fonction ne s'exerce pas sans la responsabilité formelle de la mettre en œuvre.

Il existe trois approches pour mettre en place une gouvernance des données formelle qui aidera les traitement contre la grippe des données. Une approche commande et contrôle affecte des personnes à des rôles qu'elles ne jouent pas encore (elles se sentiront surchargées par cet effort supplémentaire). L'approche traditionnelle s'inspire de « si vous la créez, ils viendront » et s'attend à ce que les gens gravitent autour de la gouvernance des données. Enfin, l'approche non intrusive part du principe que les gens ont déjà des relations avec les données qui peuvent être formalisées d'une manière qui ne semble pas menaçante.

## *Ce qu'il faut retenir*

Lorsque vous ne vous avez la grippe, il est recommandé de rester à la maison et de prendre soin de vous. Vous pouvez même appeler le médecin. C'est toujours une bonne idée. Lorsque vos données ne vont pas bien, vous devez également faire quelque chose. Mais rester chez soi ne résoudra pas le problème.

La fonction de gouvernance des données est l'un des moyens pour résoudre le problème de la grippe des données. La fonction de gouvernance des données doit exister si l'on veut que les données de l'organisation se portent mieux.

## Perspective : Les quatre cavaliers de l'apocalypse des données

Lors d'une récente conférence, l'un des présentateurs a brièvement parlé des quatre cavaliers de l'apocalypse des données. Les cavaliers de l'apocalypse originaux sont décrits dans le dernier livre du Nouveau Testament comme étant la mort, la famine, la guerre et la conquête, une prophétie symbolique de l'avenir.

Il existe également quatre cavaliers de l'apocalypse des données. Les messages des quatre cavaliers de l'apocalypse des données se concentrent sur les attitudes à l'égard des données, notamment l'ignorance, l'arrogance, l'obsolescence et le pouvoir, décrivant clairement pourquoi les organisations peinent à gérer leurs données comme un actif précieux.

### *Ignorance*

Le premier cavalier est l'ignorance. L'ignorance consiste à penser que la valorisation des données n'est pas importante. Les organisations qui affichent cette ignorance se situent à l'extrémité inférieure du spectre de la maturité des données. Ces organisations sont en retard sur leurs concurrents lorsqu'il s'agit d'allouer des ressources à l'amélioration de leur situation en matière de données. L'amélioration de la situation des données peut inclure l'amélioration de la qualité, de la compréhension et de la protection des données, ainsi que des capacités de suivi en matière de réglementation et de conformité. Ces organisations seront les dernières à embaucher des directeurs des données, à mettre en œuvre des programmes formels de gouvernance des données et à collecter et gérer les informations relatives à leurs données.

Vous avez déjà entendu dire que « l'ignorance est un bonheur ». Mais pas dans ce cas. Dans ce cas, l'ignorance conduit les organisations à prendre du retard à l'ère florissante des données.

## Arrogance

Le deuxième cavalier est l'arrogance. Cela consiste pour la direction à penser qu'elle en sait plus sur les données que les personnes qui en sont responsables.

Les organisations qui adoptent cette attitude sont convaincues que la direction est la mieux placée pour savoir. La direction ne connaîtra pas les difficultés de son équipe si elle ne dialogue pas avec ceux qui connaissent le mieux les données. Pour éviter l'arrogance, il convient de dialoguer ouvertement avec les personnes qui définissent, produisent et utilisent les données dans le cadre de leurs activités quotidiennes. L'arrogance à l'égard des données peut être évitée en procédant à des évaluations internes de la manière dont l'organisation gère ses données par rapport aux meilleures pratiques de l'industrie.

J'ai lu que des philosophes anonymes avaient émis l'hypothèse suivante : « La différence entre l'arrogance et la confiance, c'est la performance »[10]. Les dirigeants devraient examiner les données qu'ils utilisent pour améliorer les performances de leur organisation et faire preuve d'ouverture d'esprit à l'égard d'une gouvernance et d'une gestion continues des données.

## Obsolescence

Le troisième cavalier est l'obsolescence. Il s'agit de penser que les données actuelles, dans les systèmes actuels, seront toujours valables et que si elles ont permis à l'organisation d'aller aussi loin, il n'y a pas de raison de changer.

Les organisations qui adoptent cette attitude craignent d'abandonner le passé et d'investir dans l'avenir. Pour garder une longueur d'avance sur la concurrence, les organisations doivent continuellement se concentrer sur l'amélioration de la qualité, de l'accès, de la compréhension et de la protection des données, même si l'état actuel permet à l'organisation de s'en sortir. Les organisations dont les

---

[10] https://www.coachhub.com/blog/confidence-and-arrogance/.

données et les systèmes sont obsolètes deviennent inefficaces et agissent de manière très informelle pour améliorer la situation de leurs données.

Andy Rooney, célèbre personnalité de la radio et de la télévision américaines, a dit un jour : « La chose la plus rapide que font les ordinateurs, c'est de devenir obsolètes »[11]. Il en va de même pour les données stockées sur ces ordinateurs et les systèmes qui gèrent le flux et l'utilisation de ces données. Se reposer sur ses lauriers en matière de données est le moyen le plus rapide de devenir obsolète.

## *Pouvoir*

Le dernier cavalier est le pouvoir. C'est le sentiment que les projets des membres les plus influents de la direction sont plus importants que les autres.

Les organisations dans lesquelles le pouvoir est l'attitude motrice ont du mal à s'écarter de leur propre chemin lorsqu'il s'agit de donner la priorité aux activités qui conduiront à des données de meilleure qualité. Le pouvoir peut provenir du fait d'avoir le plus d'ancienneté ou d'être associé à la partie la plus rentable de l'entreprise. Ce pouvoir est souvent entre les mains de personnes qui considèrent que les investissements dans leur propre infrastructure de données sont les plus importants. Bien que ces projets soient importants, avec des ressources limitées, les besoins en données les plus critiques de l'organisation sont souvent mal compris ou interprétés comme étant moins importants.

William Gaddis, un célèbre auteur américain, a dit un jour que « le pouvoir ne corrompt pas les gens, ce sont les gens qui corrompent le pouvoir »[12]. En fait, les personnes les plus puissantes de l'organisation doivent avoir la responsabilité de savoir et de comprendre la nécessité de donner la priorité aux projets qui auront l'impact le plus important sur l'organisation. Les mouvements de pouvoir

---

[11] https://www.quoteslyfe.com/quote/The-fastest-thing-computers-do-is-go-370739

[12] https://www.forbes.com/quotes/9896/

conduisent souvent à une mauvaise prise de décision, ce qui fait que les roues les plus grinçantes se font graisser tandis que les autres tombent de l'essieu.

### Ce qu'il faut retenir

Les quatre cavaliers de l'apocalypse des données sont une manière simplifiée d'envisager les obstacles qui empêchent une organisation d'améliorer la situation de ses données. Mieux nous reconnaîtrons ces attitudes dans notre organisation, plus vite et plus efficacement nous aborderons et gérerons l'actif le plus important et le plus précieux que nous possédons : nos données.

## Perspective : Il est temps de faire une intervention sur les données

En thérapie, une intervention est un processus systématique d'évaluation et de planification visant à remédier à un problème ou à le prévenir. Le processus se concentre souvent sur la résolution de problèmes sociaux, éducatifs ou de comportement en réunissant des amis, des membres de la famille et des personnes ayant à cœur les intérêts du destinataire. L'intervention est souvent considérée comme un dernier recours lorsque toutes les autres solutions ont échoué.

Votre organisation a-t-elle atteint le point où vous avez besoin d'une intervention pour résoudre vos problèmes de données? Vous savez que votre organisation a un problème de données. Vous avez peut-être appliqué des mesures simples au ou essayé des trucs, dans différentes parties de votre organisation pour des types de données spécifiques, afin d'essayer de résoudre les problèmes de données.

Mais vous savez que les mauvaises pratiques en matière de gestion des données sont si répandues qu'il faudra réunir des personnes ayant à cœur les intérêts de votre organisation pour résoudre ce problème. Il existe une solution.

N'attendez pas d'avoir touché le fond. C'est maintenant qu'il faut résoudre le problème des données. Par où commencer?

---

*Commencez par vous poser la question :*
*Le moment est-il venu de faire une intervention sur les données?*

---

Selon la définition au début de cet essai, une intervention est un processus systématique d'évaluation et de planification. Les étapes à suivre sont :[13]

---

[13] Adapté de l'article « *How to Perform an Intervention* » sur wikiHow.com.

## Consulter un professionnel

La recherche d'une aide professionnelle constitue toujours une part importante des interventions. Les professionnels peuvent venir de l'extérieur du groupe de personnes impliquées dans l'intervention, ou de l'intérieur du groupe s'ils savent comment résoudre le problème.

Il en va de même pour les organisations qui, soit disposent d'une personne interne possédant l'expertise nécessaire pour trouver des solutions, soit requièrent une aide professionnelle extérieure. Reconnaître que votre organisation n'a pas les compétences ou l'expérience nécessaires pour résoudre le problème constitue la première étape logique d'une intervention.

Pensez-y-en termes de données. De nombreux professionnels de la gestion des données possèdent l'expérience et le savoir-faire nécessaires pour vous aider à résoudre vos problèmes de données lorsque vous adoptez des technologies telles que l'analytique et à l'intelligence artificielle. Si cette personne ne se trouve pas au sein de votre organisation, vous devriez vous tourner vers l'extérieur.

## Former une équipe d'intervention

À quoi ressemblerait une équipe d'intervention chargée d'améliorer les données et les informations de votre organisation? Commençons par la ou les personnes qui seront chargées de diriger l'équipe, car sans leader, les équipes ont tendance à perdre leur sens de l'orientation. Une personne typique dans le rôle de chef d'équipe d'intervention sur les données pourrait être le directeur des données (CDO), le directeur de l'analytique (CDAO), le directeur des technologies de l'information (CIO), ou potentiellement le directeur au risque (CRO).

Supposons que le responsable n'ait pas l'expérience pratique nécessaire pour diriger l'effort. Dans ce cas, il doit quand même être reconnu comme redevable de l'amélioration de la situation des données et choisir une ou plusieurs personnes qui seront responsables (envers lui) de conduire le travail. Les autres membres de l'équipe d'intervention sur les données peuvent être des personnes chargées de la gouvernance, de la gestion, de l'architecture, de l'analyse et de la stratégie de données. En outre, les agents de l'entreprise qui connaissent bien le contexte des données distribuées et qui sont passionnés par la valorisation des données doivent également faire partie de l'équipe.

La discipline de la gouvernance des données sera déterminante pour le succès de l'équipe d'intervention sur les données. Je définis la gouvernance des données comme l'exécution et l'application de l'autorité sur la gestion des données, car nous devons suivre des processus et des règles formels pour améliorer la situation des données d'une organisation.

### *Trouver le bon plan de traitement*

La sélection de l'approche appropriée de la gouvernance des données est l'un des facteurs les plus déterminants pour produire et maintenir des données de haute qualité pour votre organisation. Par conséquent, choisissez l'approche qui correspond le mieux à la culture et à la volonté de changement de votre organisation en termes de gestion des données. Il existe trois approches de la gouvernance des données qui sont décrites dans l'essai Comparer les approches de la gouvernance des données du chapitre 1.

Quelle que soit votre approche, les personnes doivent être tenues formellement responsables des données qu'elles définissent. Ensuite, celles qui produisent les données doivent être tenues responsables des données qu'elles produisent en fonction de la manière dont elles sont définies. Enfin, celles qui utilisent les données doivent être tenues responsables de la manière dont elles les utilisent. Il existe des plans de traitement non menaçants disponibles par le biais de l'éducation et de la formation pour amener les personnes à améliorer leurs relations existantes avec les données. Cette approche, « vous le faites déjà », a certainement un attrait non invasif.

### *Décider des conséquences à énoncer*

Lors d'une intervention, les gens se préoccupent des conséquences du maintien d'un comportement particulier. Ils se concentrent sur l'impact que ce comportement a sur les gens et sur ce qu'il faut faire pour résoudre le problème.

Une première étape de l'intervention consiste à préciser les conséquences du mauvais comportement. Cela est directement lié aux problèmes de données et d'informations communs à toutes les organisations. Quels sont les problèmes de données que vous rencontrez?

Consigner et partager les conséquences de la médiocrité de vos données et de vos informations est une bonne chose. Les gens disent souvent qu'ils sont riches en données mais pauvres en informations. Il est donc logique de consigner les conséquences, mais il est également logique de consigner et de partager ce que votre organisation pourrait faire avec ses données si elle avait davantage confiance en ces dernières.

Le message clair qui ressort de cette étape est qu'il faut documenter et signaler les conséquences négatives de la poursuite du comportement qui a entraîné l'intervention sur les données, ainsi que les avantages qui résulteront d'une plus grande discipline dans la gestion des données et des informations.

### Choisir un lieu et une heure

Cette étape peut ne pas sembler importante jusqu'à ce que vous essayiez de fixer un moment pour que l'équipe d'intervention sur les données discute de la manière dont elle abordera les problèmes et les opportunités. En réalité, elle peut nécessiter des réunions répétées, ce qui fera hésiter les gens à s'impliquer.

Les meilleures pratiques en matière de gouvernance des données suggèrent généralement que la direction générale doit soutenir, parrainer et comprendre les activités associées à la gouvernance des données. Il est plus facile de fixer le lieu et l'heure de la réunion lorsque vous avez le soutien de la direction et que vous avez documenté les conséquences mentionnées à l'étape précédente.

Les dirigeants doivent comprendre comment la gouvernance des données sera mise en place, qui sera impliqué, le temps que cela prendra et les avantages des données gouvernées. Cela va bien au-delà du soutien et du parrainage d'un programme de gouvernance des données. L'équipe d'intervention sur les données doit s'efforcer de faire tout ce qu'il faut pour que les dirigeants comprennent comment la gouvernance des données fonctionne ou fonctionnera.

Cela nécessite un lieu et un moment pour organiser des réunions afin de présenter les résultats documentées à la direction.

### Organiser une répétition

Il s'agit d'une étape définie sur wikiHow pour « *How to Perform an Intervention* ». Je ne suis pas certain qu'une répétition soit nécessaire lors de la planification d'une intervention sur les données. Néanmoins, cela souligne qu'il est judicieux d'être bien préparé avant de commencer votre intervention sur les données.

Veillez à choisir des personnes qui veulent ou doivent faire partie de la solution. Les personnes qui font partie du problème seront approchées une fois que le programme de gouvernance des données aura été défini et que les causes profondes des problèmes seront devenues plus évidentes. Les personnes qui sont à l'origine du problème ne seront peut-être pas trop difficiles à trouver. Les personnes passionnées par l'amélioration des données de votre organisation seront peut-être plus difficiles à convaincre. Peut-être pas. Cela dépend de ce que les gens pensent de votre situation actuelle. Soyez en mesure d'énoncer les conséquences mentionnées plus tôt. Il y a des années, lorsque j'étais jeune, la devise des scouts était « Toujours prêts ». Soyez donc prêts; c'est le meilleur conseil que je puisse vous donner pour vous préparer à une intervention sur les données. Si vous devez organiser une répétition, qu'il en soit ainsi.

### Tenir l'intervention sur les données

Nous procédons maintenant à l'intervention sur les données. C'est à vous de décider si vous appelez ou non la réunion une intervention sur les données. Le mot « intervention » suscite des réactions mitigées. C'est particulièrement vrai pour ceux qui reconnaissent qu'ils ont un problème et qui ont peur de ce qu'il faudra faire pour le résoudre. Certaines personnes penseront que le terme est « accrocheur » et assisteront à la première réunion par curiosité, tandis que d'autres penseront que ce n'est pas une utilisation appropriée du terme.

Vous pouvez l'appeler équipe de travail sur les données de l'entreprise dans le cadre d'un ensemble formel de rôles et de responsabilités en matière de gouvernance des données. Vous pouvez aussi l'appeler équipe de planification de la gouvernance des données. C'est vous qui décidez. Bien que l'idée d'une gouvernance des données formelle n'évoque pas de sentiments positifs, elle devrait le faire si l'on demande aux gens ce qu'ils feraient avec des données auxquelles ils font confiance.

## *Ce qu'il faut retenir*

L'idée de préparer une intervention sur les données, de consigner et de partager les conséquences de données médiocres et d'impliquer les personnes appropriées dans la résolution du problème est peut-être ce qu'il vous faut pour démarrer. Envisagez d'organiser une intervention sur les données en suivant les étapes décrites dans cet essai si cela s'avère nécessaire dans votre organisation.

## Perspective : Posséder ou ne pas posséder les données

Posséder ou ne pas posséder les données, telle est la question. Cette question revient souvent lorsque je parle avec des clients ou des groupes lors de mes webinaires et conférences sur la gouvernance des données.

De nombreuses organisations utilisent le terme « propriétaire des données » au lieu « d'intendant de données » pour décrire la relation des personnes avec les données. Le débat du « propriétaire » par rapport à « l'intendant » alimente de nombreuses conversations. La question devient : « Qui est vraiment propriétaire des données? » La réponse est souvent que c'est l'organisation qui est propriétaire des données, pas l'individu.

La définition d'un intendant de données que j'utilise (et un concept central de l'approche non intrusive de la gouvernance des données) se concentre sur la formalisation de la responsabilité pour les ressources de données. Une personne est un intendant de données si elle est tenue formellement responsable de sa relation avec les données. Les relations sont 1) en tant que personne qui définit les données, 2) en tant que personne qui produit les données, et 3) en tant que personne qui utilise les données.

*Une personne est intendant de données si elle est tenue formellement redevable de sa relation avec les données.*

La vérité est que presque tout le monde dans l'organisation définit, produit ou utilise des données dans le cadre de son travail. La réalité est que la plupart de ces personnes ne sont pas tenues formellement responsables de la manière dont elles définissent, produisent et utilisent les données. Tout le monde est un intendant de données, mais les intendants ne se perçoivent même pas comme tels. Faire en sorte que les intendants se perçoivent comme tels fait partie de la mise en œuvre du programme de gouvernance des données.

En fait, les intendants ne « possèdent » pas les données, mais ils en prennent soin pour l'organisation. Tout comme une gardienne s'occupe des enfants et les ramène (espérons-le) en toute sécurité à la fin de la soirée, l'intendant de données prend soin des données pendant la période où il est lié aux données en tant que définisseur, producteur ou utilisateur des données. Lorsque la gardienne d'enfants quitte les lieux, il en va de même pour sa responsabilité.

Au fil des ans, j'imaginais la gardienne du vendredi soir se disputer avec celle du samedi soir pour savoir à qui appartenaient mes enfants. Bien que j'aie parfois souhaité que cela soit vrai (pas vraiment), la vérité est que les gardiennes ne sont responsables des enfants que lorsqu'elles sont chargées de s'en occuper. Tout comme l'intendant de données n'a de redevabilité que lorsque les données sont sous son « œil vigilant ».

Ok, ok... c'est une comparaison stupide. Mais est-ce le cas? Lorsqu'une gardienne arrive pour garder les enfants, elle est chargée de responsabilités SPÉCIFIQUES, et non de toutes les responsabilités. Elle est censée assurer la sécurité et le bonheur des enfants, les mettre en pyjama et les forcer à se coucher. Des actions prédéfinies constituent la base de sa redevabilité. La gardienne n'est pas chargée de veiller à ce que les devoirs soient faits. La gardienne n'est pas chargée d'enseigner l'ABC aux enfants ou de leur apprendre à distinguer le bien du mal. Elle est responsable d'actions qui sont clairement définies à l'avance, de sorte qu'il n'y a pas de questions sur ses responsabilités. Tout comme devraient l'être les intendants de données.

Les personnes chargées de définir certaines données doivent avoir des responsabilités formelles liées à la définition de ces données. Ces personnes ne sont responsables que des données qu'elles définissent. Les responsabilités sur la définition des données comprennent la création et la mise à jour des définitions de données pour l'organisation, la garantie de l'intégrité et de la qualité des définitions, le respect des normes de définition des données et la communication des préoccupations, des questions et des problèmes liés à la définition des données aux personnes susceptibles de favoriser le changement.

Les personnes responsables de la création, de la modification ou de la suppression de données spécifiques ont des responsabilités liées à ces actions. Les responsabilités des producteurs de données comprennent l'intégrité et la qualité des données traitées par ce service. Les personnes qui produisent les données sont responsables de l'exhaustivité et de l'actualité des données, de leur gestion et de leur contrôle, ainsi que de la communication des préoccupations, des problèmes et des opportunités aux personnes susceptibles de favoriser le changement.

Les personnes chargées de consommer des données spécifiques ont des responsabilités liées à l'utilisation de ces données. Par exemple, les responsabilités liées à la consommation des données peuvent inclure l'accès aux données et leur partage. Les responsabilités liées à l'utilisation des données incluent la diffusion des nouvelles exigences aux personnes concernées, ainsi que la communication des préoccupations, des problèmes et des opportunités liés à la consommation des données aux personnes susceptibles d'influer sur le changement.

L'intendance échoue souvent en raison de complexités qui n'ont pas été abordées au moment de définir comment les personnes seront tenues formellement responsables de leurs actions avec les données. L'une des complexités consiste à prévoir comment décrire que tout le monde (ou presque) est un intendant de données. Une autre complexité consiste à prévoir différents niveaux d'intendants avec différents niveaux de responsabilités, comme les intendants opérationnels et les intendants experts tactiques tel que décrits dans la troisième section de ce livre. La gestion de ces complexités constitue le véritable fondement de l'intendance des données.

Tenez compte de ces éléments lorsque vous définissez l'intendance des données dans le cadre de votre programme de gouvernance des données :

- Définition des rôles et des responsabilités.

- Procédures de collecte de données sur les intendants de données. En d'autres termes, les personnes qui ont des relations formelles avec les données et qui tiennent ces informations à jour.

- Faire comprendre à l'organisation la nécessité de l'intendance et veiller à ce que les personnes reconnaissent l'importance de la redevabilité formelle.

- Procédures permettant aux intendants de résoudre les problèmes liés aux données et d'exploiter les possibilités offertes par les données.

---

### Ce qu'il faut retenir

Les entreprises se disputent sur la question de savoir si les intendants sont réellement propriétaires des données. Le terme « propriété » implique que l'intendant peut faire ce qu'il veut avec les données. Les gens ne possèdent pas les données, ils en prennent soin. Comme une gardienne d'enfants.

Si vous n'utilisez pas le terme « intendant » au lieu de « propriétaire », je préférerais que vous utilisiez le mot « gardien ». Considérer l'intendant comme le gardien des données. Les responsabilités et redevabilités des intendants doivent être directement liées aux actions qu'ils entreprennent avec les données.

## Perspective : Vérité dans les données – acheteurs prudents

La gouvernance formelle des données permet aux personnes d'avoir confiance dans les données qu'elles définissent, produisent et utilisent pour prendre des décisions et diriger leurs activités quotidiennes. La confiance dans les données découle de l'existence d'une description validée et disponible des données. Cependant, les données communiquées au grand public ne sont souvent pas validées, et une description complète des données n'est pas disponible au moment où elles sont communiquées.

Il en résulte que les données communiquées induisent souvent en erreur ou réorientent délibérément l'opinion. La confiance dans les données communiquées peut être remise en question. L'absence de définition validée et disponible mine la confiance des gens. Le vieux dicton « on peut faire dire aux données ce que l'on veut » se vérifie, surtout lorsque la définition des données n'est que partiellement exacte ou ne correspond pas aux attentes du consommateur de données. Il y a de la vérité dans les données, mais on a tout intérêt à se méfier.

Pour citer un classique du cinéma, *Network : main basse sur la télévision*, « Je suis fou de rage! Je commence à en avoir ras le bol! » Je me demande si vous l'êtes aussi. Les nouvelles semblent décourageantes, ou du moins c'est ce que les journaux télévisés veulent vous faire croire. Malheureusement, il n'y a pas beaucoup de bonnes nouvelles. En outre, je suis furieux de la façon dont la presse rapporte les données associées aux nouvelles.

Le sensationnalisme est devenu monnaie courante. La question est de savoir comment les données sont présentées ou ne le sont pas. Les données peuvent toujours être modifiées pour s'adapter au récit du journaliste. Si le journaliste veut vous vendre quelque chose, il présentera les données de manière que vous croyiez que « quatre médecins sur cinq le recommandent ».

En ce qui concerne le récent virus, les cas ont été signalés comme étant « en augmentation spectaculaire », alors que le taux d'infection avait atteint un sommet et avait commencé à diminuer. Je ne dis pas que l'une ou l'autre de ces déclarations est erronée. Cependant, elles ne disent qu'une vérité incomplète.

Si les données sont nécessaires pour étayer les faits, de nombreuses contre-vérités peuvent devenir des sous-produits de la manière dont les gens utilisent les données. En 2012, Fast Company, un magazine axé sur la technologie et les affaires, a publié *Seven Ways to Lie with Statistics and Get Away With It*[14] (Sept façons de mentir avec des statistiques et de s'en tirer), dans lequel il énonce les moyens les plus courants de répandre des contre-vérités :

- Échantillonnage biaisé – il s'agit de sonder un groupe non représentatif.

- Petites tailles d'échantillon – les déclarations à l'emporte-pièce deviennent suspectes lorsque la taille de l'échantillon est très petite.

- Moyennes mal choisies – il s'agit de faire la moyenne de valeurs dans des populations non uniformes.

- Résultats inférieurs à l'erreur standard – une enquête ne peut être précise que dans la mesure où son erreur standard l'est également.

- L'utilisation de graphiques pour créer une impression – l'utilisation créative de graphiques permet de créer de fausses impressions.

- La « preuve semi-attaché » – il s'agit d'affirmer une chose comme preuve d'une autre.

- L'affirmation post-hoc – affirmer à tort qu'il existe une corrélation directe entre deux résultats.

Un exemple de données rapportées de cette manière remonte à une découverte du National Review Magazine en 2015, rapportée par le Washington Post.[15] Un graphique montrait que la température moyenne de la planète n'avait que légèrement augmenté sur une période de 235 ans (1880-2015). Le changement

---

[14] https://www.fastcompany.com/1822354/7-ways-lie-statistics-and-get-away-it.

[15] https://www.washingtonpost.com/news/the-fix/wp/2015/12/14/why-the-national-reviews-global-temperature-graph-is-so-misleading/

climatique est un canular promu par plusieurs publications qui veulent faire croire que les changements minimes de la température de notre planète n'ont pas d'impact sur la vie telle que nous la connaissons.

Cependant, des données provenant de nombreuses autres sources démontrent que la moindre hausse de température peut provoquer l'inondation de villes côtières, la disparition des glaciers de la planète, l'extinction de la vie marine, etc. La liste des impacts du changement climatique sur notre vie est sans fin. Les données peuvent faire croire qu'il s'agit d'un changement minime, alors que l'impact de cette action peut être dévastateur. Telle est la vérité des données.

Un autre exemple est la façon dont les chaînes d'information ont rapporté le nombre de cas de coronavirus par rapport au nombre de personnes testées. Le nombre de cas positifs augmentait rapidement, mais le pourcentage de personnes testées positives diminuait. La plupart des gens s'attendaient à ce que le nombre de cas augmente considérablement lorsque le nombre de personnes testées augmenterait également. Et c'est exactement ce qui s'est passé. Par conséquent, lorsqu'on annonce que le nombre de cas a doublé, c'est une mauvaise chose, mais ce qui manque, c'est ce qui n'est pas signalé. Ce qui n'est pas rapporté transforme ces données en informations plus digestes, peut-être moins sensationnelles et moins terrifiantes pour l'auditeur moyen. Une statistique qui serait beaucoup plus significative est le pourcentage de personnes testées qui se sont révélées positives. Si ce pourcentage augmente, cela signifie que davantage de personnes testées sont malades et que le pourcentage de personnes testées augmente. Cela nous indique que nous devons tester davantage de personnes pour obtenir un nombre réaliste de cas positifs auxquels nous pouvons nous attendre. Cette statistique fournit un meilleur modèle pour planifier et se préparer à l'augmentation du nombre de cas.

Par exemple : * Ces chiffres sont entièrement fictifs et les pourcentages sont approximatifs.

| Échantillons sur le virus | 1 | 2 | 3 |
|---|---|---|---|
| **A** Nombre total de personnes | 100 | 10,000 | 100,000 |
| **B** Personnes testées | 40 | 350 | 30,000 |
| **C** Pourcentage des personnes testées | 40% | 35% | 30% |
| | | | |
| **D** Nombre de personnes testées positives | 10 | 80 | 6,000 |
| **E** Pourcentate de personnes testées positives | 25% | 22% | 20% |
| | | | |
| **F** Nombre de personnes testées positives décédées | 2 | 17 | 1,575 |
| **G** Pourcentage de personnes testées positives décédées | 20% | 17% | 13% |
| | | | |
| **H** Nombre de personnes testées positives décédées (minorités visibles) | 1 | 6 | 450 |
| **I** Pourcent. de personnes testées positives décédées (minorités visibles) | 50% | 35% | 28% |

**Figure 2-1 Échantillon de données pour les cas de virus**

Les chiffres de la ligne B montrent que le nombre de personnes testées augmente, ce qui est une bonne chose. Toutefois, la ligne C montre que le pourcentage du nombre total de personnes diminue, ce qui est moins bon. La ligne D montre que le nombre de personnes testées positives augmente, ce qui est mauvais. En revanche, la ligne E montre que le pourcentage de personnes testées positives diminue, ce qui est une bonne chose. À la ligne F, nous constatons que le nombre de personnes décédées des suites du virus augmente rapidement, ce qui n'est pas bon. En revanche, à la ligne G, nous constatons que le pourcentage de personnes testées positives et décédées diminue, ce qui est plus encourageant. À la ligne H, nous constatons que le nombre d'Afro-Américains testés positifs et décédés du virus augmente, ce qui, une fois encore, est une information terrible et effrayante. Toutefois, si nous examinons la ligne I, nous constatons que le pourcentage de personnes de ce segment qui meurent est en baisse.

En d'autres termes, en ajoutant les pourcentages au tableau ci-dessus, vous pouvez constater que les statistiques sont plus parlantes. Les nouvelles ne sont pas excellentes, loin de là, mais ces données donnent au public (et potentiellement à la presse) des informations plus précises à rapporter.

### Ce qu'il faut retenir

L'histoire ne s'arrête pas là. Cet essai visait à démontrer que les gens peuvent rapporter des données qui défendent un discours qui soutient leurs objectifs et leurs intentions. La communication des données n'est pas toujours complète, ce qui peut conduire à un manque de confiance dans les données.

La gouvernance des données ne contrôle pas toujours le message délivré ou reçu par les données communiquées. Que quelqu'un essaie de vous vendre quelque chose en ne vous donnant qu'un petit pourcentage de l'information ou qu'une chaîne d'information fasse du sensationnel en vous fournissant une quantité incomplète de données qui vous inciteront à rester à l'écoute pour en savoir plus, nous sommes tous des consommateurs de données. Nous sommes tous les destinataires de statistiques rapportées d'une manière qui minimise l'impact réel d'un changement de données. Plus important encore, nous sommes des victimes potentielles de la manière dont les données sont présentées pour nous influencer.

Il est impératif d'être intelligent et de continuer à exiger la vérité dans les données. « Acheteur prudent » ou « *Caveat Emptor* » est une expression utilisée comme déni de garantie. Elle est née du fait que les acheteurs ont généralement moins d'informations que les vendeurs sur le bien ou le service qu'ils achètent. La vérité dans les données vient des personnes qui demandent « le reste de l'histoire ».

# Soutien et valeur

Dans mon premier livre, j'ai présenté les meilleures pratiques pour la mise en place d'un programme formel de gouvernance des données. La première d'entre elles portait sur l'obtention et le maintien du soutien, du parrainage et de la compréhension de la gouvernance des données et des activités de gouvernance des données de l'entreprise par la haute direction. Cette compréhension inclut la valeur commerciale qui résultera de la mise en place d'un programme formel de gouvernance des données.

Les chapitres de cette section se concentrent sur les leçons tirées et les perspectives acquises au fil des années à aider les organisations à établir et à renforcer les niveaux de soutien et de parrainage de leurs dirigeants, tout en leur fournissant un contexte approprié et des attentes réalisables. Les dirigeants doivent savoir comment la gouvernance des données s'inscrit dans une stratégie globale de données et pourquoi ils doivent s'en préoccuper. En outre, ils doivent comprendre comment améliorer leur « situation des données » (voir l'essai précédent), les liens entre les données et les résultats, ce que leurs employés ne peuvent pas faire, et éviter les erreurs courantes lors de la mise en œuvre d'un programme formel de gouvernance des données. Vous trouverez dans cette section des essais consacrés à ces sujets.

# Chapitre 3

# Soutien et parrainage

Le terme *gouvernance des données* peut être intimidant pour tout le monde, y compris pour les personnes au plus haut niveau de votre organisation. Il appartient aux praticiens, aux administrateurs et aux champions du programme de changer cette perspective. Calmer les craintes des dirigeants et les amener à poser les bonnes questions sur leurs données fait partie de ce changement. Les aider à comprendre comment la gouvernance des données s'inscrit dans la gestion globale des données et leur apprendre qu'elle peut être rendue « amusante » contribue également à changer leur point de vue. Il est important, dans la gestion du changement, d'aborder la question du soutien et du parrainage lorsqu'un programme est en difficulté.

Dans ce chapitre, je présente des essais visant à influencer le point de vue des personnes à tous les niveaux de l'organisation, en ciblant plus particulièrement les niveaux exécutif et stratégique. Ce chapitre aborde les éléments d'une stratégie de données, la façon dont les directeurs des données et les autres personnes à leur niveau d'influence devraient cesser de se demander pourquoi la gouvernance des données est importante, et commencer plutôt à se demander comment elle fonctionnera et comment un programme formel ajoutera de la valeur. Dans ce chapitre, vous apprendrez comment remédier à un programme défaillant et comment apaiser les craintes de la direction à l'égard de la gouvernance des données. Les essais de ce chapitre se concentrent sur l'amélioration de la compréhension, ce qui conduit à un soutien et à un parrainage continus.

## Expérience : Les directeurs de données devraient se préoccuper du « comment » plutôt que du « pourquoi ».

Le secret réside dans la gouvernance des données. Le directeur des données (ou le tsar des données de votre organisation) doit surmonter les questions « Pourquoi la gouvernance des données est-elle importante? » ou « Pourquoi avons-nous besoin d'une gouvernance des données? » s'il veut réussir à *tsarer* les données. Le directeur des données doit plutôt se demander « Comment allons-nous gouverner nos données? ».

Dans de nombreuses organisations, des personnes consacrent beaucoup d'énergie à essayer de convaincre leurs dirigeants d'investir dans la gouvernance formelle des données et de l'information. Il arrive que plusieurs personnes ou groupes fassent pression dans la même direction. Certains de ces groupes parviennent à convaincre la direction qu'il faut se préoccuper d'améliorer la valeur de l'organisation à partir de son actif le plus important : les données.

Que faut-il pour que les dirigeants adhèrent à la gouvernance des données et à la besoin d'affecter des ressources à une meilleure gestion des données? La réponse est peut-être de les convaincre que les données sont un actif et qu'elles ne se gèrent pas toutes seules. Ce n'est pas parce que votre organisation est performante aujourd'hui qu'elle ne peut pas l'être plus en utilisant mieux ses données.

*Le directeur des données doit se demander*
*« Comment allons-nous gouverner nos données? ».*

Plusieurs raisons poussent les organisations à mettre en place une gouvernance formelle des données. Des auditeurs et des examinateurs disent au directeur des données qu'il doit formaliser la façon dont les personnes sont redevables des données qu'elles définissent, produisent et utilisent. Ces organisations doivent élever la gouvernance des données au niveau d'une pratique formelle.

D'autres organisations décident de mettre en place des programmes formels de gouvernance des données parce qu'elles ont investi (ou investissent) massivement dans des nouveaux systèmes de données, destinés à améliorer la valeur qu'elles tirent de leurs données. Plusieurs investissent pour améliorer leur capacité à analyser leurs données, mais se rendent compte que les données qui alimentent ces systèmes ne sont pas gouvernées ou ne sont pas de bonne qualité.

D'autres organisations mettent en place des politiques pour s'assurer que leurs données, informations, registres et même métadonnées sont détenues et gérées comme des actifs précieux à exploiter. Ces décisions hiérarchiques visant à régir les données ne sont généralement réussies que lorsqu'une solution pratique et réfléchie est *approuvée* et suivie en tant que plan d'action.

C'est vrai... j'ai dit « approuvée ». Cela me ramène à la nécessité d'obtenir l'adhésion de la direction générale pour améliorer la formalité de la gouvernance des données au sein de l'organisation.

### *Obtenir l'adhésion de la haute direction*

Pour obtenir l'adhésion de la haute direction, la personne qui demande l'approbation doit disposer d'un plan bien conçu sur la manière dont l'organisation maximisera la valeur de ses données par le biais de la gouvernance des données. Une première étape consiste à reconnaître qu'il existe plusieurs approches différentes pour mettre en œuvre la gouvernance des données. J'ai déjà présenté trois approches dans ce livre, qui valent la peine d'être répétées dans l'optique d'obtenir l'adhésion de la direction générale.

L'approche de la gouvernance fondée sur le commandement et le contrôle est une approche hiérarchique : « vous allez faire ceci ». Je l'appelle commande et contrôle parce que cette méthode de mise en œuvre de la gouvernance des données oblige les gens à participer, qu'ils comprennent ou non la valeur que la gouvernance des données va apporter. Elle est présentée comme un nouvel élément à ajouter aux « tâches régulières » des gens.

L'approche traditionnelle de la gouvernance est ce que j'appelle souvent l'approche du « Jusqu'au bout du rêve ». Le slogan de ce film était « si vous le construisez, ils viendront » et cela décrit précisément le fonctionnement d'un programme comme celui-ci. La politique, la structure, les rôles et les responsabilités, les processus, etc. sont tous mis en place, mais les gens ne sont pas incités à jouer leur rôle ou à suivre les processus décrits.

L'approche non intrusive de la gouvernance tient compte du fait que la responsabilité des données existe déjà (de manière informelle) et que la formalisation de la responsabilité est basée sur les relations entre les personnes et les données. Si une personne définit des données, elle est responsable de leur définition. Si elle produit des données, elle est formellement tenue responsable de la manière dont elle les produit (ou de la manière dont elles sont produites). Il en va de même pour les personnes qui utilisent les données. Toute personne de l'organisation qui définit, produit et/ou utilise des données (et il peut s'agir de pratiquement tout le monde ou de n'importe qui) doit être tenue formellement responsable de la manière dont elle définit, produit et utilise les données. Cela nécessite une éducation, une formation et une méthode bien pensée pour développer progressivement cette responsabilité dans l'ensemble de l'organisation. Le plus important est peut-être que cette approche suit l'idée que « vous le faites déjà » et qu'elle aide les personnes à remplir leur fonction d'une manière qui est dans le meilleur intérêt de l'organisation.

### « Comment » selon les approches de la gouvernance des données

Voici une liste des principaux facteurs de différenciation dans le « comment » de la mise en œuvre de la gouvernance des données :

### L'approche commande et contrôle

- Les rôles sont *attribués* aux personnes.
- La gouvernance des données est une nouveauté pour l'organisation - tous les processus sont nouveaux.
- Vous *ferez* ce que le programme prévoit.
- Mesurer la valeur par le biais du retour sur investissement directement à partir de la gouvernance des données.
- Acheter d'abord les logiciels et modeler l'approche selon ceux-ci.

## L'approche traditionnelle

- Les personnes sont *identifiées* dans les rôles.
- La gouvernance des données est un processus unique à appliquer de multiples façons.
- Vous *devriez* faire ce que dit le programme.
- Mesurer la valeur par l'amélioration de la qualité des données.
- Exploiter d'abord les outils existants et combler les lacunes avec de nouveaux outils.

## L'approche non intrusive

- Les personnes sont *reconnues* dans des rôles basés sur leur relation avec les données.
- La gouvernance des données s'applique aux processus existants ou nouveaux.
- Vous le *faites déjà*, et la GD formelle vous aidera à mieux le faire.
- Mesurez les progrès réalisés par rapport à l'état actuel.
- Exploiter d'abord les outils existants, développer des outils si nécessaire et les acquérir en fonction des besoins.

---

### Ce qu'il faut retenir

Les praticiens de la gouvernance des données doivent aider leurs dirigeants à ne plus se demander pourquoi la gouvernance des données est nécessaire, mais comment l'organisation va gouverner ses données. Les dirigeants investissent massivement dans des technologies visant à maximiser la valeur que l'organisation tire de ses données. La qualité des données et la confiance que l'organisation leur accorde seront des facteurs déterminants pour savoir si elle obtiendra ou non le retour sur investissement escompté. Ceci devrait répondre à la question du « Pourquoi ». Il faut maintenant se concentrer sur la question du « Comment ».

# Expérience : Éléments d'une stratégie de données

Plusieurs organisations m'ont demandé de les aider à élaborer une nouvelle stratégie de données ou à examiner et évaluer leur stratégie de données existante. Ces exercices m'ont permis de rechercher les principaux éléments d'un artefact officiel et formel de stratégie de données. Cet essai se concentre sur les principaux éléments d'une stratégie de données, sur l'analyse de rentabilité de cette stratégie, sur les risques liés à l'absence d'une stratégie de données complète et sur la présentation d'une stratégie de données formelle. J'espère que cet essai constituera un bon point de départ pour vous et votre organisation lorsqu'il s'agira de mettre en place une stratégie de données organisationnelle.

## *Définition des éléments de la stratégie de données*

Une stratégie de données est un plan et une politique détaillés visant à faire évoluer une organisation vers une culture davantage axée sur les données. De nombreuses organisations considèrent une stratégie de données comme un exercice technique. Or, une stratégie de données moderne et complète ne se limite pas aux données. La stratégie est une feuille de route qui définit les personnes, les processus et la technologie. Grâce à la stratégie de données, les responsables des données déterminent quels employés doivent maximiser la valeur qu'ils tirent des données. Les dirigeants utilisent les nouvelles stratégies de données pour formaliser les processus de données et rectifier le tir afin de garantir l'accès à des données fiables et de haute qualité, et de tirer parti de la technologie pour permettre à l'entreprise de valoriser ses données de manière efficace et efficiente. Les organisations devraient envisager d'inclure les principaux éléments suivants dans leur stratégie de données :

- L'alignement sur les objectifs commerciaux de l'organisation. La stratégie doit décrire comment les données peuvent être utilisées pour atteindre les objectifs et comment elles peuvent être utilisées pour soutenir la stratégie globale de l'entreprise.

- Définition de buts et d'objectifs clairs pour la gestion et l'utilisation des données. La stratégie doit prendre en compte les besoins de l'entreprise et les objectifs stratégiques de l'exploitation des données en tant qu'actif précieux de l'entreprise, y compris la compréhension des questions auxquelles les données et les métadonnées doivent répondre.

- La mise en place d'une gouvernance des données basée sur l'intendance ou ce que je définis comme la redevabilité formalisée des données. La stratégie doit inclure l'application d'une gouvernance des données formelle axée sur le comportement des employés qui permet un partage des données en toute confiance et efficaces au niveau de l'entreprise.

- L'établissement de rôles et de processus clairs pour la gestion des données. La stratégie doit inclure une définition claire des personnes et des processus nécessaires pour la mettre en œuvre, y compris la structure organisationnelle, les compétences et la manière dont elles travaillent ensemble.

- L'établissement de lignes directrices pour l'analyse et la valorisation des données. La stratégie doit mettre l'accent sur la transformation des données en constats et en visualisation, notamment en améliorant l'inventaire et le catalogage des actifs de données primaires, la prise de décision et la narration d'histoires basées sur les données.

- Se concentrer sur la gestion du cycle de vie des données ou sur les processus et procédures de gestion des données, de leur création à leur suppression. La stratégie de données doit décrire le cadre de gestion du cycle de vie des données qui sera utilisé pour les gérer tout au long de leur cycle de vie.

- Se concentrer sur la qualité des données, c'est-à-dire l'exactitude et la fiabilité des données qui sont essentielles à la réussite de toute initiative fondée sur les données. La stratégie de données doit décrire les processus et les procédures permettant de garantir la qualité des données, tel que la validation et le nettoyage des données.

- Définition d'une architecture de données qui fournit la conception de l'environnement de données, y compris les types de données à collecter, le format dans lequel les stocker, et les outils et technologies pour les gérer. La stratégie de données doit définir l'architecture des données pour soutenir les objectifs de l'entreprise.

- Se concentrer sur l'analytique, qui est le processus d'analyse des données pour en tirer des constats susceptibles d'éclairer les décisions. La stratégie de données doit présenter les capacités d'analyse requises pour soutenir les objectifs de l'entreprise, y compris les outils et les technologies utilisés pour effectuer cette analyse.

- La sécurité et la confidentialité des données pour protéger les données contre l'accès, l'utilisation, la divulgation ou la destruction non autorisés. La stratégie de données doit inclure un cadre de sécurité des données qui décrit les processus et les procédures visant à garantir la sécurité des données, tels que les contrôles d'accès et le chiffrement.

- Définition de la technologie en tant que facteur de réussite stratégique. Les exigences technologiques, y compris une conception flexible et évolutive des systèmes et des ressources de données.

- Documenter un plan d'action pour réaliser la stratégie. La stratégie doit inclure un plan d'action et une feuille de route pour passer de l'état actuel à l'état futur.

---

### *Justification de la stratégie de données*

Toutes les organisations n'ont pas besoin d'une stratégie de données. Ce sont les dirigeants de chaque organisation qui doivent décider si une stratégie de données est nécessaire ou non. Toutefois, les praticiens et les responsables des données au sein d'une organisation peuvent influencer la décision des dirigeants en présentant un solide dossier expliquant pourquoi une stratégie est nécessaire et les risques associés à l'absence d'une telle stratégie.

Une bonne compréhension de la vision et des objectifs de votre organisation, ainsi que des priorités de ses dirigeants, définit le contexte pour justifier une stratégie de données. Expliquer comment une stratégie de données complète peut produire des résultats opérationnels est la clé pour rendre l'analyse de rentabilisation applicable et convaincante.

Une analyse de rentabilité pour les données est une justification pour la transformation. Lorsqu'il s'agit de justifier un changement, celui-ci doit être défendable. Identifiez les coûts qui pèsent sur l'organisation et les opportunités perdues dans votre situation actuelle. Bien que votre capacité à quantifier le retour financier puisse être une considération importante, il est probable que des améliorations soient possibles grâce à une meilleure gouvernance des données, à une meilleure gestion des données et à des capacités axées sur les données.

Le volume et la variété des données structurées et non structurées gérées par votre organisation augmentent de façon exponentielle. Les organisations qui parviennent à maîtriser cette croissance explosive et à la rendre opérationnelle se démarquent nettement de leurs concurrents.

Les organisations peuvent se différencier de leurs concurrents grâce aux cas d'utilisation qu'elles présentent pour établir leur stratégie de données. Voici plusieurs exemples de cas d'utilisation permettant d'établir une stratégie de données pour distinguer l'organisation :

- Exploiter les données pour dynamiser le cycle de vie du client, de l'éveil de l'intérêt à la motivation de la demande, du traitement des demandes et de la satisfaction jusqu'à la fin des processus en aval tels que la logistique, les finances et le service après-vente.

- Réduire les fluctuations des stocks en offrant une visibilité en temps réel, basée sur des données, de l'ensemble de vos demandes et de votre chaîne d'approvisionnement, avec des informations prédictives.

- Améliorer la productivité, l'avancement et la fidélisation des employés en les aidant à atteindre leurs objectifs grâce à des apprentissage liées aux données et basées sur leur talent et leur expérience.

- Prendre de meilleures décisions en fournissant une image plus complète des opérations et du comportement des clients. En collectant, en analysant et en utilisant efficacement les données, les organisations peuvent identifier des tendances, des habitudes et des opportunités qu'elles n'auraient peut-être pas vus autrement.

- Augmenter l'efficacité et la productivité en rationalisant les opérations et en identifiant les domaines où les processus peuvent être automatisés ou améliorés. Les organisations peuvent réduire les coûts et améliorer la productivité en utilisant les données pour optimiser les flux de travail et éliminer les inefficacités.

- Améliorer l'avantage concurrentiel en collectant, en analysant et en utilisant des données. Une stratégie de données peut aider les organisations à garder une longueur d'avance sur leurs concurrents en leur fournissant des informations sur les besoins et les préférences des clients, les tendances du marché et les technologies émergentes.

- Gérer les risques en fournissant des informations sur les menaces et les vulnérabilités potentielles. En surveillant les données pour détecter les anomalies et en utilisant l'analyse prédictive pour identifier les risques, les organisations peuvent prendre des mesures proactives pour atténuer les risques et protéger leur entreprise.

- Répondre aux exigences réglementaires en veillant à ce que les données soient collectées, stockées et utilisées de manière conforme. En établissant des cadres de gouvernance des données, les organisations peuvent éviter des amendes coûteuses et des atteintes à leur réputation.

### Risques liés à l'absence de stratégie de données

Les risques liés à l'absence de stratégie de données sont notamment une mauvaise prise de décision, des opportunités manquées, un manque d'efficacité, une augmentation des risques et des problèmes potentiels de conformité. Il est fondamental pour les organisations de développer une stratégie de données claire qui s'aligne sur leurs objectifs opérationnels et aborde les risques associés à la gestion des données de l'organisation. L'absence de stratégie de données peut entraîner plusieurs risques pour une organisation, notamment :

- Les organisations manqueront des occasions d'obtenir des informations sur leurs opérations et le comportement de leurs clients. Il sera alors difficile d'identifier les tendances, les habitudes et les opportunités qui pourraient être utilisés pour améliorer l'activité de l'entreprise.

- Les organisations prendront des décisions basées sur des données incomplètes ou inexactes. Cela conduit à de mauvaises décisions qui peuvent avoir un impact négatif sur l'entreprise.

- Les organisations auront des processus inefficaces pour la collecte, le stockage et l'utilisation des données. Cela se traduira par une perte de temps et de ressources et pourrait empêcher l'organisation d'exploiter pleinement la valeur de ses données.

- Les organisations seront plus vulnérables aux violations de données, aux cyber-attaques et aux autres menaces de sécurité. Cela entraînera des pertes financières, des atteintes à la réputation et des responsabilités juridiques.

- Les organisations auront du mal à se conformer aux exigences réglementaires relatives à la confidentialité, à la sécurité et à la gouvernance des données. Il en résultera des amendes, des poursuites judiciaires et des atteintes à la réputation.

Lorsqu'une organisation décide qu'une stratégie de données n'est pas nécessaire au niveau de l'entreprise, il n'est pas rare que les différentes parties de l'organisation envisagent une stratégie plus locale pour les données qu'elles gèrent. Au fur et à mesure que l'étendue d'une stratégie de données passe du niveau local au niveau de l'entreprise, l'influence globale de la stratégie augmente et peut potentiellement incorporer un ensemble plus vaste de personnes, de processus et de technologies.

## Présentation d'une stratégie de données

Enfin, le dernier élément d'une stratégie de données comprend les sections à inclure dans sa présentation. J'enseigne cette disposition, ou une disposition très proche de celle-ci, dans le programme de formation de directeur des données de l'Université Carnegie Mellon où je suis membre du corps professoral. Vous devriez personnaliser cette disposition, les principaux éléments et l'analyse de rentabilité, ainsi que les risques associés à l'absence de stratégie de données, pour vous aligner sur la stratégie d'entreprise globale de votre organisation.

Une stratégie de données complète comprendra les éléments suivants :

- Sommaire exécutif – Brève présentation de la stratégie de données, de son engagement et des résultats escomptés.

- Introduction – Une présentation de l'organisation, de sa mission et de la manière dont les données peuvent soutenir la réalisation de cette mission.

- Vision et objectifs – Une déclaration de la vision de l'organisation concernant les données et les objectifs qu'elle espère atteindre grâce à la stratégie de données.

- Évaluation de l'état actuel – Une évaluation des actifs de données actuels de l'organisation, y compris les sources de données, la qualité des données, la gouvernance des données et les pratiques de gestion des données.

- Analyse des écarts – Une description des écarts entre l'état actuel et l'état futur souhaité par la stratégie de données.

- Stratégie et plan d'action – Un plan complet pour réaliser la vision et les objectifs de la stratégie de données.

- Plan de mise en œuvre – Un plan détaillé de réalisation de la stratégie de données, comprenant des échéances, des étapes, des rôles et des responsabilités, ainsi que les ressources nécessaires.

- Plan de suivi et d'évaluation – Un plan de suivi et d'évaluation de l'efficacité de la stratégie de données, comprenant des mesures de performance, des points de référence et des critères d'évaluation.

- Conclusion – Bref résumé de la stratégie de données, des avantages escomptés et des prochaines étapes de la mise en œuvre.

- Annexes – Documents de soutien, tels que les politiques, les procédures, les lignes directrices et les spécifications techniques.

L'expérience m'a montré que toutes les parties prenantes concernées, y compris les dirigeants, le personnel informatique, les analystes de données et les leaders de l'entreprise, doivent être invitées à contribuer à la stratégie de données. La stratégie doit être revue et mise à jour régulièrement pour refléter les changements dans les objectifs de l'organisation, les actifs de données et le paysage technologique.

---

### Ce qu'il faut retenir

En l'absence d'une vision et d'une fondation globales pour les données de l'organisation, certaines parties de l'organisation vont gérer de manière autonome les capacités liées aux données. Cette indépendance entraîne une duplication des données et des systèmes au sein de l'organisation, ce qui rend difficile de déterminer la « vérité » à partir des données tout en augmentant les coûts d'efficacité opérationnelle. Une stratégie de données constitue la base des efforts de planification de l'entreprise associés aux capacités liées aux données. Une stratégie de données plus détaillée et plus complète augmentera les chances que les parties opérationnelles et techniques de l'organisation se comprennent parfaitement et travaillent en coordination et en coopération les unes avec les autres.

## Expérience : Comment rendre la gouvernance des données amusante

Les mots « gouvernance des données » et « amusant » se retrouvent rarement dans la même phrase. L'expression gouvernance des données évoque des images de restrictions et de contrôle qui, dès le départ, représentent un défi de taille pour la plupart des programmes et des organisations. Je définis la gouvernance des données comme « l'exécution et l'application de l'autorité sur la gestion des données ». Cela semble amusant, n'est-ce pas?

Toutefois, la gouvernance des données et la nécessité d'accroître la confiance des parties prenantes dans les données sont généralement des sujets sérieux, en particulier si vos divisions opérationnelles peinent à tirer profit des données, ou si elles passent trop de temps à préparer les données en vue de leur utilisation correcte, ou si les données les mettent potentiellement en danger chaque jour. Il s'agit là de défis sérieux!

Le cheminement des données non gouvernées vers les données gouvernées n'est pas sans peine. Le changement est rarement facile ou bienvenu. Souvent, les dirigeants sont sous pression pour aider les gens à utiliser les données comme un actif stratégique, mais luttent contre un faible niveau de confiance dans ces données. Comment peuvent-ils rendre le changement moins douloureux? La redevabilité est plus facile lorsqu'elle est informelle. La documentation a toujours été une réflexion après coup. Est-il possible d'atténuer certaines de ces douleurs, ou, oserais-je dire, de rendre la gouvernance des données amusante?

La réponse est « oui » – à la partie « atténuer la douleur ». L'amélioration de la valeur des données grâce à l'automatisation, à la distribution, à l'intendance et à l'utilisation efficace des processus métiers et techniques et des métadonnées soulagera certainement bon nombre des irritants associés aux données.

Et oui, il est possible de rendre la gouvernance amusante. Cet article se concentre sur quatre façons dont les organisations ont rendu leurs programmes de gouvernance des données amusants, divertissants, agréables et compétitifs, tout en restant fidèles à leur définition de la gouvernance des données.

## *Gouvernance ludique*

Les organisations ont rendu la gouvernance des données amusante en la transformant en jeu. Autrement dit, considérer la gouvernance des données comme une énigme à être complétée pour résoudre un problème.

Certaines organisations craignent que la transformation de la gouvernance des données en un jeu ne diminue la perception de son importance ou ne réduise le sérieux de la tâche à accomplir. Il convient donc de prêter attention aux messages associés à la ludification de la gouvernance des données, en veillant à ce que les quatre moyens abordés ici apportent de la valeur ajoutée pour l'entreprise.

À quoi cela ressemble-t-il dans la pratique? Certaines organisations se sont inspirées du jeu « Capturez le drapeau » en le transformant en « Capturez l'intendant » et « Capturez le terme métier ». Ces jeux visent à collecter et à mettre à disposition des métadonnées qui permettront aux gens de trouver les données et les personnes redevables de ces données. D'autres organisations ont transformé leurs cadres de gouvernance des données en tables de bingo pour encourager la participation, puis ont récompensé les départements qui avaient rempli des cases en leur offrant des prix.

Il est essentiel d'impliquer les gens dans votre programme, et les approches amusantes abondent. Certains ont mis en place des sondages pour inciter les gens à voter sur les décisions appropriées ou à regarder des vidéos sur la gouvernance des données puis à choisir les bonnes réponses aux questions, tout en comptabilisant les scores et en récompensant les gens pour leur interaction. La visualisation et l'interaction peuvent être récompensées afin d'encourager les gens à devenir plus compétents en matière de données.

La ludification de la gouvernance des données requiert de l'imagination et de l'innovation. Ces activités bénéficient grandement d'une collaboration avec les spécialistes de la communication, du marketing et de la gestion du changement de votre organisation, afin d'obtenir de l'aide pour la diffusion de messages adéquats. Ces activités requièrent également de la patience et de la tolérance de la part des dirigeants, à mesure que leurs attitudes et comportements vis-à-vis des données évoluent.

### *Faire de l'intendance quelque chose que les gens ont envie de faire*

Les gens sont occupés par leur travail quotidien. Il est donc important d'établir un lien entre ce qu'ils font déjà et ce qui est requis de manière plus formelle, plutôt que de présenter la gouvernance des données comme de nouvelles tâches. Les gens sont déjà des intendants de données s'ils sont associés à des données et sont tenus formellement redevables des actions qu'ils entreprennent avec elles. Ces actions comprennent la définition, la production et l'utilisation des données.

Une fois que les gens se rendent compte qu'ils sont déjà les intendants de données, le défi consiste à les inciter à faire de leur mieux pour définir, produire et utiliser les données. Les programmes de gouvernance des données fournissent des lignes directrices et des instructions détaillées sur la manière d'utiliser les données comme il est prévu de le faire (et de ne pas le faire). Des définitions claires, des modèles et des outils appropriés aideront à produire des informations et des métadonnées plus précises. Les intendants de données ont besoin d'une orientation et d'une définition de la manière dont ils agissent avec les données.

Les responsables de la gouvernance des données ne peuvent pas supposer que les employés prendront des habitudes de qualité et de gouvernance sans être guidés par le programme ou par une autre source. Ces programmes doivent fournir des cadres, des politiques, des lignes directrices et des normes qui sont partagés avec les personnes de l'entreprise afin qu'elles gouvernent activement les données qu'elles définissent, produisent et utilisent. Ces éléments doivent ensuite être vérifiés et renforcés régulièrement. Il ne peut s'agir d'une solution ponctuelle.

Les programmes doivent également répondre à la question « qu'est-ce que ça m'apporte? » pour chaque personne impliquée dans le programme. Il s'agit notamment des parrains, de la direction, des propriétaires et des intendants. Les organisations doivent donc savoir qui sont ces personnes, consigner ces informations et les rendre accessibles. Les personnes doivent comprendre les avantages qu'elles-mêmes et l'organisation tireront de l'amélioration de la définition, de la production et de l'utilisation des données. Cette connaissance encouragera les gens à s'impliquer. Enfin, le fait de lier cette démarche à des objectifs individuels et d'équipe visibles permettra à l'intendant de l'intégrer de manière plus transparente dans son travail quotidien.

### *Créer une compétition amicale*

La troisième façon de rendre la gouvernance des données amusante est de créer une compétition amicale. Celle-ci peut être à la fois un défi et une récompense lorsqu'elle est appliquée aux données sur le lieu de travail. La compétition peut conduire à des améliorations dans la manière dont vos données sont gérées.

Les organisations ont fait progresser les niveaux de documentation et de gestion des données en révélant les efforts des départements et en récompensant ceux qui s'améliorent le plus. Les organisations ont alloué des ressources aux projets démontrant le plus haut niveau de préparation, d'éducation et de discipline. Les activités de gouvernance qui vont au-delà des « normes » départementales peuvent être mesurées et incluses dans la compétition.

Cependant, la compétition exige la coordination des activités pour comparer et rendre compte de la manière dont les différentes parties de l'organisation gèrent leurs données. Ces comparaisons (et la manière dont elles sont jugées) doivent être significatives en termes de valeur commerciale, d'urgence et, souvent, de résultats quantifiables. Ces comparaisons doivent également récompenser toutes les activités positives et pas seulement celles des vainqueurs.

Les organisations génèrent une compétition amicale de plusieurs manières. La compétition axée sur la définition, la production et l'utilisation des données constitue la plupart des exemples. Elle peut être basée sur le nombre d'éléments de données critiques définis par les divisions et les départements, sur le nombre d'intendants reconnus et intégrés, ou sur l'inventaire, la qualité et la gestion des ressources de données, des analyses et des projets de données. La compétition amicale est souvent basée sur des mesures quantifiables attribuables à des personnes et à des groupes. Les tableaux de bord à l'échelle de l'organisation qui montrent les progrès réalisés parviennent à susciter l'engagement. Après tout, personne ne veut faire partie de l'équipe qui est à la traîne!

Une autre façon de créer une compétition amicale est d'identifier les individus ou les groupes qui ont accompli des tâches importantes et de reconnaître ces personnes pour les actions de gouvernance qu'elles ont entreprises. Des organisations sont allées jusqu'à nommer des personnes « super-intendants » (avec un badge), en mettant en avant un « intendant du mois » ou un « département du mois » en tant qu'individu ou groupe ayant un impact mesurable sur la gouvernance des données dans l'ensemble de l'organisation.

Il existe plusieurs façons de communiquer les résultats d'une compétition amicale. La seule limite est l'imagination de l'organisation et sa volonté d'explorer des moyens uniques de partager. Les organisations ont par exemple fait connaître les résultats par le biais du catalogue de données, de la page d'accueil de leur programme de gouvernance des données, d'annonces organisationnelles, de réunions générales et de l'utilisation d'écrans ou de panneaux reconnaissant la ou les personnes ou le ou les groupes comme gagnants ou leaders.

## Offrir des récompenses et de la reconnaissance

La dernière façon de rendre la gouvernance des données amusante est de reconnaître et de récompenser les gens d'une manière qui les attire, les encourage, les divertit et les amuse tout en les éduquant sur la valeur d'une gouvernance formelle de leurs données.

Les récompenses ne doivent pas nécessairement être financières. Des récompenses significatives telles que la reconnaissance par les pairs, des congés supplémentaires, des journées en tenue décontractée, des célébrations départementales et d'autres incitations similaires ont été utilisées avec succès pendant des années. Parmi les autres récompenses non financières, on peut citer l'amélioration de la qualité des données, qui permet d'améliorer la prise de décision au sein du service, une meilleure compréhension des données et une plus grande confiance en celles-ci, ainsi qu'une meilleure connaissance des données disponibles – attendez, ce sont toutes des récompenses pour des données bien gérées! Vous voyez où je veux en venir.

La reconnaissance doit être basée sur des résultats positifs pour l'entreprise. Ces résultats découlent de la résolution des problèmes et des possibilités d'amélioration. Au-delà de la reconnaissance par la récompense, la valeur acquise par la (les) personne(s) et le(s) département(s) conduit les autres personnes et départements à se demander : « Si le programme de gouvernance des données les a aidés de cette manière, peut-elle m'aider (et aider mon département) de la même manière? » Cette perception enrichit la vision favorable de la gouvernance des données au sein de l'organisation.

---

*En termes de récompense et de reconnaissance, il n'y a pas qu'un seul gagnant. Le véritable gagnant d'une gouvernance des données ludique est l'organisation.*

---

### Ce qu'il faut retenir

Le mot « gouvernance » implique la domination et le contrôle. La gouvernance des données semble effrayante, difficile et intrusive parce qu'elle implique une restriction, un contrôle et une contrainte autour des données. En réalité, les données ne se gouvernent pas d'elles-mêmes. Les données ne vont pas se protéger, s'améliorer en qualité, enrichir la confiance des gens et améliorer l'efficacité et l'efficience par elles-mêmes.

Il en va de même pour les métadonnées, c'est-à-dire les données qui permettent aux gens de tirer parti de leurs données. Si les gens ont besoin de gouverner, il faut rendre la tâche supportable et même amusante. Cette direction « ludique » est celle que de nombreuses organisations devraient envisager de prendre.

Cet essai s'est concentré sur ce que signifie s'éloigner des implications intrusives de la gouvernance des données pour la rendre plus amusante et moins imposante pour l'organisation. Pour la rendre amusante, envisagez de faire de la gouvernance des données un jeu, d'intégrer des pratiques d'intendance dirigées dans les tâches des employés, de créer une compétition interne amicale et de récompenser les employés pour la façon dont ils gouvernent les données.[16]

---

[16] Cet article a été publié à l'origine sur un blogue d'Alation et est reproduit ici avec leur autorisation.

## Expérience : Calmer les craintes des dirigeants sur la gouvernance des données

Ne serait-ce pas formidable si vous pouviez simplement structurer la manière dont votre organisation gère vos données sans investir beaucoup d'argent et de ressources? En réalité, c'est possible. Vous pouvez communiquer efficacement à la direction que la gouvernance est déjà en place et que vous pouvez construire un programme de gouvernance non intrusive des données autour des niveaux actuels de gouvernance. Les messages suivants, s'ils sont communiqués efficacement, devraient aider la direction à comprendre qu'il existe une approche pratique et pragmatique de la gouvernance des données.

### *Messages à partager*

Si vous adoptez, ou prévoyez d'adopter, l'approche de la gouvernance non intrusive des données, vous pouvez envisager de partager ces cinq messages avec la direction pour tenter de la rassurer sur ce qu'il faudra faire pour mettre en œuvre un programme efficace de gouvernance des données :

1. **Nous gérons déjà les données, mais de manière informelle.** Des personnes sont déjà responsables des données, mais cette responsabilité est informelle. Ce caractère informel est source d'inefficacité et d'inefficience dans la gestion de nos données. Nous devons inventorier qui fait quoi avec les données et fournir un modèle opérationnel de rôles et de responsabilités qui corresponde le mieux à notre organisation. À un certain niveau, nous aurons besoin d'une personne ayant une vision d'entreprise et une responsabilité vis-à-vis les données, qui transcende les silos de notre entreprise et gère les données comme une ressource partagée. C'est un défi car nous ne gérons pas naturellement les données comme une ressource partagée à l'échelle de l'entreprise.

2. **Nous pouvons formaliser la manière dont nous gouvernons les données en structurant ce que nous faisons déjà.** Au sein de notre organisation, des personnes jouent un rôle opérationnel, tactique,

stratégique et de soutien pour les données. Nous devons savoir qui sont ces personnes et mettre en place une structure formelle pour déterminer qui est responsable, redevable, consulté et informé des règles métier et des réglementations associées aux données qu'ils définissent, produisent et utilisent.

3. **Nous pouvons améliorer notre gouvernance des données.** Nos efforts en ce sens peuvent nous aider à améliorer la façon dont nous gérons les risques associés à la conformité, à la classification, à la sécurité et aux règles métier affectant nos données. Chaque jour, des membres de notre organisation nous mettent potentiellement en danger lorsqu'ils n'appliquent pas les règles sur le traitement des données. Nos efforts pour améliorer la qualité des données doivent être coordonnés et faire l'objet d'une coopération entre les unités opérationnelles à l'aide d'une structure formelle. L'assurance qualité exige que le personnel opération-nel et tactique puisse enregistrer, suivre et résoudre les problèmes connus de qualité des données. Notre organisation peut facilement améliorer la façon dont nous utilisons les données en répertoriant et en partageant les informations sur qui fait quoi avec les données.

4. **Il n'est pas nécessaire de dépenser beaucoup d'argent pour la gouvernance des données.** Ces programmes ne doivent pas nécessairement être coûteux. En fonction de notre approche, la gouvernance des données peut ne coûter que le temps que nous y consacrons. Elle exige qu'une ou plusieurs personnes consacrent du temps à la définition et à l'administration du programme, mais une idée erronée très répandue veut que la gouvernance des données s'ajoute aux efforts déjà déployés par l'organisation. Nous devrions éviter de parler de processus de gouvernance des données, car ce nom donne l'impression que le comportement formel autour des données est la « faute » de la gouvernance des données, alors qu'il s'agit plutôt d'actions visant à créer des comportements appropriés sur les données.

5. **Nous avons besoin d'une structure.** L'approche de la gouvernance non intrusive des données ne doit pas être considérée comme une menace pour les personnes de notre organisation. La gouvernance des données

nécessitera une structure sous la forme du cadre présenté auparavant, qui permet aux secteurs métier et technologique d'accepter une redevabilité formelle et partagée quant à la manière dont les données sont gérées. Les participants au programme de gouvernance des données ont déjà un emploi régulier. La gouvernance des données doit apporter une valeur ajoutée à l'entreprise et ne pas interférer avec le travail quotidien de nos collaborateurs. L'approche non intrusive vise la transparence, le soutien et la collaboration.

Le contraire des « messages à partager » sont les « messages à ne pas partager ». Nous venons d'exposer des idées et des concepts spécifiques qui aideront la direction à comprendre que la gouvernance des données n'est peut-être pas aussi complexe ou effrayante qu'elle le pense. Les points suivants se concentrent sur des messages spécifiques qu'il convient d'éviter ou d'inclure avec précaution dans les conversations, car ils peuvent avoir l'effet inverse.

### Messages à ne pas partager

Ces messages comprennent des idées et des concepts qu'il est préférable d'éviter lorsque l'on tente d'apaiser les craintes liées à la gouvernance des données :

1. **Évitez de vendre la gouvernance des données comme un énorme défi.** Si votre direction pense déjà que la gouvernance des données sera un défi majeur, essayez de la calmer en vous référant aux messages ci-dessus. Nous pouvons mettre en œuvre la gouvernance des données de manière non menaçante et non intrusive. La gouvernance des données ne doit pas être mise en œuvre d'un seul coup. En fait, la plupart des organisations qui l'introduisent avec succès mettent en œuvre leurs programmes de manière progressive. Cela inclut l'étendue progressive de la gestion des données par domaine et par unité organisationnelle, ainsi que le niveau des comportements formels appliqués aux données.

2. **Promouvoir une solution technique.** Bien qu'il existe probablement une composante technique à votre programme de gouvernance des données, vous ne pouvez pas acheter un logiciel qui sera LA solution. De plus, des

outils simples peuvent être développés en interne pour vous aider à gouverner les comportements des personnes par rapport aux données.

3. **Dire que l'on doit régir le comportement des données.** La gouvernance des données formalise le comportement des personnes pour la définition, la production et l'utilisation des données. L'accent est mis sur la formalisation des comportements des personnes, et non sur celui des données. Les données se comportent de la même manière que les personnes. La technologie peut vous aider à régir les comportements des personnes, mais les données font ce que vous leur demandez. Parce que c'est le comportement des personnes qui est gouverné, on considère parfois la gouvernance des données comme une discipline axée sur les processus. C'est en partie vrai. Faire en sorte que les gens fassent ce qu'il faut au moment où il le faut est un élément important de la gouvernance.

4. **Présenter la gouvernance des données comme une révolution.** Comme nous l'avons déjà mentionné, la gouvernance des données ne sera pas achevée d'un seul coup. Cette transition se fait de manière différente d'une organisation à l'autre. Certaines se concentrent sur les données critiques, ou sur des domaines ou sujets de données spécifiques. D'autres se concentrent sur des domaines d'activité, des divisions, des unités ou des applications spécifiques. D'autres encore se concentrent sur la combinaison de deux ou trois domaines spécifiques au sein d'unités opérationnelles utilisant des applications spécifiques. Il n'existe pas de méthode unique pour faire évoluer la gouvernance des données dans votre organisation. Néanmoins, je peux vous assurer qu'il y aura de la résistance si vous la traitez comme une révolution.

---

### Ce qu'il faut retenir

La manière dont vous présentez la gouvernance des données à vos dirigeants est importante. Les responsables de votre programme doivent tenir compte des messages qui doivent être inclus ou non dans leur communication aux niveaux exécutif et stratégique de l'organisation. En suivant ces conseils, vous pourrez progresser et éviter des retards dans vos efforts de gouvernance des données.

# Perspective : Récupérer un programme de gouvernance des données défaillant

Les programmes de gouvernance des données mettent souvent beaucoup de temps à démarrer, à prendre de l'ampleur et à démontrer une valeur mesurable pour l'organisation. Au cours de cette période, les programmes ne parviennent souvent pas à maintenir l'enthousiasme qui existait à leurs débuts. Les raisons en sont multiples. L'intérêt de la direction s'amenuise, les nouveaux projets captent l'intérêt et les ateliers de travail cessent d'être efficaces et efficients.

Vous serez peut-être surpris. Parfois, les programmes s'essoufflent parce que la personne en charge n'a pas l'expérience nécessaire pour appliquer les meilleures pratiques. D'autres fois, même les meilleurs plans n'obtiennent pas le soutien nécessaire pour lancer ou maintenir le programme. En d'autres termes, les compétences de la personne en charge ne sont pas toujours en cause.

Identifions et traitons les raisons pour lesquelles les programmes de gouvernance des données ont des difficultés à se pérenniser. L'approche initiale de l'élaboration du programme a un impact, mais le véritable coupable est le manque d'attention portée aux éléments essentiels du programme décrits dans mon cadre de gouvernance des données (présenté plus tôt dans ce livre). Voici quelques éléments à prendre en compte pour garantir la santé à long terme du programme :

- Comment reconnaître que votre programme est mourant?
- Composants essentiels qui requièrent une attention soutenue
- Étapes à suivre pour éviter la fin prématurée du programme
- Moyens de prolonger l'enthousiasme pour le programme
- Comment assurer la continuité et la longévité du programme?

### Comment reconnaître que votre programme est mourant?

Une chose importante que vous puissiez faire pour maintenir votre programme en bonne santé est de reconnaître les moments où il ne se déroule pas comme vous le souhaiteriez. Certains de ces signaux sont évidents, d'autres sont plus subtils. Soyez proactif pour vous assurer que ces signaux ne se produisent jamais.

- La gouvernance des données n'est plus un point à l'ordre du jour des réunions de la direction générale.
- Personne ne soumet de problèmes ou d'opportunités à l'équipe de gouvernance des données pour qu'ils soient résolus.
- Il existe des groupes de gouvernance des données concurrents.
- Personne n'est redevable de la gouvernance des données.
- Le groupe a été rebaptisé autrement que « gouvernance des données ».
- On demande à la personne en charge de la gouvernance des données de consacrer une portion importante de son temps à autre chose.
- Votre nouveau patron ne comprend pas la gouvernance des données.
- Votre bureau/équipe de gouvernance des données a été dissous.
- Tous les problèmes de données de l'entreprise sont résolus. (Ah oui!)

---

## Composants essentiels qui requièrent une attention soutenue

Quelle que soit l'approche que vous adoptez pour la gouvernance des données au sein de votre organisation, les éléments fondamentaux évoqués dans les articles précédents doivent être conçus et construits en gardant à l'esprit la longévité de leur raison d'être afin que votre programme reste en bonne santé. Ces six éléments sont au cœur du cadre de la gouvernance non intrusive des données :

- Données – L'actif qui est régi par le programme.
- Rôles – Comment les personnes à différents niveaux seront engagées dans le programme.
- Processus – Comment la gouvernance des données sera appliquée.
- Communication – Orientation, prise en main et échanges continus sur le programme.
- Mesures – Comment la valeur du programme est mesurée.
- Outils – Les instruments et la technologie qui seront utilisés pour mettre en œuvre le programme.

Il est important d'évaluer le degré d'attention accordé à chacun des éléments fondamentaux selon chacune de ces perspectives :

- Dirigeants – Personnes (ou comité) au plus haut niveau de l'organisation.
- Stratégique – Personnes qui représentent leur domaine d'activité au sein de l'organisation.
- Tactique – Les personnes qui voient l'organisation (et les données) à travers les domaines d'activité.
- Opérationnel – Les personnes qui se concentrent spécifiquement sur les performances de leur domaine d'activité.
- Soutien – Personnes qui participent déjà aux fonctions de gouvernance de l'organisation.

Il est également important d'aborder chacun des éléments selon chaque perspective. Par exemple, le programme doit aborder les données qui sont importantes pour les dirigeants et la manière dont ils accéderont à ces données. Il s'agit d'une référence croisée de l'élément « données » au niveau des dirigeants.

Un autre exemple est celui des outils disponibles au niveau stratégique, tels que la politique, les orientations et les directives. Il s'agit d'une référence croisée de l'élément « outils » au niveau stratégique. Dans le cadre, chacun des éléments fondamentaux doit être considéré dans chacune des perspectives pour assurer la pérennité de votre programme de gouvernance des données.

---

### *Étapes à suivre pour éviter la fin prématurée du programme*

La chose la plus importante à faire pour éviter l'échec de votre programme est de prendre des mesures proactives pour prévenir les problèmes dès le départ. Voici une liste de mesures à prendre pour éviter un échec précoce du programme :

- Maintenir/renforcer le soutien, le parrainage et la compréhension de la haute direction.
- Maintenir les canaux de communication ouverts.

- Intégrer la gouvernance des données dans les responsabilités de chacun.
- Résoudre des problèmes significatifs.
- Mesurez et communiquez vos réalisations.
- Ajouter de nouvelles fonctions de gouvernance.
- Étendre progressivement aux fonctions et aux domaines.
- Ne demandez pas plus que ce dont vous avez besoin.
- Utilisez les ressources des autres.
- Faites en sorte que vos réunions soient intéressantes.

---

### Moyens de prolonger l'enthousiasme pour le programme

Vous êtes en bonne voie si vous suscitez l'enthousiasme autour de la gouvernance des données dès le début de la mise en œuvre de votre programme. Si les gens sont enthousiastes dès le début, c'est que vous faites quelque chose de bien. Mais nous savons tous que rien n'est éternel, y compris l'enthousiasme, l'intérêt et la volonté de participer à la gouvernance des données.

Il incombe souvent à l'administrateur de la gouvernance des données de trouver des moyens de prolonger l'enthousiasme. Voici quelques suggestions :

- Faites en sorte que les réunions soient intéressantes.
- Faites des choses intéressantes, rendez la gouvernance des données ludique.
- Communiquez tôt et souvent.
- Demandez à vos clients internes de dire comment vous les avez aidés.
- Examinez les raisons pour lesquelles vous avez suscité ou non l'enthousiasme au départ.
- Récompensez les personnes/la direction pour leur bon comportement.
- Invitez vos fournisseurs et partenaires à participer aux ateliers.
- Faites des données un gros sujet; non, pas des mégadonnées.
- Soyez toujours à la recherche de la prochaine opportunité.

### Comment assurer la continuité et la longévité du programme?

Il est toujours bon d'apprendre de ceux qui ont déployé avec succès et soutenu leurs programmes de gouvernance des données pendant de longues périodes. Plusieurs informations sont disponibles sur la façon dont les organisations ont démontré la valeur de leur programme à son départ. Malheureusement, moins d'informations sont disponibles sur la façon dont elles ont continué à démontrer cette valeur. Les praticiens devraient demander comment assurer la continuité et la longévité du programme. Je vous propose quelques conseils et techniques qui vous permettront d'assurer la pérennité de votre programme :

- Communiquer tôt et souvent.
- Rester pertinent.
- Anticiper le prochain grand projet d'entreprise.
- Démontrer une valeur commerciale mesurable.
- Éduquez votre patron et son patron.
- Rester sobre et efficace.
- Aligner la GD sur les projets/programmes les plus investis.
- Maintenir l'engagement des personnes.
- Adoptez l'approche qui convient le mieux à votre culture.
- Communiquez constamment sur les avantages de la GD.

### Ce qu'il faut retenir

Cet essai a présenté plusieurs considérations sur les actions que vous pouvez entreprendre pour dynamiser un programme de gouvernance des données qui est en perte de vitesse. J'y ai expliqué comment reconnaître la nécessité d'agir et proposé une liste d'actions à faire pour éviter que votre programme n'échoue.

Pour que les programmes de gouvernance des données soient durables, il faut déployer des efforts considérables et prêter attention à l'enthousiasme des gens à l'égard du programme et veiller à ce que le programme assure une gouvernance continue des données de l'organisation.

# CHAPITRE 4

# Démontrer la valeur ajoutée

L'idéal serait que tous les membres de votre organisation comprennent parfaitement la valeur de la mise en œuvre d'un programme formel de gouvernance des données. Il y a encore des personnes qui ont besoin d'être convaincues que la gouvernance des données leur sera directement bénéfique. Cet avantage peut être établi en les aidant à fournir des informations sur les défis auxquels elles sont confrontées et sur ce qu'elles peuvent ou ne peuvent pas faire avec leurs données. En outre, il existe des erreurs courantes que les organisations commettent lorsqu'elles veulent démontrer la valeur ajoutée de la gouvernance des données, ainsi que des mesures spécifiques qu'elles peuvent prendre pour améliorer leurs données.

Ce chapitre comprend des essais qui se concentrent sur la démonstration de la valeur ajoutée d'un programme de gouvernance des données et sur les moyens de convaincre les parties prenantes de la nécessité d'un programme de gouvernance des données. En outre, les essais traitent des personnes, des processus et de la technologie de la gouvernance des données, des moyens de relier les données aux revenus et des considérations pour relier la valeur ajoutée aux raisons pour lesquelles les gens devraient s'en préoccuper.

## Expérience : Convaincre les parties prenantes que la gouvernance des données est nécessaire

Vous avez peut-être déjà un programme formel de gouvernance des données. Ou peut-être essayez-vous actuellement de convaincre votre direction ou vos parties prenantes de la nécessité d'un programme formel de gouvernance des données. Peut-être êtes-vous en train de convaincre les parties prenantes que la gouvernance des données vaut la peine qu'elles y consacrent du temps. Quelle que soit votre situation, vous déployez probablement des efforts considérables pour expliquer pourquoi la gouvernance des données est nécessaire et mérite que l'on y consacre du temps et des ressources.

Tout d'abord, si la direction n'est pas convaincue de la nécessité de la gouvernance des données, elle ne vous autorisera probablement pas à en faire une discipline et les données continueront à être gérées et régies comme avant.

Les parties prenantes ont entendu parler de la nécessité d'une gouvernance formelle des données à plusieurs reprises au fil des ans. Bien qu'elles puissent dire comprendre que l'amélioration des capacités d'analyse repose sur la confiance dans la qualité des données, cela ne signifie pas qu'elles soutiennent la nécessité de disposer d'un programme formel de gouvernance des données.

Mais soyez sans crainte. Je peux vous fournir trois questions qui, une fois répondues de manière complète et honnête d'un point de vue opérationnel et technique, fourniront aux praticiens les informations dont ils ont besoin pour faire tomber les barrières qui empêchent les dirigeants et les parties prenantes d'être convaincus de la nécessité d'une gouvernance des données.

Ces trois questions sont :

1. Quelles tâches requises vous est-il impossible de faire, parce que vous n'avez pas les données ou que vous n'avez pas suffisamment confiance dans les données pour le faire?

2. Que feriez-vous, ou pourriez-vous faire, si vous disposiez des données nécessaires?

3. Comment la gouvernance des données peut contribuer aux réponses des deux premières questions?

Examinons ces questions une à une.

---

## *Qu'est-ce que vous ne pouvez pas faire?*

Les personnes qui utilisent des données dans le cadre de leur travail sont généralement ravies de partager les difficultés qu'elles rencontrent pour obtenir les données dont elles ont besoin et dans le bon format pour accomplir leurs tâches. Les obstacles que ces personnes doivent surmonter consistent souvent à déterminer quelles sont les données existantes, à les comprendre de manière approfondie, à y accéder, à saisir les règles associées à l'utilisation de ces données et à les combiner avec d'autres données dans le cadre d'un processus fastidieux et répétitif.

Souvent, les consommateurs de données n'ont pas accès à un inventaire des données disponibles. Ils ne disposent pas de glossaire métier, de dictionnaire ni de catalogue de données qui contiennent des informations susceptibles d'améliorer leur compréhension des données, et encore moins celle de l'entreprise. L'accès aux métadonnées peut s'avérer problématique, même si elles sont disponibles. Les gens ne savent pas immédiatement à qui s'adresser pour demander l'accès aux données. Et les règles associées aux données (y compris les règles de classification et de protection, les règles métier, les règles d'utilisation éthique, etc.) ne sont pas documentées dans les ressources mises à la disposition des consommateurs de données, ce qui fait de leur utilisation des données un risque pour l'organisation.

Si vous demandez aux consommateurs de données, aux utilisateurs occasionnels et aux experts en sciences des données ce qui cause des retards et des problèmes dans l'accomplissement de leur travail, vous pouvez vous attendre à obtenir les réponses résumées dans le paragraphe précédent. Vous commencerez alors à comprendre la règle du 80/20, souvent mentionnée mais rarement prouvée.

Cette règle stipule que les gens passent quatre-vingts pour cent de leur temps à manipuler les données et vingt pour cent à faire le travail utile d'analyse, de rapport et de réponse aux questions. Ces problèmes supposent que les données dont ils ont besoin, ou qui les aideront dans leur travail, sont disponibles en premier lieu. Souvent, les données ne sont pas disponibles, ou la confiance dans les données est si faible qu'on ne fait pas confiance aux données même si elles étaient disponibles. Il s'agit d'une mauvaise situation qui peut et doit être résolue par la gouvernance des données.

### Que feriez-vous?

Il s'agit là d'une autre question essentielle, car elle se situe à l'autre extrémité du spectre. Cette question hypothétique, lorsqu'elle est posée de manière appropriée, peut amener les consommateurs de données et les experts en sciences des données à innover et réfléchir différemment. Cela peut conduire à de nouvelles façons d'analyser les données et à des moyens améliorés pour prendre de meilleures décisions. Bien que cette question soit utopique et idéaliste, les experts en sciences des données sont de plus en plus aptes à émettre des hypothèses sur les choses qu'ils pourraient faire différemment si seulement ils disposaient des données nécessaires.

Cette question peut donner lieu à des réponses telles que :

- Je modéliserais les données pour produire des analyses prédictives et des prévisions améliorées.

- Je combinerais ou séparerais les données d'une manière qui était impossible lorsqu'on disposait de moins d'informations sur les données.

- Je permettrai d'améliorer nos capacités d'apprentissage machine.

- J'aurais la capacité de reconnaître des tendances dans les données qui conduisent à une interaction plus efficace et efficiente avec les clients, à l'amélioration des ventes, à l'évaluation des risques et à la détection des fraudes.

Cette question permet d'améliorer les moyens de rendre l'organisation centrée sur les données, capable d'utiliser les données de manière compétente.

Le problème avec cette question, c'est que les réponses mettront en évidence des éléments qui indiquent (ou donnent l'impression) que vous n'avez pas réussi à devenir centré sur les données. Mais regardez le côté positif de la réponse. Si l'on ne demande pas aux consommateurs ce qu'ils feraient avec les bonnes données, il est possible que vous ne découvriez jamais les améliorations que vous pouvez apporter à votre organisation. Nous ne devons pas blâmer les gens puisque nous avons identifié des possibilités d'amélioration. La question qui se pose alors est la suivante : que ferez-vous à ce sujet? Ce qui nous amène à la dernière question.

### Comment la gouvernance des données peut contribuer à ces questions?

Les questions « qu'est-ce que vous ne pouvez pas faire? » et « que feriez-vous? », lorsqu'elles sont prises au sérieux et qu'on y répond honnêtement, provoqueront des réponses qui donneront un aperçu détaillé des défis auxquels les parties prenantes sont confrontées chaque jour. Il est important de documenter ces défis. Il est encore plus important de relier ces défis à la manière dont la gouvernance formelle peut les relever.

Lorsqu'une personnes vous dit qu'elle ne sait pas quelles données existent, qu'elle ne sait pas quelles données elle devrait utiliser ou qu'elle ne sait pas qui a la capacité de modifier les données, c'est le signe que la documentation des données est limitée ou inexistante. Les programmes de gouvernance des données orientent souvent les ressources et les activités vers la création de bibliothèques de documentation des données, de glossaire métier, de dictionnaire de données et de catalogue de données.

Lorsque les parties prenantes vous disent qu'il est difficile de rassembler des données provenant de sources multiples, que leurs activités d'analyse prennent plus de temps que nécessaire ou qu'elles doivent souvent répéter la même action plusieurs fois, c'est le signe que les données ne sont pas disponibles dans un format qui permette une utilisation efficace et efficiente. Les programmes consacrent souvent des efforts à la définition et à la mise en place de ressources de données efficaces afin de faciliter le travail des parties prenantes.

Lorsque les parties prenantes vous disent qu'elles ont connaissance de problèmes spécifiques de qualité des données mais qu'elles ne savent pas qui informer de ces problèmes, la discipline de la gouvernance des données peut fournir un processus formel pour collecter les problèmes de qualité ainsi que d'autres demandes de données et d'informations.

Il est très important de faire le lien entre les défis des parties prenantes et l'impact d'une gouvernance et d'une gestion formelles. Les défis des parties prenantes soulevés par les questions ci-dessus ne se résoudront pas d'eux-mêmes sans les actions formelles d'un programme de gouvernance des données.

### Ce qu'il faut retenir

La relation entre les questions « qu'est-ce que vous ne pouvez pas faire? » et « que feriez-vous? » et les résultats d'un environnement de données gouverné met en évidence les possibilités de convaincre les parties prenantes de la nécessité de mettre en place un programme formel de gouvernance des données. Cette relation ainsi que les réponses à ces questions démontrent quelques-unes des meilleures raisons de mettre en place un programme de gouvernance des données efficace.

À l'heure où l'on investit massivement pour devenir des organisations centrées sur les données, les praticiens doivent commencer à déployer des techniques efficaces de gouvernance des données, de préférence non intrusives, plutôt que de passer le plus clair de leur temps à essayer de convaincre les parties prenantes et les experts en sciences des données que la gouvernance des données est nécessaire.

## Perspective : Le tiercé personnes, processus et technologie

Vous a-t-on déjà demandé de résumer les avantages de la gouvernance des données et ses trois principaux éléments en deux pages pour une prochaine réunion du conseil d'administration? Vous direz peut-être que c'est impossible. Je vous réponds que c'est possible. Lisez la suite pour savoir ce qu'il faut inclure dans les deux pages.

Pour moi, les trois principaux éléments de la gouvernance des données sont basés sur le paradigme des personnes, des processus et de la technologie qui fait désormais partie de la culture d'entreprise. Ces trois éléments sont omniprésents, d'une manière ou d'une autre, dans toutes les présentations de l'entreprise.

### Avantages de la gouvernance des données pour l'entreprise

Alors que de nombreuses organisations se transforment en entreprises numériques, les données gouvernées (résultats d'un programme de gouvernance des données) sont au cœur de leur transformation. Les entreprises numériques utilisent les données gouvernées pour améliorer la prise de décision. Les données gouvernées sont le point de mire des organisations qui cherchent à accroître l'efficacité et l'efficience opérationnelles tout en diminuant les reprises, les défauts et les risques. Les données gouvernées sont l'actif à exploiter pour identifier les nouveaux produits et services les plus appropriés pour développer et pérenniser la clientèle.

Les organisations utilisent les données gouvernées pour reconnaître et exploiter la valeur tout au long du cycle de vie des clients et des produits. Les organisations exploitent les données gouvernées pour améliorer l'expérience globale du client. Les données gouvernées sont essentielles pour atteindre l'un ou l'autre de ces objectifs. La plupart des organisations peuvent atteindre leurs objectifs opérationnels en améliorant la qualité des données et la confiance qu'elles inspirent. Les avantages opérationnels de la gouvernance des données peuvent être directement liés à la vision, à la mission et aux objectifs de l'organisation.

Les données non gouvernées et les données auxquelles l'organisation ne fait pas confiance l'obligent à consacrer un temps et des ressources précieux à localiser, accéder, comprendre et manipuler les données afin de les utiliser efficacement. Une gouvernance formelle renforce la cohérence et la confiance dans les données nécessaires au fonctionnement d'une organisation centrée sur les données ou transformée numériquement.

Il existe de nombreuses façons d'énumérer les avantages de la gouvernance des données. Dans la première des deux pages, je décrirais les avantages de la gouvernance des données pour l'entreprise en six points rapides :

- **Formaliser la redevabilité sur les données :** les personnes seront reconnues pour ce qu'elles font avec les données et seront tenues responsables de l'amélioration constante de la supervision des données.

- **Améliorer l'efficience et l'efficacité opérationnelles :** la capacité à réduire les dépenses en ressources tout en améliorant la qualité et la confiance dans les données.

- **Formaliser les processus de données :** ces processus seront validés et renforcés, garantissant que les personnes suivent les meilleures pratiques organisationnelles associées à la gouvernance des données.

- **Une autorité cohérente pour les données :** un processus de prise de décision cohérente et de priorisation des opportunités en matière de données sera mis en œuvre en mettant l'accent sur la responsabilité et les devoirs.

- **Amélioration de la qualité des données, de leur compréhension et de la confiance :** une gouvernance formelle des données permettra d'obtenir une valeur supérieure des données, des informations (données avec contexte) et des métadonnées (données sur les données).

- **Gestion des risques, protection et conformité des données fiables et vérifiables :** vérification fiable de la capacité de l'organisation à respecter les règles et les lois associées aux données.

### Le tiercé de la gouvernance des données

Dans certains milieux, l'expression « personnes, processus et technologie » (PPT) fait référence à une méthodologie par laquelle les organisations équilibrent ces trois éléments pour conduire les activités de l'organisation. Les personnes effectuent le travail en utilisant la technologie pour moderniser et améliorer les processus.

La méthodologie PPT existe depuis plus de cinquante ans. Les organisations l'utilisent pour améliorer l'efficacité opérationnelle de leurs employés. Les organisations considèrent la PPT comme les trois éléments de base nécessaires à la réussite de leur transformation. Le PPT est un modèle d'amélioration organisationnelle dans presque tous les secteurs d'activité.

Le premier élément, les **personnes**, vise à amener les employés, les sous-traitants, les conseillers, les consultants, les fournisseurs, les prestataires et les clients à s'engager dans les données de la bonne manière. Les gens définissent, produisent et utilisent les données dans le cadre de leur travail et l'amélioration de la façon dont ils agissent avec les données est un élément important de la réussite de la gouvernance formelle des données.

Le second élément, les **processus**, est défini par l'*American Society for Quality* (ASQ) comme un ensemble d'activités interdépendantes caractérisées par des intrants spécifiques et des tâches à valeur ajoutée qui constituent une procédure visant à fournir un ensemble spécifique de résultats.[17] Lorsqu'on gouverne des processus, il est essentiel d'impliquer les bonnes personnes au bon moment et de la bonne manière dans le bon processus.

Le troisième élément, la **technologie**, se concentre sur les outils et les techniques de la gouvernance des données. Il s'agit d'améliorer l'utilisation des ressources de données et des systèmes d'information de l'organisation. La technologie soutient les processus et permet au personnel des organisations d'utiliser les données de manière efficace et efficiente. La technologie devient l'élément

---

[17] American Society for Quality (ASQ), http://asq.org/glossary/p.html—2014.

moteur qui permet aux organisations de rechercher et d'obtenir un avantage concurrentiel.

Dans la deuxième pages, je vous suggère d'énoncer les trois principaux éléments de la gouvernance des données :

- **Personnes** : La gouvernance des données est la tactique la plus efficace pour formaliser la redevabilité sur la manière dont les **personnes** définissent, produisent et utilisent les données dans le cadre de leurs fonctions.

- **Processus** : La gouvernance des données formalise les **processus** afin d'assurer une exécution cohérente et l'application de l'autorité sur la définition, la production et l'utilisation des données.

- **Technologie** : L'utilisation de la **technologie** de gouvernance des données (principalement les glossaires métier, dictionnaires de données et catalogues de données) permettra à l'organisation de maximiser la valeur des personnes et des processus qui définissent, produisent et utilisent les données.

---

### Ce qu'il faut retenir

Cet essai résume les avantages et les éléments de votre programme de gouvernance des données en seulement deux pages, en utilisant le paradigme « personnes, processus et technologie ». Il se peut que cette demande vous soit adressée un jour ou l'autre. Il serait peut-être judicieux que vous fassiez comme si vous aviez été sélectionné pour présenter à une équipe de direction les avantages et les éléments essentiels de votre programme de gouvernance des données. Vous disposez de cinq minutes et devez présenter deux pages lors de la réunion. Vous êtes maintenant prêt.

## Perspective : Ce que vous ne pouvez pas faire parce que vos données ne sont pas gouvernées

Je connais le secret pour amener les entreprises à nous dire pourquoi elles ont besoin d'une gouvernance des données. C'est très simple. Il consiste à poser la question suivante : « Qu'est-ce que vous ne pouvez pas faire, mais que vous devriez faire, parce que les données ne sont pas là pour vous soutenir? » Une réponse honnête à cette question fournira au responsable de la gouvernance des données des arguments pour la mettre en place.

Décomposons la question pour mieux la comprendre.

**Qu'est-ce que vous ne pouvez pas faire ...**

C'est la partie la plus délicate de la question. Chaque fois que vous demandez à une personne de répondre honnêtement à ce qu'elle ne peut pas faire, vous pouvez vous attendre à une avalanche d'informations. Posez la question de manière professionnelle afin que la réponse ne débouche pas sur une séance de plaintes. Préciser que l'objectif est d'améliorer ce qu'on fait en ayant les données et les informations dont on a besoin au moment opportun.

**... mais que vous devriez faire ...**

La deuxième partie de la question porte sur ce qui est le plus important pour l'entreprise. Nous leur demandons quelles sont les fonctions pour lesquelles ils ont besoin de données et nous recevons des réponses concernant les données dont ils ont besoin pour accomplir leurs tâches quotidiennes. Nous apprenons également ce qu'ils ne peuvent pas faire sur la base de ces exigences.

Ceci peut inclure : 1) ne pas pouvoir répondre à certaines questions, 2) ne pas pouvoir accéder à des données qui les aideraient à accomplir leur travail, ou 3) ne pas pouvoir accomplir des activités de manière efficace et efficiente. Leurs réponses constituent des arguments de poids à faire valoir auprès des dirigeants.

## ... parce que les données ne sont pas là ...

La troisième partie de la question fait entrer les données dans le débat. Qu'est-ce que cela signifie d'affirmer que « les données ne sont pas là » ? Cette partie de la question fait intervenir les dimensions de la qualité des données. Les données peuvent être indisponibles, obsolètes, de mauvaise qualité, inaccessibles ou ne pas contenir les métadonnées nécessaires pour que les gens aient confiance dans les données. L'expression « les données ne sont pas là » signifie que les données ne répondent pas aux besoins de l'entreprise.

## ... pour vous soutenir?

La dernière partie de la question fait la synthèse. Les entreprises fonctionnent comme des machines efficaces et efficientes, et les utilisateurs peuvent faire preuve d'innovation et de créativité lorsqu'ils disposent des ressources dont ils ont besoin pour accomplir leur travail au mieux de leurs capacités. Depuis que les organisations développent ou achètent des systèmes d'information, on a largement sous-estimé l'importance de comprendre ce dont les utilisateurs ont besoin, en particulier les données et les informations.

---

### Inciter les gens d'affaires à parler ouvertement

Il est important d'amener les gens à parler de ce qu'ils ne peuvent pas faire. Les amener à partager ce qu'ils aimeraient pouvoir faire est également essentiel à la réussite d'un programme de gouvernance des données. Cette bataille entre les besoins de l'entreprise et ce que les informaticiens fournissent est au cœur de la relation entre l'entreprise et l'informatique depuis que les systèmes informatiques ont vu le jour.

Par conséquent, l'équipe de la gouvernance des données doit montrer à l'entreprise qu'elle est réellement intéressée à connaître ses points faibles et à l'aider. La question simple que j'ai posée est un bon premier pas vers la compréhension des besoins de l'entreprise. Elle devrait remplacer des questions moins stimulantes telles que « De quelles données avez-vous besoin? », « Comment voulez-vous vos données? » ou « Que faites-vous? ».

Un autre avantage est d'amener les professionnels à révéler les données et les informations dont ils ont besoin pour accomplir leur travail. La réponse à cette question devient la munition dont la plupart des praticiens de la gouvernance des données ont besoin lorsqu'ils s'adressent à leurs dirigeants pour expliquer les besoins et les avantages de la mise en place d'un programme formel de gouvernance des données.

### Relier les réponses à la gouvernance des données

Les réponses à cette question deviennent les raisons pour lesquelles la gouvernance des données est nécessaire à l'entreprise, mais cela n'est pas toujours évident tant que l'on n'explique pas pourquoi. Il n'est pas facile de faire le lien entre ce que l'entreprise ne peut pas faire parce que les données ne permettent pas de le faire et ce que la gouvernance des données fera pour que les données et les informations soutiennent ce dont l'entreprise a besoin.

Si les gens d'affaires disent qu'ils ne peuvent pas répondre à certaines questions, trouvez des moyens d'expliquer comment la gouvernance formelle des données garantira qu'ils auront accès aux données dont ils ont besoin pour répondre à ces questions. Une gouvernance formelle des données peut garantir que les données sont bien définies, respectent les normes et répondent aux besoins afin de résoudre les questions les plus importantes.

Si les gens d'affaires disent qu'ils ne peuvent pas accéder aux données qui les aideront à accomplir leurs tâches, il faut expliquer comment la gouvernance formelle des données peut garantir que les bonnes données se retrouvent entre les bonnes mains au bon moment.

Si les gens d'affaires disent qu'ils ne peuvent pas accomplir leurs activités de manière efficace et efficiente, mettez en évidence la manière dont la gouvernance formelle des données peut garantir que les gens disposeront des données et des informations dont ils ont besoin, au moment où ils en ont besoin.

### *Ce qu'il faut retenir*

La question que j'ai posée au début de cet essai n'est peut-être pas la question idéale à poser à vos collaborateurs. Des variantes peuvent être plus adaptées à votre situation ou aborder des aspects différents du même thème.

Les variations de la question comprennent :

- *Que ne pouvez-vous pas faire avec des données, parce que vous n'avez pas les données ou que vous n'avez pas suffisamment confiance dans les données pour le faire?*

- *Que feriez-vous, ou pourriez-vous faire, si vous disposiez des données nécessaires?*

- *Comment la gouvernance des données peut-elle répondre aux réponses aux deux premières questions?*

## Expérience : Relier les données aux revenus

Mes essais les plus solides sont le fruit de ma collaboration avec d'excellentes organisations. Un client de longue date m'a récemment dit que, pour que ses efforts de gestion des données et des métadonnées soient considérés comme fructueux par la haute direction, les améliorations dans ces disciplines doivent être directement associées à des augmentations de revenus.

Il s'agissait d'une nouvelle demande qui devait être satisfaite rapidement. Les dirigeants de mon client lui ont dit qu'il devait faire le lien sous peine de perdre le financement des initiatives de gestion des données et des métadonnées. C'est ainsi qu'une opportunité nouvelle et inattendue s'est présentée.

Ayant relevé le défi, j'ai défini et recommandé une série d'étapes pour associer les activités liées aux données à l'augmentation des revenus. Les principales sont :

- Commencez par identifier l'origine des revenus.
- Identifier les facteurs qui améliorent (ou réduisent) les revenus.
- Déterminer l'impact des données et de l'information sur ces facteurs.
- Articuler le lien entre les données et les revenus.
- Orienter les actions sur les données vers l'augmentation des revenus.
- Mesurer l'évolution des revenus résultant de ces actions.

### Identifier l'origine des revenus

Cette étape semble facile. Nous savons tous que les revenus proviennent des ventes. L'équation simple « le chiffre d'affaires est égale au prix multiplié par le nombre d'unités vendues » illustre les revenus provenant de la vente de biens ou de services. Pour la plupart des organisations, cette définition est vraie, mais elle ne représente qu'une partie de la réalité. Les revenus peuvent également provenir de sources secondaires et revêtir différentes formes selon le contexte. Les revenus peuvent être projetés comme la valeur attendue pour la durée de vie d'un client. Ils peuvent être générés par des partenariats. Pour les organisations à but non lucratif, les revenus sont déterminés par les recettes brutes. Les revenus ont un impact direct sur les états financiers d'une organisation. L'examen de ces états permet de déterminer rapidement les sources de revenus.

### Identifier les facteurs qui améliorent (ou réduisent) les revenus

Cette étape n'est pas aussi facile. Les facteurs qui ont un impact sur les revenus sont souvent spécifiques à leur source. En posant les bonnes questions aux bonnes personnes ou en analysant des données pour trouver les causes et les effets, on détermine ce qui influence les fluctuations des revenus. Les facteurs sont souvent liés aux données ou découverts en les analysant.

Il est important de choisir le bon marché pour la croissance des revenus. Le choix du marché est influencé par les données dont vous disposez sur ce marché, par l'actualité et la qualité de ces données et par la confiance que les gens ont dans l'utilisation de ces données pour prendre des décisions importantes.

L'élimination des frictions dans le processus de vente est un facteur qui influe sur le chiffre d'affaires. L'alignement des fonctions de vente et de marketing a également une incidence sur le chiffre d'affaires. Ces facteurs sont axés sur les données, car les frictions dues à une mauvaise information ou à un mauvais alignement des ventes et du marketing entraînent souvent une baisse des ventes. Des processus de vente efficaces sont souvent liés aux données et ont un impact direct sur le chiffre d'affaires.

### Déterminer l'impact des données et de l'information sur ces facteurs

Si vous n'avez pas encore établi de lien entre les données et les revenus, déterminer l'impact nécessite de se projeter dans l'avenir. Vous pouvez faire de votre mieux pour associer les améliorations passées des données à l'évolution des revenus, mais les détails ne sont souvent pas disponibles pour établir ce lien. Si vous vous projetez dans l'avenir, vous pouvez comparer votre situation actuelle et présenter vos résultats. Par exemple, quelle sera l'impact sur la performance des vendeurs à la suite d'une amélioration de la qualité des données sur les clients? Cela permettra-t-il de renforcer les relations avec les clients, d'élargir les portefeuilles et de générer de nouveaux revenus? Existe-t-il un moyen de démontrer l'effet d'une plus grande quantité d'informations sur les ventes?

Quel sera l'impact sur les revenus lorsque les clients bénéficieront d'un accès en libre-service aux données relatives aux produits et aux services et de possibilités d'achat efficaces? Les données et les informations sont des ressources précieuses qui ont un impact sur chaque ligne de votre état des résultats. L'identification des facteurs et des données qui les influencent est une étape importante dans l'établissement d'un lien entre les données et les revenus.

## Articuler le lien entre les données et les revenus

Les ventes étant reliées aux revenus, il est important de rechercher un lien direct entre les données et les ventes. Il existe plusieurs façons de relier l'augmentation des ventes aux informations dont vous disposez sur vos clients. Par exemple, Amazon ne se contente pas de bien suivre ce que vous achetez et quand vous l'achetez, mais il suit et vous signale (suggère) ce que d'autres clients ont acheté en relation avec vos achats. Les données ont clairement démontré à Amazon que ces connexions conduisent souvent à des ventes supplémentaires.

Un supermarché propose un programme de fidélisation des clients afin de réduire les prix pour les clients réguliers, alors que la véritable valeur provient des données recueillies. Les magasins savent ce que vous achetez, à quelle fréquence, quand vous l'achetez, et les articles achetés ensemble. Les supermarchés ont l'habitude d'exploiter ces informations et de réduire le coût d'un article tout en augmentant le prix des marchandises connexes, afin d'accroître leur marge bénéficiaire.

Dans ces cas, les organisations peuvent affirmer que l'amélioration des revenus est due à l'amélioration des données et de l'analyse. Ce lien n'est pas toujours évident et vous aurez besoin de preuves (en termes de cause et d'effet) pour établir la relation.

### *Orienter les actions sur les données vers l'augmentation des revenus*

Une fois que vous avez identifié et documenté les facteurs qui influencent les revenus et reconnu l'impact des données sur ces facteurs, il est important d'orienter les actions à faire pour améliorer la gestion de ces données.

Ces actions peuvent inclure formaliser la gouvernance et la gestion des données afin d'assurer la redevabilité de leur définition, production et utilisation. Elles peuvent aussi inclure la gestion des métadonnées de manière à renforcer la confiance dans les données qui ont un impact sur les facteurs générateurs de revenus. Ces actions peuvent inclure la mise en place de plateformes analytiques stratégiques permettant aux experts en sciences des données de prévoir les tendances et d'étudier les causes et les effets des changements de revenus.

La considération la plus importante pour orienter les actions sur les données vers les revenus est de s'assurer que vous pouvez relier la cause (les actions) à l'effet (les changements dans les revenus). Cette relation n'est pas toujours facile à quantifier, mais elle est importante.

### *Mesurer l'évolution des revenus résultant de ces actions*

La dernière étape de ce processus consiste à mesurer l'impact des actions sur les données sur les revenus déclarés. Pour mesurer avec précision cet impact, il faut prendre une mesure de référence pour chaque flux de revenus et observer les changements par rapport au calendrier des actions spécifiques que vous entreprenez.

### *Ce qu'il faut retenir*

La causalité entre les actions sur les données et les changements de revenus joue un rôle important dans le lien entre la gouvernance et la gestion des données et les améliorations financières de l'entreprise. Les organisations ont tendance à se concentrer sur les gains d'efficacité, les réductions de coûts et l'atténuation des risques pour relier leurs actions sur les données au résultat net de l'organisation.

## Expérience : Six erreurs à éviter dans la gestion des données

Six erreurs fréquentes sont commises par les organisations lorsqu'elles lancent leur programme de gouvernance des données. Ces erreurs ne sont pas présentées dans un ordre particulier. Néanmoins, chacune peut expliquer pourquoi les disciplines liées aux données sont négligées ou ne répondent pas aux attentes.

1.  Les dirigeants ne comprennent pas les ressources et les activités nécessaires pour gouverner efficacement les données et, par conséquent, ne peuvent pas soutenir et parrainer les données en tant qu'actif précieux. La première meilleure pratique de gouvernance des données retenue par plusieurs est que la direction générale soutienne, parraine et comprenne les activités nécessaires à la gouvernance des données. Sans ce niveau de soutien, de parrainage et de compréhension, il y a un consensus que le programme risque d'être abandonné ou d'échouer.

    Les objectifs de la gouvernance des données ne sont pas alignés sur les valeurs et la mission de l'organisation. Certaines organisations incluent des idées de leur mission dans leur définition de la gouvernance des données. Par exemple, un client a terminé sa définition par « atteindre l'excellence opérationnelle », alors qu'un autre l'a orientée vers « la minimisation et l'élimination des risques liés aux données ». Une autre organisation a inclus « une gouvernance réussie des données et de l'information » dans l'objectif 2022 de ses cadres supérieurs, forçant leur main à comprendre les activités de la gouvernance des données.

2.  Les personnes des opérations ne comprennent pas pourquoi on leur demande de faire les choses différemment ou pourquoi des contrôles supplémentaires associés à la gouvernance des données ont été mis en place. Quelqu'un m'a récemment demandé comment amener les personnes de son unité opérationnelle à respecter les activités définies par l'équipe de gouvernance des données de son organisation. L'expression « emplois réguliers » est au cœur de la conversation, car après une série de licenciements, les personnes qui restent dans l'entreprise sont très occupées à faire le travail de celles qui ont quitté.

Les gens n'ont pas le temps de faire du travail supplémentaire. La gouvernance des données jouit donc d'une mauvaise réputation, celle d'être intrusive. La différence entre l'approche de la gouvernance non intrusive des données et les autres approches est que l'approche non intrusive se concentre sur la formalisation de la redevabilité là où, en fait, la redevabilité était informelle, inefficace et inefficiente. Cette approche se concentre sur une communication efficace avec les unités opérationnelles pour les aider à comprendre la valeur que la gouvernance des données apporte à leur travail sans exiger de changements dans les priorités ou leur demander de faire plus de travail au cours de la journée.

3. Les organisations recherchent un retour sur investissement (RSI) direct de la gouvernance des données plutôt que là où se trouvent leurs principaux investissements, c'est-à-dire dans les technologies de l'information qui dépendent de la qualité des données. Il n'est pas impossible de démontrer un RSI directement lié à la mise en œuvre d'un programme de gouvernance des données. Ce n'est tout simplement pas facile. Les organisations se concentrent sur ce qu'elles vont gagner par rapport à ce qu'elles vont dépenser pour déterminer où dépenser. Cela semble encore plus vrai lorsque les organisations décident de concentrer leurs ressources sur les disciplines liées aux données.

Le RSI de ces disciplines est difficile à formuler. Les organisations semblent prêtes à consacrer leurs ressources aux technologies les plus récentes et les plus performantes, notamment pour développer leurs capacités analytiques, leurs capacités d'informatique décisionnelle et d'intelligence artificielle, leurs mégadonnées, leurs données intelligentes et leurs applications intégrées. Une exigence commune pour assurer le RSI de ces investissements est d'avoir des données de haute qualité. Les organisations devraient rechercher un RSI à partir de ces initiatives en raison de la disponibilité, de la qualité et de la protection des données. Évaluer le rendement de ces initiatives, puis augmentez la qualité des données et examinez à nouveau le RSI. Ou reconnaissez d'emblée que vous n'obtiendrez jamais de RSI de ces initiatives si les données ne sont pas fiables, compréhensibles et disponibles.

4. Les rôles et responsabilités associés à la gouvernance des données ne sont pas définis dans le respect de la culture de l'organisation et ne sont pas agréés par les personnes qui les assument. Les rôles et les responsabilités constituent l'épine dorsale d'un programme de gouvernance des données réussi et doivent être communiqués efficacement et approuvés par la direction et les personnes assumant ces rôles. Ils sont essentiels à la redevabilité, aux processus et à la communication liés à la gouvernance. Les organisations doivent être très prudentes dans la définition des rôles, en veillant tout particulièrement à ce que les rôles correspondent à la réalité de l'organisation.

Les organisations tentent de suivre les modèles de gouvernance des données qui ont réussi à une autre organisation. Je suggère toujours qu'au lieu d'essayer d'adapter votre organisation au modèle que je partage, vous devez essayer de superposer le modèle aux rôles existants au sein de votre organisation. Ce qui fonctionne pour les autres ne fonctionnera pas nécessairement pour vous. Les rôles de gouvernance des données sont souvent très spécifiques à la culture de chaque organisation.

5. Les ressources n'ont pas été définies pour gérer la gouvernance des données, y compris le parrain et la ou les personnes nécessaires pour diriger l'effort. Cela correspond parfaitement à une autre meilleure pratique que la majorité de mes clients évaluent lorsqu'ils mesurent leur maturité en matière de gouvernance des données. Comme je l'ai indiqué précédemment, l'un des critères que j'utilise pour définir les meilleures pratiques est que le programme sera menacé si cette pratique n'est pas mise en œuvre. Si personne ne gère le programme ou si les ressources ne sont pas autorisées à consacrer leur temps à l'amélioration de la gestion des données et des informations, votre programme sera en péril.

La gouvernance des données ne nécessite pas toujours une grande équipe pour la gérer. Mais si personne n'assume cette responsabilité, le programme échouera. De nombreuses organisations commencent par désigner un responsable ou un gestionnaire pour leur programme. Cette personne est d'abord chargée de définir le programme, ses objectifs, sa portée, ses rôles, ses processus, ses communications, etc. Par la suite, elle est chargée de gérer les activités du programme, telles que les équipes de travail, les conseils, les comités de direction et les intendants eux-mêmes. En fonction de la vitesse de mise en œuvre du programme, des ressources supplémentaires peuvent s'avérer nécessaires pour couvrir efficacement toutes les bases. Le programme ne se gère pas tout seul.

6. L'organisation n'a pas formellement approuvé et communiqué les objectifs, la portée, les mesures de succès et les attentes de la gouvernance des données, y compris ce qui va changer, comment cela va changer et l'impact que cela aura sur les personnes. Pour qu'une organisation réussisse sa gouvernance des données, il est important de s'assurer que les personnes qui la composent, depuis les dirigeants jusqu'aux intendants opérationnels, comprennent les objectifs, le champ d'application et les attentes de l'initiative. Il faut donc que quelqu'un soit chargé de définir, d'examiner et de faire approuver les objectifs, le champ d'application et les attentes du programme de gouvernance des données.

Un autre élément de cette erreur est qu'il faut expliquer aux gens, du sommet à la base de l'organisation, ce qui va changer, pourquoi cela doit changer, comment cela va changer et l'impact que le changement aura sur eux. Plusieurs organisations définissent les objectifs, le champ d'application et les attentes, mais peu deviennent bonnes ou excellentes lorsqu'il s'agit d'expliquer l'impact de la gouvernance des données. Cela doit changer si nous voulons que l'ensemble de l'organisation prête attention au fait que les données et les informations ont besoin d'être gouvernées. Il est important d'expliquer comment les choses vont changer si l'on veut rester non intrusif dans son approche.

---

## Ce qu'il faut retenir

Cet essai présente six erreurs majeures que les organisations commettent lorsqu'elles commencent à mettre en place leur programme formel de gouvernance des données. Ces erreurs peuvent se cumuler, mais chacune d'entre elles peut expliquer pourquoi la gouvernance des données est négligée ou ne répond pas aux attentes de l'organisation.

## Perspective : Comment améliorer vos données

Imaginez ce que ce serait si vos données étaient parfaites. Par parfaites, je veux dire qu'elles répondent aux besoins et sont de haute qualité. Par parfaites, j'entends que l'organisation a confiance dans les données pour prendre des bonnes décisions et pour améliorer l'efficacité et l'efficience de ses opérations.

Vous ne vivez peut-être pas dans un monde de données parfait. Et vos rêves d'un monde de données parfait peuvent sembler irréalisables. Si vous connaissez le concept d'amélioration continue, vous reconnaissez probablement qu'il n'existe pas de monde de données parfait. Quel que soit votre niveau de perfection, il est toujours possible d'améliorer votre situation actuelle. Voici comment faire :

- **Vendre vos données.** Par vendre vos données, je ne veux pas dire que vous devez les arranger et les mettre sur le marché. Il existe des moyens de gagner de l'argent avec vos données, mais ce n'est pas ce que je veux dire ici. Je veux plutôt dire que vous devez faire comprendre aux dirigeants et aux parties prenantes de votre organisation qu'il est nécessaire de disposer de bonnes données (ou de données améliorées). Travaillez à convaincre vos dirigeants de la nécessité de ces actions. Dans un essai précédent, nous vous avons suggéré de commencer par poser deux questions aux professionnels de votre organisation et de communiquer leurs réponses à vos dirigeants. Ces deux questions sont les suivantes : 1) Quelles tâches requises vous est-il impossible de faire, parce que vous n'avez pas les données ou que vous n'avez pas suffisamment confiance dans les données pour le faire? Et le revers de cette question est : 2) Que feriez-vous, ou pourriez-vous faire, si vous disposiez des données nécessaires? Vous pouvez partager les réponses à ces questions avec vos dirigeants pour faire valoir la nécessité d'améliorer les données.

- **Planifier les données.** Retirez les plans ou stratégies de données de votre organisation de l'étagère et suscitez un regain d'intérêt pour les actions, les ressources et les résultats nécessaires à l'amélioration de votre situation en matière de données. Votre stratégie de données est le plan dont vous avez besoin pour utiliser les logiciels, renforcer les processus, formaliser la redevabilité et définir des règles pour gérer, analyser et valoriser les données de l'entreprise. Votre stratégie de données vous aidera à prendre des décisions éclairées et à assurer la sécurité et la conformité de vos données. La planification des données est une action importante que vous pouvez entreprendre maintenant.

- **Gouverner les données**. La gouvernance, comme le gouvernement, nécessite un ensemble de règles mises en place pour présider et exercer un contrôle sur toute situation. La situation actuelle des données est l'une de celles qu'il convient de gouverner. Des données non gouvernées entraînent un manque de confiance. Si les gens n'ont pas confiance dans les données, il y a de fortes chances que votre situation doive être améliorée. Il existe plusieurs approches et modèles pour aider les organisations à gérer leurs données. Dans des articles précédents, j'ai parlé des approches de commande et contrôle, traditionnelles et non intrusives de la gouvernance des données. Il existe des modèles fédérés, centralisés et distribués à prendre en compte pour structurer de manière appropriée la gouvernance afin d'améliorer vos données. Commencez à gouverner vos données.

- **Intendant de données**. La gestion des données est la formalisation de la redevabilité pour les données. La phrase que j'entends régulièrement de la part de mes clients est qu'il y a un « manque de redevabilité pour la définition, la production et l'utilisation des données ». Tous ceux qui ont une relation avec les données en tant que définisseurs, producteurs ou utilisateurs des données, sont des intendants de données s'ils sont tenus formellement redevables des actions qu'ils entreprennent avec les données. Les programmes de gouvernance doivent sensibiliser les gens à l'intendance et mettre en œuvre une redevabilité formelle afin d'améliorer les données.

- **Fournir des métadonnées**. Les données en elles-mêmes n'ont pas de sens sans contexte. Si l'on vous fournit un élément de données, vous ne saurez probablement pas ce qu'il représente sans une description ou de l'information sur cet élément. Un nombre est-il une quantité, un montant, une adresse, un champ calculé ou quelque chose de complètement différent? Les données n'ont aucune signification tant que le contexte n'est pas fourni. Ce contexte, dans le domaine de la gestion des données, ce sont les métadonnées. Mettez-vous maintenant à la place d'un cadre d'entreprise qui consulte son tableau de bord de production quotidien ou d'un responsable qui doit prendre une décision sur les données qu'il reçoit dans une analyse. Ces personnes doivent avoir confiance dans les données qu'elles utilisent. Cette confiance provient de leur connaissance des données, ou en d'autres termes, des métadonnées qui aident l'organisation à améliorer ses données.

- **Communiquer sur les données.** Les organisations qui s'efforcent de devenir centrées sur les données ou pilotées par les données introduisent des politiques qui précisent que les données sont un actif et comment elles seront gouvernées. Les organisations s'efforcent de changer leur culture en matière de données et s'efforcent d'acquérir une plus grande littératie des données. La littératie des données est la capacité de lire, de comprendre, de créer et de communiquer avec les données. La communication est un élément essentiel d'une gouvernance des données réussie. La communication sur les données va de la sensibilisation aux concepts et aux pratiques de gestion des données en tant qu'actifs, à l'intégration des personnes jouant un rôle dans les données, comme les intendants, en passant par la communication continue sur les mesures et les activités visant à améliorer la situation de l'organisation en matière de données. Pour améliorer les données, les organisations doivent améliorer leur connaissance et leur compréhension de l'importance de leurs efforts en matière de gestion et de gouvernance des données.

- **Protéger les données.** Les organisations doivent protéger leurs données. La classification et le traitement des données sont devenus une priorité, alors que la sécurité de l'information joue un rôle important dans la façon dont les organisations améliorent leurs données. Des renseignements personnels identifiables aux renseignements personnels sur la santé, en passant par la protection de la propriété intellectuelle, les organisations ont pris conscience de la nécessité de sécuriser les informations et les données sensibles. L'amélioration des données commence souvent par leur sécurisation et leur protection. La relation entre le directeur des données (CDO) et le responsable de la sécurité des informations (CISO) s'est renforcée dans les organisations qui ont une stratégie pour fournir des données améliorées. Les organisations peuvent s'inspirer de leurs efforts pour protéger les données lors de la transition vers un environnement de données formellement gouverné. La protection des données est importante, mais ce n'est qu'une des mesures que les organisations peuvent prendre pour améliorer leur situation en matière de données.

## Ce qu'il faut retenir

Cet essai a présenté plusieurs façons d'améliorer vos données. Bien que les moyens décrits ici soient des concepts simples, les actions que je partage ne sont pas faciles à réaliser. Un voyage commence par le tout premier pas, alors envisagez de sélectionner quelques éléments de la liste et commencez à prendre les mesures nécessaires pour améliorer vos données.

# Organisations et Rôles

L'un des messages clés de la gouvernance non intrusive des données est que les données ne se gouvernent pas d'elles-mêmes. Elles ne se gèrent pas non plus toutes seules. Les organisations estiment qu'il est important de faire la différence entre la gouvernance et la gestion des données lorsqu'elles déterminent le modèle approprié et la direction à suivre pour leurs programmes. Les programmes efficaces de gouvernance des données se concentrent sur une conception organisationnelle qui inclut les rôles et les responsabilités de toutes les personnes qui définissent, produisent et utilisent des données dans le cadre de leur travail quotidien. La capacité à reconnaître, guider et récompenser les intendants, et à tirer parti des partenaires de la gouvernance des données sont des éléments importants à prendre en compte pour mettre en place un programme réussi.

Cette section aborde les éléments d'intendance essentiels à l'autodiscipline organisationnelle requise pour suivre efficacement l'approche non intrusive. Les chapitres se concentrent sur les considérations relatives à la conception de l'organisation et sur la manière de mettre en place un ensemble de rôles et de responsabilités centré sur la gestion et l'intendance qui sera le plus efficace pour votre organisation.

# CHAPITRE 5

# Conception organisationnelle

Il existe plusieurs modèles que les organisations peuvent suivre lorsqu'elles conçoivent la manière dont la gouvernance et la gestion des données seront appliquées dans l'ensemble de l'entreprise. Il existe souvent des programmes de gestion des données qui doivent coexister avec des programmes de gouvernance des données. Les organisations peuvent suivre des modèles centralisés, fédérés et distribués. La conception et l'implantation de l'organisation sont des éléments très importants pour la mise en place d'un programme formel de gouvernance des données.

Dans ce chapitre, j'inclus des essais qui traitent de la conception organisationnelle et de son influence sur le succès du programme, des similitudes et des différences entre la gouvernance des données et la gestion des données, des modèles de conception organisationnelle, de qui devrait être responsable de votre programme de gouvernance des données, et des raisons pour lesquelles vous pourriez envisager de suivre un modèle fédéré. Dans ce chapitre, je partage l'idée que de nombreuses activités de gouvernance sont déjà en cours dans votre organisation, mais qu'il n'y a qu'une seule gouvernance des données.

# Expérience : Conception organisationnelle et son influence sur la réussite du programme

La conception de votre organisation de gouvernance des données influencera le succès et la durabilité de votre programme de gouvernance des données. La gouvernance des données est l'exécution et l'application de l'autorité sur la gestion des données et des actifs liés aux données. L'objectif de la conception organisationnelle et du programme lui-même est de garantir que les données sont exactes, complètes et cohérentes dans toutes les unités opérationnelles et les principaux systèmes d'information.

Une gouvernance des données efficace nécessite une compréhension claire des rôles et des responsabilités, de la communication et de la collaboration entre les différentes équipes au sein de l'organisation. Cet essai se concentre sur plusieurs considérations importantes pour la conception organisationnelle d'un programme de gouvernance des données, notamment :

- Influence de la conception,
- Considérations relatives à la conception,
- Influence de la taille de l'organisation,
- Influence de la conception non intrusive.

D'après mon expérience, la conception d'une organisation efficace pour la gouvernance des données dépend des besoins spécifiques de votre entreprise et des objectifs que vous vous êtes fixés pour votre programme. J'espère que ces considérations vous seront utiles pour concevoir votre propre organisation.

## *Influence de la conception*

La structure d'une organisation peut accélérer ou entraver le succès de votre programme de gouvernance des données. Une organisation bien pensée et planifiée favorise la communication et la collaboration entre les différents services de l'entreprise. Une structure organisationnelle conçue sans grande planification peut rendre difficile le partage des données entre les services et entre les systèmes d'information, favorisant souvent les silos de données.

La conception de l'organisation peut avoir un impact sur la réussite du programme de gouvernance des données de plusieurs façons :

- La conception de l'organisation aide à définir les rôles et responsabilités appropriés pour tous les niveaux impliqués dans le programme de gouvernance des données. Lorsque les rôles sont clairement définis, les membres de l'équipe comprennent leurs responsabilités spécifiques et la manière dont ils contribuent au succès du programme.

- L'organisation facilite la communication entre les différents niveaux de rôles et de responsabilités mentionnés au point précédent. La communication est essentielle afin que les membres de l'équipe disposent des informations dont ils ont besoin pour prendre des décisions éclairées et entreprendre les actions appropriées sur la base de données fiables.

- La collaboration est essentielle pour une gouvernance des données efficace. La conception organisationnelle peut faciliter la collaboration en favorisant les équipes interfonctionnelles et en établissant des canaux de communication clairs. Une structure organisationnelle bien conçue qui favorise la collaboration peut contribuer à ce que les membres de l'équipe travaillent ensemble pour atteindre des objectifs communs.

- La conception organisationnelle établit des lignes formelles de redevabilité pour la gouvernance des données. Lorsque les rôles et les responsabilités sont bien définis, les membres de l'équipe peuvent être tenus redevables de leurs actions et de leurs décisions. Cela contribue à une gestion efficace des données.

## Considérations relatives à la conception

Nous pouvons utiliser plusieurs modèles de conception organisationnelle pour soutenir une gouvernance des données efficace. Le modèle le plus approprié dépend de la taille, de la structure, de la culture et des objectifs de votre entreprise. Voici quelques modèles d'organisation envisageables :

- Dans une organisation centralisée, la prise de décision et le contrôle sont généralement concentrés dans une seule partie de l'organisation. Une conception centralisée peut être efficace pour la gouvernance des données s'il est nécessaire d'exercer une surveillance stricte des données. À l'inverse, elle peut également entraîner un manque de flexibilité et une lenteur dans la prise de décision.

- Dans une organisation décentralisée, la prise de décision et le contrôle sont répartis dans l'ensemble de l'organisation. Une conception décentralisée peut être efficace pour la gouvernance des données si l'on a besoin de flexibilité et d'une prise de décision rapide. Ce modèle de conception organisationnelle peut entraîner un manque de cohérence et de standardisation dans la gestion des données.

- Dans une organisation fédérée, la gouvernance des données suit principalement une approche décentralisée où les unités opérationnelles conservent la responsabilité de leur propre gouvernance des données, tout en adhérant à des politiques et des normes globales à l'échelle de l'entreprise. En d'autres termes, un modèle fédéré de gouvernance des données permet aux différentes unités de gouverner leurs propres données, mais dans un cadre et des lignes directrices communs.

### Influence de la taille de l'organisation

La taille de votre organisation influencera considérablement la conception d'un programme de gouvernance des données. Au fur et à mesure que les organisations grandissent, la complexité de leur environnement de données augmente généralement, ce qui nécessite des mécanismes plus robustes pour gouverner les données de manière efficace. En outre, les grandes organisations disposent généralement, mais pas toujours, de ressources à consacrer à la gouvernance des données, ce qui leur permet de mettre en œuvre des structures et des processus de gouvernance fondamentaux.

La taille de votre organisation influencera votre programme de gouvernance des données en raison de ces facteurs :

- La taille de votre organisation influencera l'étendue de votre programme de gouvernance des données. Les grandes organisations ont généralement plus de sources de données, plus de types de données et plus de parties prenantes à gérer, ce qui peut nécessiter une conception plus exhaustive de la gouvernance.

- Les grandes organisations ont souvent un environnement de données plus complexe, avec plusieurs niveaux d'autorité décisionnelle. Cela peut impliquer la mise en place d'une équipe ou d'un comité centralisé de gouvernance des données chargé de superviser tous ses aspects.

- Les grandes organisations exigent souvent des politiques et des normes globales qui certifient que les données sont gérées de manière efficace et cohérente dans l'ensemble de l'organisation. Ces politiques et normes peuvent couvrir des domaines tels que la sécurité, la qualité, la documentation, le partage et l'accès aux données, ainsi que leur confidentialité et utilisation éthique.

- À mesure que votre entreprise se développe, des technologies sophistiquées sont nécessaires pour gouverner efficacement ses données. Pour répondre aux besoins d'une organisation plus importante, il faut souvent recourir à des logiciels spécialisés pour automatiser certains aspects et garantir le respect des politiques et des normes de gouvernance.

- Lorsque votre organisation ou votre programme grandit, il se peut que vous disposiez de plus de ressources à consacrer à votre programme de gouvernance des données. Ces ressources peuvent inclure du personnel supplémentaire, un budget pour des services de conseil et des fonds alloués à l'utilisation de technologies de données.

La taille d'une organisation peut avoir un impact significatif sur la conception d'un programme de gouvernance des données, nécessitant des mécanismes, des politiques et des normes de gouvernance plus exhaustifs au fur et à mesure que l'organisation grandit. Il est important de considérer les besoins et les défis propres à l'organisation lors de la conception d'un programme de gouvernance des données, en tenant compte de facteurs tels que la structure organisationnelle, la disponibilité des ressources et la complexité de l'environnement des données.

### Influence de la conception non intrusive

Une conception organisationnelle non intrusive vise à établir des procédures de gouvernance qui n'alourdissent pas de manière significative la structure existante et n'exigent pas de modifications substantielles des processus métiers actuels. Une approche non intrusive vise à intégrer la gouvernance des données dans les flux de travail et les processus décisionnels existants de l'organisation de la manière la plus fluide possible.

Voici quelques caractéristiques d'une conception organisationnelle non intrusive de la gouvernance des données :

- L'application de la gouvernance dans les processus existants. Plutôt que de créer de nouveaux processus de gouvernance, une approche non intrusive intègre la gouvernance formelle dans les processus existants, tels que la gestion de projet ou les demandes d'accès aux données. Par exemple, nous pourrions intégrer les contrôles de qualité des données dans le processus de gestion de projet plutôt que d'avoir une étape distincte à réaliser une fois le projet terminé.

- Une approche axée sur le libre-service. Cette approche non intrusive vise à permettre aux utilisateurs finaux de gérer au mieux les données, plutôt que de se fier à une équipe de gouvernance centralisée pour superviser tous les aspects de la gestion des données.

- La possibilité d'exploiter les rôles et responsabilités existants. L'approche non intrusive s'appuie sur les rôles et responsabilités existants au sein de l'organisation, plutôt que de créer de nouveaux rôles spécifiquement associés à la gouvernance des données. Par exemple, un intendant de données ou un expert en la matière peut être chargé de définir un ensemble spécifique de normes de qualité pour les données qu'il gère.

- L'accent est mis sur la communication, l'éducation et la formation. L'approche non intrusive privilégie la communication, la littéracie des données et l'éducation pour s'assurer que vos parties prenantes comprennent l'importance de la gouvernance des données et la façon dont elle s'intègre dans leurs flux de travail existants.

Une conception organisationnelle non intrusive de la gouvernance des données intègre la gouvernance dans la structure organisationnelle existante de la manière la plus transparente possible, afin de minimiser les perturbations et de soutenir une adoption généralisée. Cette approche nécessite une communication, une éducation et une adhésion fortes de la part des dirigeants, afin de s'assurer que la gouvernance des données est considérée comme un élément essentiel de la mission et des objectifs globaux de l'organisation.

---

## *Ce qu'il faut retenir*

La conception de votre organisation de gouvernance des données influence la valeur opérationnelle qui découle de votre programme de gouvernance des données. Une structure organisationnelle bien pensée et planifiée pour votre programme de gouvernance des données favorise la collaboration transorganisationnelle, la communication et la redevabilité. Une structure organisationnelle mal conçue peut favoriser la création de silos de données et entraver la réussite du programme. Vous devez tenir compte de l'impact de votre structure organisationnelle sur la réussite de votre programme.

La conception organisationnelle la plus efficace pour votre gouvernance des données dépendra des objectifs et des exigences spécifiques de votre entreprise. Par conséquent, commencez votre programme de gouvernance des données en évaluant la structure, la culture et les processus existants de votre entreprise, et identifiez les domaines dans lesquels des améliorations peuvent être apportées pour soutenir une gouvernance des données efficace.

## Expérience : Fédérer la gouvernance des données

Les organisations ont du mal à établir le niveau d'autorité approprié à accorder aux personnes qui gèrent leur programme de gouvernance des données (GD). De nombreuses équipes de gouvernance des données n'ont pas l'autorité nécessaire pour dire aux unités opérationnelles et techniques qu'elles doivent participer aux pratiques de gouvernance des données. Dans ce cas, l'organisation peut envisager d'adopter un modèle fédéré pour mettre en œuvre la gouvernance des données.

Remarquez que j'associe « fédéré » à un modèle plutôt qu'une approche. Un modèle fait référence à la manière dont le programme de GD sera mis en œuvre plutôt qu'à la philosophie qui sous-tend sa conception. Ma définition préférée du terme « fédéré » (freedictionary.com) est : « faire en sorte que les membres d'une ligue ou d'une association se rejoignent ». Le terme « fédéré » met l'accent sur le rassemblement. Par exemple, une ligue d'équipes sportives est une fédération parce qu'il s'agit d'organismes autonomes régis et guidés par un bureau central. DAMA International est une fédération parce qu'elle comprend un bureau international qui fournit des lignes directrices aux chapitres locaux.

Dans de nombreuses situations, le bureau de la gouvernance des données (BGD) central n'a pas l'autorité nécessaire pour dire aux unités opérationnels ou techniques qu'elles doivent suivre la procédure. Si votre BGD dispose d'un niveau d'autorité supérieur, il y a de fortes chances que votre modèle ne soit pas fédéré. La GD fédérée commence par un BGD central, une équipe de gouvernance des données (EGD) ou même une seule personne en tant que responsable de la GD. Cette personne ou ce groupe est responsable devant quelqu'un de la GD dans l'organisation. La taille et la complexité de l'organisation influencent la taille, et souvent le nom, de cet organe central.

En règle générale, l'organe central assure une gouvernance cohérente et approfondie dans l'ensemble de l'organisation. C'est là que commencent les difficultés de ce modèle. Il faut d'abord répondre aux questions suivantes :

- Comment convaincre les dirigeants que le modèle fédéré a du sens et qu'un organe central est nécessaire ?

- Quelle valeur ajoutée l'organe central apportera-t-il à l'organisation, et comment convaincre les unités opérationnelles et techniques (et leurs équipes) de cette valeur ajoutée?

- Quel soutien l'organe central apportera-t-il aux « équipes » lorsque celles-ci assumeront la responsabilité de leur propre gouvernance?

Préparez-vous à l'avance à répondre à ces questions lorsque vous suggérez que le modèle fédéré est le meilleur modèle pour votre organisation. Des clients ont présenté le concept de gouvernance de données « par la base » comme étant non intrusif, mais ils se fient à la capacité de l'organisation à s'autogouverner – ou à suivre des normes et des lignes directrices.

Pour que le programme de gouvernance des données fédéré soit un succès, il faut que le BGD comprenne et considère les besoins de l'organisation pour choisir les services qu'il fournira. Vous pouvez connaître ces besoins en discutant avec les personnes impliquées dans les projets, les programmes et les processus.

Dans un modèle fédéré, le BGD assume la responsabilité d'apprendre ce qui est important pour l'organisation et de fournir des services axés sur l'amélioration de la façon dont les données sont définies, produites et utilisées en tant qu'actif de l'entreprise. La GD fédérée devient un ensemble de services partagés que le BGD fournit aux unités opérationnelles et techniques dans l'entreprise. Il est important de définir les types d'assistance que le BGD fournira. Celle-ci peut être fournie de plusieurs manières. Chaque méthode nécessite une planification et un développement importants. Les méthodes d'assistance peuvent être classées en plusieurs catégories. Les principales dont j'ai fait l'expérience sont les suivantes :

- **Leadership et éducation en matière de gouvernance des données**. Inclut la recherche, le développement et la communication de l'approche appropriée pour gouverner les données de votre entreprise. La mise en œuvre de la gouvernance des données peut être selon soit l'approche commande et contrôle, soit l'approche traditionnelle où on espère qu'elle sera suivie, soit l'approche non intrusive où la redevabilité est formalisée sur la base de la relation des personnes avec les données (en tant que définisseurs, producteurs et utilisateurs).

- **Modèle opérationnel de l'entreprise et rôles et responsabilités.**
  Comprend l'élaboration d'un ensemble raisonnable et compréhensible
  de rôles et de responsabilités qui régissent la définition, la production et
  l'utilisation des données. Ces rôles sont repris dans l'ensemble de
  l'organisation à tous les niveaux. Nous appelons souvent cela un modèle
  opérationnel d'entreprise lorsque nous utilisons la méthode fédérée.

- **Orientation et facilitation du programme.** Inclut l'utilisation du modèle
  opérationnel d'entreprise des rôles et responsabilités basé sur la formalisation des redevabilités quant aux relations avec les données. Aider les
  définisseurs à suivre les règles de définition des données. Aider les
  producteurs à comprendre l'impact des données qu'ils produisent. Les
  utilisateurs doivent comprendre et suivre les règles associées à la gestion
  et à la manipulation des données. Ces attentes exigent que quelqu'un
  guide l'organisation vers une gouvernance formelle des données.

- **Meilleures pratiques et évaluations de la maturité.** Il s'agit de fournir la
  capacité d'évaluer comment l'ensemble de l'entreprise (ou une partie de
  celle-ci) applique les pratiques désirées, en se concentrant sur la réduction des risques associés au programme de gouvernance des données et
  sur la gestion des données les plus critiques. Ces évaluations mènent
  souvent à des modèles de maturité et à une feuille de route détaillée
  pour la mise en œuvre de la gouvernance des données.

- **Outils et gabarits développés en interne.** Il s'agit de fournir des outils
  et des gabarits éprouvés, souvent sous la forme d'instruments développ-
  pés avec Visio, Excel et SharePoint, qui aident les équipes fédérées à
  autogouverner leurs données tout en restant cohérentes dans le
  contexte de l'entreprise. Ces outils et les gabarits peuvent comprendre la
  matrice des données communes, la matrice des activités de gouvernance, le gabarit du plan de communication, les questionnaires et les
  moyens de mesurer la valeur de votre programme de GD.

- **Technologies facilitatrices.** Il s'agit d'exploiter les technologies existantes et nouvelles qui aideront à gouverner formellement vos données.
  Vous pouvez utiliser des outils de modélisation pour appliquer les règles

métier, des dictionnaires de données et des glossaires pour améliorer la compréhension des données, des outils de qualité des données pour profiler et mesurer la qualité, et des outils de gestion des métadonnées pour les rendre plus utiles à votre organisation. Le BGD peut contribuer à la mise en œuvre cohérente des outils actuels ou futurs.

- **Processus et conventions standard.** C'est le développement et l'application de processus de données standard au sein des fonctions métiers ou entre elles. Les processus standard englobent la résolution des problèmes liés à la qualité des données, les demandes d'accès aux données et l'intégration gérée des données provenant de différentes sources. Les conventions comprennent celles relatives à la dénomination, aux définitions, à l'utilisation normalisée des objets métiers et aux règles de protection des données sensibles. Il incombe au BGD de documenter, d'enregistrer et de diffuser ces normes, processus et conventions.

- **Politique et lignes directrices.** Il s'agit des politiques et des lignes directrices qui soutiennent l'application de l'autorité sur les données. Ces politiques et lignes directrices sont souvent axées sur la conformité, la protection des données sensibles et le partage des données en vue d'une utilisation plus efficace. Le BGD ou un organe central similaire peut fournir des exemples de nouvelles politiques, un processus d'approbation, l'accès aux politiques et l'assurance qu'elles sont communiquées efficacement dans l'ensemble de l'entreprise.

- **Planification et mise en œuvre de la communication.** Il s'agit d'élaborer un plan de communication qui tienne compte des intérêts opérationnels et techniques de l'entreprise. Les plans de communication typiques visent une orientation appropriée vers la GD, l'intégration des personnes impliquées dans les processus gouvernés et des communications continues axées sur une gouvernance réussie à tous les niveaux de l'entreprise. L'organe central ou le BGD assume généralement la responsabilité de fournir des communications cohérentes sur la GD.

- **Glossaire métier et gestion des métadonnées.** Comprend les glossaires métier, les dictionnaires de données ou les référentiels de métadonnées, en fonction des besoins et des exigences de l'entreprise en matière de gestion des métadonnées associées aux données critiques. Cela permet à l'organisation d'améliorer sa compréhension, les liens et la traçabilité des données d'un point de vue transversal. Le BGD est souvent au cœur de la stratégie, de l'approche et de la mise en œuvre des outils associés à la gestion des données en tant qu'actifs de l'entreprise.

### Ce qu'il faut retenir

Cet essai décrit les raisons pour lesquelles les organisations choisissent de suivre le modèle fédéré pour mettre en œuvre des programmes de gouvernance des données. Il présente plusieurs types d'assistance qu'un bureau de la gouvernance des données (BGD) fédéré peut apporter à l'organisation. Ce modèle offre un niveau élevé de valeur aux organisations en proposant des normes et des conseils tout en établissant une base solide « d'auto-gouvernance ».

## Perspective : À qui appartient la gouvernance des données?

L'une des premières étapes de la mise en place d'un programme de gouvernance des données consiste à déterminer la place de la gouvernance des données au sein de l'organisation. En d'autres termes, il s'agit de déterminer qui sera responsable de la gouvernance des données. J'ai mentionné la propriété du programme plus tôt dans le livre comme l'un des défis communs auxquels sont confrontées les organisations qui débutent. Déterminer où doit se situer la gouvernance des données est une question importante à laquelle chaque organisation doit répondre.

Il existe généralement deux écoles de pensée : La gouvernance des données doit relever soit des « affaires », soit de l'informatique. À la question de savoir qui doit s'occuper de la gouvernance des données, je réponds par un mot : **oui**. La responsabilité d'administrer ou de diriger la gouvernance des données doit résider quelque part.

Répondons aux questions de savoir où doit se situer la gouvernance des données dans votre organisation et qui doit s'assurer de la réussite d'un programme. La réponse habituelle est que les « affaires » doivent s'approprier la discipline. Cette réponse est très vague. S'agit-il de la partie financière de l'entreprise ou de la partie gestion des risques de l'entreprise? S'agit-il de la partie opérationnelle de ou de la partie marketing et commerciale de l'entreprise? Les « affaires » comportent de nombreuses facettes. Peut-être devrions-nous être plus précis.

*La responsabilité d'administrer ou de diriger la*
*gouvernance des données doit résider quelque part.*

De nombreuses organisations placent la gouvernance des données sous la responsabilité du directeur des données, du directeur de l'analytique ou du directeur financier. D'autres organisations positionnent la gouvernance des données sous le directeur des risques ou le directeur des opérations. En outre, certaines organisations placent la gouvernance des données sous la responsabilité du responsable de la protection de la vie privée ou du responsable de la sécurité des informations. De nos jours, il existe de nombreux niveaux exécutifs.

Le fait de placer la gouvernance des données sous la responsabilité de l'un ou l'autre de ces responsables n'est jamais une erreur. La gouvernance des données doit résider quelque part, et le fait d'avoir un dirigeant exécutif comme parrain est toujours une bonne chose. En fait, de nombreuses organisations affirment que le soutien, le parrainage et la compréhension de la gouvernance des données par la direction générale constituent la meilleure pratique pour le lancement et la pérennité de leur programme. Le fait d'avoir un dirigeant exécutif comme parrain dicte souvent l'endroit où la gouvernance des données résidera dans l'organisation.

L'emplacement correct de votre programme de gouvernance des données dépend de la capacité de cette partie de l'organisation à fournir les ressources adéquates pour rendre le programme opérationnel et mobiliser l'organisation. Aucun secteur particulier ne doit être celui qui est toujours responsable de la gouvernance des données. La bonne place dans l'organisation est celle qui voit la nécessité de la gouvernance des données et qui soutiendra et parrainera les activités des personnes ou des groupes chargés d'administrer le programme de gouvernance des données.

---

*Avoir un dirigeant exécutif comme parrain est toujours une bonne chose.*

---

Les programmes de gouvernance des données qui ne relèvent pas d'un secteur opérationnel sont souvent rattachés au service informatique ou à un directeur des données. Celui-ci est parfois rattaché au directeur des systèmes d'information, parfois il est autonome. Il peut également se nommer directeur des données et de l'analytique. Le positionnement du programme de gouvernance des données influence parfois le lieu de résidence de ce directeur.

Certains experts de l'industrie affirment que le programme échouera si la gouvernance des données est placée dans le département informatique ou sous la responsabilité du directeur des systèmes d'information (DSI). Je ne suis pas de ceux-là. J'ai vu plusieurs organisations réussir leurs programmes sous la direction du DSI. Ces programmes ont en commun le fait que la gouvernance des données n'est pas mise en place pour les besoins de l'informatique ou pour que l'informatique soit le seul propriétaire ou intendant de données. La gouvernance des données doit être une responsabilité partagée entre les professionnels qui ont une connaissance des données et les techniciens qui ont une connaissance technique des données, des systèmes d'information et des ressources de données. Certains leaders d'opinion de l'industrie affirment que la gouvernance des données relève d'un directeur des données et de l'analytique. Cela est logique pour certaines organisations. Cependant, aujourd'hui, seul un nombre limité d'organisations ont officiellement une personne dans ce rôle.

Quelle que soit sa position dans l'organisation, la meilleure pratique consiste à confier l'administration du programme de gouvernance des données à une personne ou à un groupe de personnes au sein de cette partie de l'organisation. S'il s'agit d'un groupe de personnes, on les appelle souvent le *bureau de la gouvernance des données* ou *l'équipe de gouvernance des données*.

De nombreuses organisations lancent leur programme avec une seule personne chargée de diriger ses activités. Cependant, certaines organisations ont du mal à trouver une personne dédiée et font de l'administration du programme un pourcentage de la responsabilité d'une seule personne.

Dans la plupart des cas, une ressource dédiée à la gestion du programme est nécessaire pour démontrer à l'organisation que la direction s'engage à faire progresser la gouvernance des données. Dans la plupart des cas, une ressource est nécessaire pour accorder toute l'attention nécessaire à la définition des besoins, à la conception et au développement du programme, ainsi qu'à son déploiement progressif au sein de l'organisation. L'expérience a montré que de nombreuses organisations n'ajouteront pas de personnel, et donc de capacité, à la gestion du programme tant que le niveau stratégique n'estimera pas que le programme va dans la bonne direction et que l'approche est bien pensée et soutenue.

La personne responsable du programme de gouvernance des données est souvent appelée gestionnaire de la gouvernance des données, responsable de la gouvernance des données ou administrateur de la gouvernance des données. Cette personne est généralement chargée de gérer toutes les activités de gouvernance des données à l'échelle de l'organisation, y compris les partenariats avec d'autres fonctions dirigeantes. Elle est chargée de rendre compte des résultats et de l'état d'avancement du programme au niveau stratégique. Le titulaire du poste se concentre sur l'établissement et le respect d'un cadre de gouvernance des données d'entreprise pour les politiques, les normes et les pratiques en matière de données, tant au niveau de l'entreprise que des fonctions commerciales, afin d'atteindre le niveau requis de qualité, de protection et de disponibilité des données pour répondre aux besoins globaux de l'entreprise.

## Ce qu'il faut retenir

La personne qui dirige le programme de gouvernance des données sert souvent de point de contact et d'escalade pour les questions de gouvernance, de qualité et de disponibilité des données. Cette personne travaille en étroite collaboration avec les responsables opérationnels et fonctionnels pour améliorer la disponibilité et la valeur des actifs de données centraux et répondre aux exigences opérationnelles, tactiques et stratégiques.

Le programme n'appartient pas à une personne ou à une unité opérationnelle unique. Le terme « propriétaire » implique une concentration et une possession uniques de l'exécution du programme. L'entreprise est propriétaire du programme. Cependant, comme indiqué dans cet essai, l'emplacement du programme et le rôle de l'administration du programme sont essentiels pour démontrer de la valeur du programme de gouvernance des données.

## Perspective : Il n'y a qu'une seule gouvernance des données

Je sais que certains ne seront pas d'accord avec moi. Peut-être croyez-vous à la gouvernance des données maîtres, à la gouvernance de l'information, à la gouvernance des métadonnées, à la gouvernance des mégadonnées, à la gouvernance des données clients [ou insérez ici un nom de domaine], ou à la gouvernance des données 1.0, 2.0, 3.0 ou 10.0. Mais il n'y a qu'une seule gouvernance des données. Et la gouvernance des données est l'exécution et l'application de l'autorité sur la gestion des données et des actifs liés aux données.

Je ne parle pas de l'approche choisie pour mettre en œuvre la gouvernance des données. Nous connaissons les approches commande et contrôle, traditionnelle et non intrusive de la gouvernance des données décrites dans l'essai précédent, *Comparer les approches de la gouvernance des données*.

---

*La gouvernance des données est l'exécution et l'application de l'autorité sur la gestion des données et des actifs liés aux données*

---

La gouvernance des données 2.0 se concentre sur l'expansion et l'évolution de la discipline de la gouvernance des données par rapport à ses débuts. Les versions successives de la gouvernance des données soulignent notre déception face à l'incapacité des efforts passés en matière de gouvernance des données à répondre aux attentes. Les nouvelles « versions » élargissent la portée de la gouvernance pour prendre en compte les données et les technologies de la prochaine génération. Les futures générations de gouvernance des données corrigent les problèmes du passé et s'attaquent aux opportunités futures. Cependant, elles se concentrent toujours sur l'exécution et l'application de l'autorité sur la gestion des données, car il n'y a qu'une seule gouvernance des données.

Les données maîtres sont une discipline importante de la gestion des données depuis des années. Pensez à l'époque où les données maîtres sont devenues une discipline à part entière. Tout le monde parlait de l'importance de gouverner nos données maîtres. La gouvernance des données et la GDM sont devenues inséparables, ce qui a conduit à l'utilisation de l'expression « gouvernance des données maîtres » - est-ce quelque chose de différent de la simple « gouvernance des données »? À l'époque où les mégadonnées étaient nouvelles, les gens ont reconnu la nécessité de gouverner les mégadonnées. La gouvernance des mégadonnées n'est pas différente de la simple gouvernance des données.

Quelle est la prochaine étape? La gouvernance des données intelligentes, la gouvernance des données non structurées ou la gouvernance des données audio et vidéo? Ces appellations sont absurdes. Nous n'avons pas besoin d'étiqueter la gouvernance des données de cette manière, car le résultat de la gouvernance des données sont des données gouvernées.

Nous pouvons discuter de l'intendance des données de la même manière. Les intendants de données sont des personnes formellement redevables de la définition, de la production et de l'utilisation des données. Ces données peuvent être des données maîtres, des informations, des métadonnées, des mégadonnées – choisissez l'étiquette qui vous convient. Si quelqu'un définit, produit et utilise les données liées à cette étiquette, et qu'il est tenu formellement redevable de la manière dont il définit, produit et utilise les données, alors il est un intendant de données, quelle que soit la manière dont vous qualifiez votre effort de gouvernance des données.

---

## Ce qu'il faut retenir

Tout comme les autres formes de gouvernance, la gouvernance des métadonnées se concentre sur la gouvernance des données relatives aux données, ou documentation des données. Les métadonnées et les données sont différentes, tout comme le sont les données maîtres et les mégadonnées. Mais les résultats de la gouvernance des données doivent être les mêmes. Nous devons exécuter et faire respecter l'autorité sur la gestion des données et des actifs liés aux données.

Il n'y a qu'une seule gouvernance des données.

## Perspective : La même différence entre gouvernance et gestion des données

Que fait votre tête lorsque quelqu'un utilise l'expression « même différence »? La mienne explose! Cela signifie-t-il que les choses sont identiques? Est-ce que cela signifie qu'il y a une différence? S'il vous plaît, n'utilisez pas cette expression. Elle prête beaucoup à confusion. D'un point de vue linguistique, « même différence » est une expression idiomatique utilisée dans la conversation courante pour exprimer la conviction de l'interlocuteur que deux ou plusieurs choses sont essentiellement les mêmes en dépit de différences apparentes.

Mes expériences de consultant confirment qu'il existe une grande confusion quant aux similitudes et aux différences entre la gouvernance et la gestion des données et les fonctions du même nom au sein des organisations. Il n'y a pas de norme ou de manière unique d'organiser ou d'aborder ces deux disciplines. Les organisations ont besoin des deux disciplines, même si cela signifie qu'elles sont dirigées ou exécutées par des personnes différentes.

Commençons par des définitions simples et familières de la gouvernance et de la gestion des données.

La gouvernance des données concerne les personnes, leur redevabilité et leur comportement vis-à-vis des données. Ma définition de la gouvernance des données est la suivante : « l'exécution et l'application de l'autorité sur la définition, la production et l'utilisation des données ». Certains diront que « la définition, la production et l'utilisation des données » est la gestion des données. La gouvernance des données se concentre sur ce que j'appelle, à la fin du premier livre sur la gouvernance non intrusive des données, la « bonne » route de la gouvernance des données. La gouvernance des données consiste à faire en sorte que les « bonnes » personnes possédant les « bonnes » connaissances travaillent avec les « bonnes » données de la « bonne » manière et au « bon » moment, ce qui aboutit à la « bonne » décision.

L'obtention de toutes ces « bonnes choses » demande des efforts. Des efforts sont nécessaires pour que chacun des éléments fondamentaux du cadre de gouvernance des données soit adapté à votre organisation. Comme je l'ai mentionné plus haut, ces composantes comprennent les données, les rôles, les processus, les communications, les mesures et les outils. Le travail de gouvernance des données implique la gestion des métadonnées et l'administration du catalogue de données. Le travail comprend la politique, les lignes directrices, les normes, la propriété et l'intendance des données. Les efforts de gouvernance des données visent à amener les gens à se comporter de manière plus formelle et plus appropriée, ce qui conduit à la cohérence et à l'amélioration de la valeur des données.

La gouvernance des données concerne avant tout les personnes. Nous appelons souvent ces personnes des intendants de données, c'est-à-dire des personnes qui définissent, produisent et utilisent des données dans le cadre de leur travail et qui sont formellement redevables de leur relation avec les données. Je dis souvent que « tout le monde est un intendant de données » s'il est tenu formellement redevable de ses relations avec les données. La gouvernance des données a toujours été l'exécution et l'application de l'autorité, tandis que l'intendance des données formalise la redevabilité. Ces éléments sont tous liés aux personnes.

Typiquement, les activités de gouvernance des données peuvent inclure:

- L'exécution et l'application de l'autorité sur les données.
- Le déploiement d'un modèle opérationnel de rôles et de responsabilités pour les données.
- L'intendance des données – la redevabilité formelle sur les données
- Politiques en matière de données et procédures de gestion
- Documentation des données - glossaire, dictionnaire, catalogue
- Facettes de comportement sur :
    - Métadonnées
    - Qualité des données
    - Taxonomie des données
    - Littératie des données
    - Traitement des données
    - Législation et conformité

Certains de ces domaines relèvent-ils également de la gestion des données ? Cela dépend de la définition que vous donnez à la gestion des données.

Dataversity définit la gestion des données comme un ensemble complet de pratiques, de concepts et de processus dédiés à l'exploitation des actifs de données pour la réussite de l'entreprise et la conformité avec les réglementations en matière de données. La gestion des données couvre l'ensemble du cycle de vie d'un actif de données particulier, depuis sa création jusqu'à son retrait final, d'un bout à l'autre de l'entreprise.[18]

Selon IBM, la gestion des données consiste à charger, traiter, sécuriser et stocker les données d'une organisation. Ces données sont ensuite utilisées pour la prise de décisions stratégiques afin d'améliorer les résultats de l'entreprise.[19]

Les deux définitions précisent que la gestion des données se concentre sur la mise en œuvre de pratiques et de processus visant à obtenir des résultats opérationnels fructueux. La gestion des données contient des sous-disciplines dont le nombre varie en fonction du cadre. La roue DAMA comporte 10 à 11 domaines de connaissances (selon la version). Le cadre de maturité de la gestion des données CMMI comporte cinq domaines fondamentaux. Le cadre de référence DCAM du Conseil EDM en comporte huit. Les domaines typiques qui se recoupent dans ces cadres comprennent l'architecture des données, la qualité des données, la gestion des métadonnées, l'exploitation des données et, bien entendu, la gouvernance des données (en tant qu'aspect comportemental de la gestion des données).

Typiquement, la gestion des données peut inclure la livraison de :

- Plateformes de modélisation et d'architecture des données
- Plateformes d'entreposage de données, d'informatique décisionnelle et analytique
- Plateformes de gestion des métadonnées
- Assurance de la qualité des données

---

[18] https://www.dataversity.net/what-is-data-management/.

[19] https://www.ibm.com/topics/data-management.

- Gestion des données maîtres
- Transformation des données, à la fois numérique et opérationnelle
- Données externes et chargement de données
- Produits de données, rapports, analyses et visualisation

Le fait que la gouvernance des données soit mentionnée spécifiquement dans chacun des cadres de gestion des données les plus courants montre que DAMA International, l'Institut CMM et le Conseil EDM jugent nécessaire de séparer les disciplines de la gestion des données et de la gouvernance des données. Il peut être juste de dire que la gouvernance des données est un domaine relevant d'un cadre et d'une stratégie de gestion des données, du moins selon ces cadres. Mais réfléchissez-y à deux fois avant de dire qu'il s'agit de la même chose.

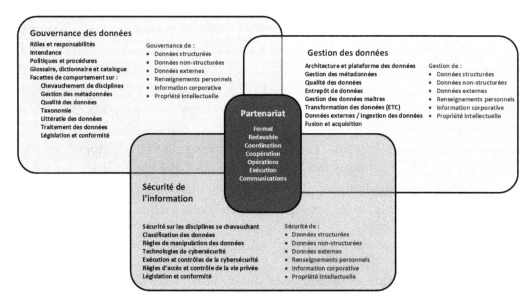

**Figure 3-1 Partenariat entre la gouvernance des données, la gestion des données et la sécurité de l'information**

J'ai récemment aidé un client à décrire les différences et les similitudes (les mêmes différences) entre la gouvernance et la gestion des données pour leurs chefs d'équipe respectifs. Le diagramme de la figure 3-1 qui en résulte montre que le chevauchement de ces disciplines se concentre sur le partenariat en termes de formalité, de redevabilité, de processus, de coordination et de communication.

La gouvernance des données est axée sur les personnes. La gestion des données est axée sur la livraison de résultats basés sur les technologies de l'information. La sécurité de l'information (demandée par mon client) est axée sur la protection des informations sensibles.

Ces trois disciplines, dont les partenariats se chevauchent, sont mises en place pour se concentrer progressivement sur plusieurs types de données dans l'ensemble de l'organisation :

- Données structurées – gouvernance classique des données
- Données non structurées – gestion des registres et du contenu
- Données externes – données acquises
- Renseignements personnels – classés et traités
- Données opérationnelles de l'entreprise
- Propriété intellectuelle – données protégées par l'organisation

---

### Ce qu'il faut retenir

Les trois disciplines se chevauchent parce qu'elles doivent travailler en harmonie les unes avec les autres. Si votre organisation ne sait pas exactement « qui fait quoi » lorsqu'il s'agit de savoir comment les disciplines de la gouvernance et de la gestion des données se chevauchent, il est peut-être possible de distinguer 1) les activités humaines et comportementales et 2) les résultats opérationnels obtenus grâce à l'architecture, aux plates-formes et aux solutions de données, ce qui est une façon simple de voir les mêmes différences entre les deux disciplines.

# CHAPITRE 6

# Les rôles en tant qu'ossature du programme

Tout programme efficace de gouvernance des données comprend un ensemble détaillé de rôles et de responsabilités. De la haute direction aux niveaux stratégique, tactique, opérationnel et de soutien de l'organisation, chacun doit comprendre ses responsabilités vis-à-vis la gouvernance des données. Les intendants de données doivent reconnaître que la manière dont ils définissent, produisent et utilisent les données influe sur la qualité de ces dernières et sur le niveau de confiance qu'elles inspirent.

Ce chapitre comprend une version actualisée des rôles et responsabilités présentés dans le premier ouvrage sur la gouvernance non intrusive des données. En outre, il comprend plusieurs essais qui se concentrent sur l'essence de l'intendance des données, sur la façon de reconnaître les personnes en tant qu'intendants de données, sur les lignes directrices pour être un intendant de données et sur les raisons pour lesquelles les intendants de données méritent une augmentation. Le rôle du responsable de la gouvernance des données est défini dans un essai à la fin du chapitre.

## Expérience : Rôles et responsabilités de la gouvernance des données

Les rôles et les responsabilités constituent l'ossature d'un programme de gouvernance des données réussi. Un programme efficace et efficient et la redevabilité formelle des personnes quant à la manière dont elles gouvernent les données requièrent la mise en place de rôles adaptés à la culture de l'organisation. Communiquer efficacement à tous les niveaux nécessite des rôles qui représentent et prennent en compte la structure existante de votre organisation. La formalisation de la redevabilité sur la manière dont les personnes définissent, produisent et utilisent les données repose sur une base solide fondée sur les rôles.

Cet essai présente une liste actualisée (depuis le premier livre) des rôles et responsabilités à prendre en compte à chaque niveau de l'organisation. Le modèle présenté à la figure 3-2 est le modèle opérationnel des rôles et responsabilités en matière de gouvernance des données.

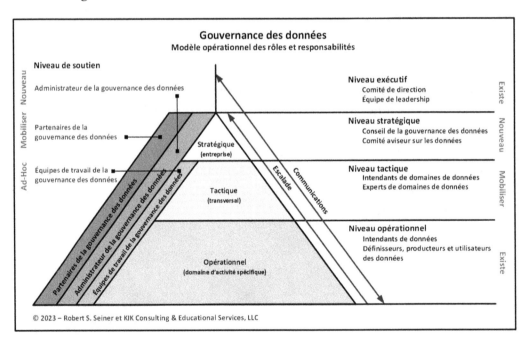

**Figure 3-2 Rôles et responsabilités de la gouvernance des données**

## *Interpréter le modèle opérationnel*

Le modèle opérationnel définit les niveaux d'autorité qui existent généralement au sein d'une organisation. Il s'agit des niveaux exécutif, stratégique, tactique, opérationnel et de soutien. Le modèle que vous élaborez pour votre organisation doit représenter les niveaux qui existent déjà dans votre organisation.

De bas en haut de la pyramide, le niveau opérationnel représente les unités ou les fonctions opérationnelles spécifiques de l'organisation et ne prend pas en compte la prise de décision transversale. Le niveau suivant, le niveau tactique, régit les données en tant que ressource transversale, brisant ainsi les silos entre les unités. Le niveau stratégique représente le plus haut niveau de prise de décision des unités opérationnelles, tandis que le niveau exécutif est là pour guider et orienter l'organisation. Il convient d'adapter les noms des rôles associés à chaque niveau en fonction de la culture de l'organisation et du contexte approprié de la gouvernance des données. Par exemple, l'organisation peut utiliser le terme « *propriétaire* » différemment et, par conséquent, éviter d'utiliser ce mot dans votre modèle.

La surface à l'intérieur de chaque niveau représente le pourcentage estimé de décisions prises au sujet des données à ce niveau. Les décisions doivent être prises au niveau opérationnel si elles n'affectent que ce niveau de l'organisation. Cela signifie que la plupart des décisions seront prises au sein des unités qui constituent le niveau opérationnel de la pyramide. Par conséquent, l'espace accordé à ce niveau est plus important qu'aux niveaux tactique ou stratégique.

Lorsque les décisions sur les données ont un impact sur plusieurs unités opérationnelles, ces décisions sont prises aux niveaux tactique ou stratégique. Cela dépend de la personne qui a le pouvoir de prendre des décisions pour l'entreprise à propos d'un certain sujet ou domaine de données. Des exemples de domaine peuvent être les données sur les clients, sur les produits, sur les employés ou encore financières, ou des sous-ensembles de ces domaines ou sujets.

Il est difficile pour certaines organisations de trouver les personnes qui jouent un rôle tactique et transversal dans leur programme de gouvernance des données, alors que pour d'autres, il est facile de les identifier. Au niveau transversal, les silos de données sont brisés et les données partagées entre les unités opérationnelles. Il n'est pas facile de trouver les bonnes personnes pour remplir les rôles associés à la prise de décision pour un sujet spécifique de données. Parfois, ce rôle est prédéfini dans une politique. D'autres fois, ce rôle est dicté par le plus haut niveau de l'organisation. Lorsque le niveau stratégique n'indique pas qui est l'intendant tactique, le rôle est généralement rempli par quelqu'un qui se porte volontaire pour être le facilitateur entre les unités opérationnelles mais qui n'a aucun pouvoir de décision.

Lorsque ce scénario « volontaire » se concrétise, les problèmes de données ont tendance à remonter plus régulièrement au niveau stratégique. Notez les flèches sur le côté droit de la pyramide. L'une représente le chemin d'escalade décisionnelle allant de l'autorité opérationnelle (unité spécifique) à l'autorité stratégique (entreprise). L'autre flèche représente la nécessité d'une communication efficace à tous les niveaux et entre tous les rôles du modèle opérationnel.

Le chemin d'escalade ne va pas jusqu'au niveau exécutif, car les cadres supérieurs ne sont généralement pas saisis des problèmes liés aux données. Pour cette raison, le niveau exécutif n'a pas de surface dans la pyramide. D'après mon expérience, les organisations préfèrent que seuls cinq à dix pour cent de toutes les décisions soient portées au niveau stratégique. Des pourcentages plus élevés reflètent souvent un manque d'autorité ou de médiation au niveau tactique.

Le long du côté gauche de la pyramide se trouvent trois rôles importants associés à la gestion et au soutien du programme. Il s'agit des rôles suivants :

- Gestionnaire, administrateur, responsable ou bureau de la gouvernance des données – Personne(s) chargée(s) de gérer et d'administrer le programme.

- Partenaires de la gouvernance des données – Fonctions existantes telles que l'informatique, la sécurité, la gestion des risques, la gestion de projet, l'audit et le service juridique. En outre, on inclut parfois des fonctions de soutien telles que le marketing, la communication, la gestion du changement et la gestion des ressources humaines en tant que partenaires ou fonctions de soutien de la gouvernance des données.

- Équipes de travail sur la gouvernance des données – Groupes de personnes, généralement aux niveaux opérationnel et tactique, qui sont chargés de mener à bien une action spécifique, de corriger un problème de données ou de profiter d'une opportunité d'améliorer les données.

Les flèches à droite du triangle représentent :

- Les communications bidirectionnelles sur la gouvernance des données à tous les niveaux du programme.

- Un chemin d'escalade des questions de gouvernance des données allant du niveau opérationnel (les questions concernent une seule unité opérationnelle) au niveau tactique (où les données sont considérées comme une ressource pour plusieurs unités opérationnelles) et au niveau stratégique (où la décision stratégique est prise).

Les points suivants présentent une mise à jour (depuis le premier livre) des responsabilités associées à chaque rôle lors de la planification et du déploiement du programme.

## Niveau exécutif

Les responsabilités du comité de direction peuvent être les suivantes :

- Soutenir le programme de gouvernance des données en participant aux réunions sur le sujet.

- Communiquer à sa partie de l'organisation l'importance et l'exigence d'une gouvernance et d'une intendance formelles des données en tant qu'actif de valeur.

- Démontrer par l'action (en participant aux réunions et en fournissant un retour d'information sur les activités, un soutien actif et un parrainage) l'importance et la priorité de la gouvernance des données.

- Parrainer le programme de gouvernance des données en allouant les ressources appropriées au développement et à la viabilité du programme

- Maintenir la représentation des fonctions et départements de l'entreprise au sein du conseil de la gouvernance des données.

- Comprendre les relations entre le programme de gouvernance des données et les résultats des données gérées.

- Inclure le sujet de la gouvernance des données dans l'ordre du jour des réunions existantes.

- Se tenir informé des activités du responsable de la gouvernance des données et du programme.

- Examiner et comprendre les indicateurs de réussite de la gouvernance des données, tels que la valeur commerciale démontrée par les pratiques formelles de gouvernance et l'acceptation du programme de gouvernance par l'organisation.

- Prendre des décisions concernant le programme sur la base des recommandations du responsable de la gouvernance des données, du conseil et des résultats du programme.

- Approuver la feuille de route de la stratégie de données et son financement (peu importe où cette stratégie est développée).

---

### Niveau stratégique

Les responsabilités du conseil de la gouvernance des données peuvent inclure :

- Fournir au parrain exécutif des exemples de réussite et de valeur ajoutée, l'état d'avancement des activités, l'assistance nécessaire pour résoudre les problèmes liés au programme, le déploiement des ressources appropriées, et comprendre les mesures à prendre pour assurer la réussite du programme.

- Participer à des réunions mensuelles régulières pour représenter les départements de l'entreprise afin de comprendre et d'aligner les activités de gouvernance des données sur les stratégies de l'entreprise.

- Communiquer aux vice-présidents et aux chefs de département l'orientation stratégique et la priorisation des projets de données fait par les équipes de travail chargées de la gouvernance des données.

- Parrainer des projets de données visant à améliorer l'efficience et l'efficacité de l'organisation et à exploiter les données pour obtenir un avantage concurrentiel.

- Examiner et approuver la politique en matière de données (y compris la gouvernance des données, la propriété des données, la politique opérationnelle en matière de données) associée à la gouvernance avant de la soumettre au comité de direction pour signature.

- Suivre et examiner les initiatives et l'état d'avancement de l'équipe de travail et des projets touchant aux données.

- Prendre des décisions pour résoudre les problèmes liés à la qualité et aux opportunités en matière de données (afin d'éduquer, d'habiliter et de responsabiliser le personnel) et au programme de gouvernance des données qui sont portés au niveau tactique par les intendants des domaines de données et les équipes de travail sur la gouvernance des données.

- Prioriser les opportunités de données et soumettre des demandes aux intendants du domaine des données et au responsable de la gouvernance des données afin d'améliorer la gouvernance des données.

- Être un défenseur du changement et de l'amélioration continue lorsqu'il s'agit de gérer les données en tant qu'actif.

### *Niveau tactique*

Les responsabilités des intendants de domaine de données peuvent inclure :

- Fournir une expertise pour guider les solutions visant à obtenir des données de qualité dans leur domaine de données respectif.

- Établir des procédures pour formaliser la manière dont l'organisation définit, produit et utilise les données en tant qu'actif précieux.

- Fournir une expertise pour guider les solutions de données axées sur l'obtention de données de qualité dans leur domaine de données.

- Aider les équipes de travail sur la gouvernance des données et le responsable de la gouvernance des données afin d'obtenir des données de qualité dans leur domaine d'expertise respectif.

- Participer en tant qu'experts et représentants qualifiés aux équipes de travail chargées de la gouvernance des données afin d'améliorer la définition, la production et l'utilisation des données stratégiques par le biais de projets ciblés.

- Participer à la collecte et à l'élaboration de la documentation sur les données et des guides d'utilisation (ainsi que d'autres supports de formation ou de communication) associées aux données dans leur domaine d'expertise respectif, ou déléguer ces tâches.

- Contribuer, le cas échéant, aux initiatives d'amélioration de la qualité des données en cours.

- Défendre le changement et l'amélioration continue pour considérer les données en tant qu'actif, en communiquant efficacement les avantages et la valeur d'une culture axée sur les données dans son secteur.

- Être responsable de la définition et de l'utilisation correcte des données.

- Se former et guider les intendants de données opérationnelles dans l'adoption des meilleures pratiques de gouvernance des données.

---

## Niveau opérationnel

Les responsabilités des intendants de données opérationnels peuvent inclure :

- Il s'agit des personnes qui, au sein des départements de l'entreprise, sont en première ligne des problèmes de qualité des données.

- Responsables de l'adoption de comportements cohérents pour la définition, la production et l'utilisation des données.

- Sensibiliser le responsable de la gouvernance des données, par des voies officielles, aux problèmes de définition et d'utilisation des données, ainsi qu'aux méthodes permettant d'obtenir des données gouvernées.

- S'informer sur la gouvernance des données en participant à des réunions, des sessions de formation, des conférences et des webinaires selon leurs centres d'intérêt.

- Fournir un éclairage approprié sur la définition, la production et l'utilisation des données, pour définir les processus et les méthodes de qualité des données.

- Se former officiellement aux règles de production de données visant l'obtention de données de qualité.

- Promouvoir le changement et l'amélioration continue à propos des données en tant qu'actif, en communiquant efficacement les avantages et la valeur d'une culture axée sur les données à sa partie de l'organisation.

- Participer, si nécessaire, aux équipes de travail sur la gouvernance des données afin d'obtenir des données de qualité.

- Définir et administrer les règles de qualité des données du système.

---

## Niveau de soutien

Les responsabilités de l'administrateur de la gouvernance des données peuvent inclure:

- Promouvoir et sensibiliser les unités opérationnelles à la qualité des données, au programme de gouvernance des données, à ses activités et à ses avantages.

- Aligner l'utilisation de la technologie pour la gouvernance des données sur la stratégie d'information de l'entreprise.

- Fournir des avis stratégiques au conseil de la gouvernance des données et suivre ses orientations et priorités pour mobiliser les équipes de travail afin d'obtenir des données de qualité.

- Avec les intendants de données et les partenaires de la gouvernance des données, rédiger des normes, des politiques et des procédures en collaboration avec les fonctions et les départements de l'entreprise. Créer des boîtes à outils réutilisables et des guides pratiques pour les activités de la gouvernance des données.

- Élaborer, examiner et surveiller les données de qualité et les indicateurs de gouvernance des données afin d'évaluer les performances et l'efficacité de ce programme.

- Encadrer et consulter le conseil de la gouvernance des données, les intendants de domaines de données, les intendants de données et les équipes de travail sur le programme de gouvernance des données et les politiques, procédures et normes qui s'y rapportent.

- Gérer les activités de gouvernance des données et rendre compte des résultats et de l'état d'avancement des efforts en matière de qualité des données au conseil de la gouvernance des données et au comité de direction.

- Établir et garantir le respect du cadre de gouvernance des données de l'entreprise pour les politiques, les normes et les pratiques en matière de données, tant au niveau de l'entreprise qu'au niveau des fonctions opérationnelles des départements, afin d'atteindre le niveau requis de qualité et de disponibilité des données pour répondre aux besoins globaux de l'entreprise.

- Servir de point d'escalade pour les questions de gouvernance, de qualité des données et de disponibilité. Travailler en étroite collaboration avec le leadership opérationnel pour améliorer la disponibilité et la valeur des actifs de données de base, répondre aux exigences opérationnelles et soutenir les exigences stratégiques.

- Collaborer avec les équipes de travail chargées de la gouvernance des données afin d'améliorer la qualité des données en définissant et en utilisant des règles de qualité des données.

Les responsabilités des partenaires de la gouvernance des données sont :

- Fournir un soutien consultatif technique et opérationnel aux activités de gouvernance des données et s'engager activement, le cas échéant, en apportant leur expertise.

- Veiller à ce que la documentation sur les données, essentielle à l'amélioration de la qualité des données et à la confiance dans les données, soit incluse dans les projets et autres activités axées sur les données.

- Les domaines fonctionnels existants qui participent à la gouvernance des données sont, par exemples :

    o TI : sécurise l'infrastructure pour le compte des départements de l'organisation. Fournit une assistance technique pour la mise en œuvre de la plate-forme de documentation des données.

- o Juridique : Rédiger, réviser et formaliser les politiques.

- o Audit : Veille à ce que les lois et les règlements soient respectés de manière vérifiable.

- o Ressources humaines : Diriger les efforts visant à inclure les responsabilités de gouvernance dans les descriptions de poste.

- o Communication d'entreprise : Fournir des conseils et une assistance à propos des messages sur la gouvernance des données, y compris l'ajustement du contenu pour viser des auditoires et des rôles spécifiques.

- Soutenir l'intégration de la gouvernance des données dans la méthodologie de projet standard.

- Veiller à ce que la méthodologie de projet standard soit respectée et que des politiques, des procédures et des mesures soient mises en place pour maintenir et améliorer la qualité des données et pour créer, saisir et tenir à jour la documentation sur les données.

- Fournir un soutien technique aux données de qualité et aux efforts de gouvernance des données lorsque cela est nécessaire.

Sous la direction du responsable de la gouvernance des données. les équipes de travail peuvent être mises en place pour :

- Améliorer les définitions et les normes des données d'entreprise pour les éléments de données critiques (EDC).

- Améliorer la production et la collecte des données.

- Améliorer l'utilisation des données et la compréhension des règles métier.

- Améliorer la qualité des données grâce à la documentation des données et aux métadonnées.

## *Ce qu'il faut retenir*

Comme indiqué précédemment, les rôles et les responsabilités constituent l'ossature de la réussite d'un programme de gouvernance des données. Les éléments fondamentaux d'un programme de gouvernance des données décrits dans cet ouvrage doivent être envisagés du point de vue de chacun des niveaux et des rôles de gouvernance associés de l'organisation.

Cet essai comprend une description détaillée du modèle opérationnel des rôles et responsabilités en matière de gouvernance des données, de la manière de concevoir un ensemble de rôles pour imiter la culture de votre organisation, et de la manière de lire le modèle. L'essai présente également une liste de rôles et des exemples de responsabilités à prendre en compte à chaque niveau de l'organisation.

## Perspective : Les données, ça concerne tout le monde

La gouvernance des données consiste à faire en sorte que les « bonnes » personnes fassent la « bonne » chose au « bon » moment, en se concentrant sur les « bons » résultats. Dans le premier livre, je parlais de la « bonne route » de la gouvernance des données.

La redevabilité formelle des données est ma définition de l'intendance des données. Les organisations sont confrontées au défi d'amener les gens à faire la bonne chose, soit parce qu'ils ne savent pas ce qu'il faut faire, soit parce qu'ils ne sont pas formellement redevables de faire la bonne chose.

---

*La redevabilité formelle des données est ma définition de l'intendance des données.*

---

Que se passe-t-il lorsque des personnes qui devraient être redevables de la production de données de qualité dans le cadre de leur travail ne veulent manifestement rien avoir à faire avec la production de données? Que se passe-t-il lorsque ces personnes disent « Ce n'est pas mon travail » et agissent en conséquence? Que se passe-t-il lorsque les données qu'elles devraient produire peuvent améliorer les opérations, le marketing, les ventes ou l'ingénierie? L'organisation leur permet-elle de s'en tirer en refusant de produire des données de qualité? Quelle est la meilleure façon de traiter avec ces personnes qui disent que ce n'est pas leur travail de produire des données?

J'ai souvent déclaré dans ce livre et dans le précédent que « tout le monde est un intendant de données » et que l'organisation doit « accepter cette affirmation ». Pour couvrir l'ensemble de l'organisation avec la gouvernance et la gérance des données, toute personne ayant une relation avec les données doit être tenue redevable de cette relation. Les relations sont celles de définisseurs, de producteurs ou d'utilisateurs de ces données.

Prenons l'exemple d'une organisation qui souhaite améliorer la confiance, la compréhension et la valeur qu'elle tire des données. Dans ce cas, les personnes qui définissent les données doivent être tenues pour redevables de la manière dont elles les définissent. Cette redevabilité peut consister à vérifier s'il existe déjà des données ayant la même définition avant d'en créer de nouvelles. Cette redevabilité peut inclure la réutilisation des données existantes chaque fois que cela est possible. Il peut s'agir de la responsabilité de fournir des définitions métiers solides pour les données. La définition des données ne s'améliorera pas d'elle-même, et le fait de fournir des normes pour la définition des données permettra généralement d'améliorer la cohérence et l'exhaustivité des définitions des données.

---

*La définition des données ne s'améliore pas d'elle-même.*
*Fournir des normes pour la définition des données permet de les améliorer.*

---

Les personnes qui utilisent des données doivent être tenues formellement redevables de la manière dont elles les utilisent. Toute personne qui utilise des données sensibles doit être tenue formellement responsable de leur protection. C'est ce que dit la loi et le gouvernement vous tiendra pour redevable. De nombreux programmes de gouvernance ou de sécurité des données sont mis en place pour protéger les données sensibles.

Si les personnes qui définissent les données doivent être redevables de la manière dont elles les définissent, et que celles qui utilisent les données doivent être redevables de la manière dont elles les utilisent, où en sont les personnes qui produisent les données? Je suppose que vous n'avez pas répondu en vous disant : « Laissez-les produire uniquement les données (ou la qualité des données) qu'ils veulent produire ». Au contraire, les personnes qui sont en première ligne pour produire des données doivent également être tenues formellement redevables des données qu'elles produisent.

Dans de nombreuses organisations, les vendeurs ne sont pas particulièrement intéressés par la saisie de données dans les systèmes. Il en va de même pour les ingénieurs techniques. Les vendeurs disent qu'ils sont chargés de conclure des ventes. Les ingénieurs disent qu'ils sont responsables de la conception et de l'élaboration des spécifications des produits. J'ai récemment travaillé avec deux organisations où des personnes ont déclaré que la production de données n'était pas leur travail, de sorte que personne ne produisait les données nécessaires. Permettre à ces personnes de rejeter l'idée qu'elles sont responsables de la saisie des données peut poser des problèmes.

Il est important de reconnaître que la capacité à conclure des ventes dépend souvent des données relatives aux prospects, aux produits et services qu'ils achètent, ainsi qu'aux contacts et transactions qui ont lieu à chaque étape de la conclusion de la vente. Il est également important de reconnaître que la livraison de produits bien conçus demandés par les clients dépend souvent des données relatives aux spécifications, aux matériaux, à la disponibilité et à bien d'autres choses encore. Si nous ne pouvons pas attendre des vendeurs et des ingénieurs qu'ils produisent les données, il faut trouver un autre moyen d'obtenir les données appropriées en temps voulu et avec qualité.

Je vois deux options pour résoudre ce problème :

1. Exiger des vendeurs et des ingénieurs qu'ils produisent les données. Le fait de leur demander de produire les données peut être rejeté si ces personnes sont autorisées à dire que la production de données n'est pas leur travail. Peut-être que s'ils comprennent vraiment comment la production de données améliorera non seulement leurs performances, mais aussi celles de l'organisation, ils comprendront pourquoi on leur demande d'assumer une responsabilité axée sur les données. Souvent, le temps nécessaire à la production des données est minime, mais il faudrait changer la « façon dont ils ont toujours fait les choses ».

2. Prévoir une personne-ressource pour travailler avec les vendeurs et les ingénieurs. Cette personne peut se charger de produire rapidement les données. Il s'agit d'un moyen non intrusif de répondre à la même exigence. Cela ne nécessite pas une ressource supplémentaire par vendeur ou ingénieur, mais plutôt l'ajout d'un intendant de la production des données (« personne responsable de la production des données »),

qui assiste et travaille avec les vendeurs et les ingénieurs. Le nombre d'intendant de la production de données dépendra du nombre de vendeurs et d'ingénieurs au sein de votre organisation.

---

### Ce qu'il faut retenir

Dans les cas évoqués dans cet essai, il est possible d'adopter l'une ou l'autre des approches suivantes : 1) dire aux personnes concernées qu'elles doivent produire les données (plus intrusif) ou 2) s'assurer qu'une ressource est disponible pour travailler avec les personnes concernées afin de produire les données (moins intrusif). Nous ne pouvons pas choisir de ne pas produire de données. Cela est particulièrement vrai lorsque les données en question sont essentielles à l'amélioration des opérations de l'organisation.

Il en va de même pour les personnes qui définissent et utilisent les données. La gouvernance formelle des données exige que les personnes qui définissent, produisent et utilisent les données respectent les règles ou les lignes directrices relatives à l'exécution appropriée de ces actions. Les données sont l'affaire de tous. Nous savons tous que les données ne se définissent pas, ne se produisent pas et ne s'utilisent pas d'elles-mêmes.

## Perspective : Un intendant est un intendant

« Ce que nous appelons une rose embaumerait autant sous un autre nom » est une citation de la pièce de William Shakespeare, Roméo et Juliette, dans laquelle Juliette affirme que le fait que Roméo appartienne à la maison adverse de sa famille, les Montaigu, n'a aucune importance. Si une rose sent comme une rose quel que soit le nom qu'on lui donne, peut-on en dire autant des intendants? Il ne s'agit pas de l'odeur, mais du nom que l'on donne à ces personnes.

Par définition, un intendant est quelqu'un qui s'occupe de quelque chose pour autrui. Les gens qui s'occupent des données de l'organisation le font pour l'organisation. Un intendant n'est pas un « propriétaire ». Un intendant est un gardien.

L'intendant de la définition des données est une personne qui définit les données dont son service a besoin ou celles qui seront utilisées par l'organisation, établit le niveau de qualité acceptable pour ces données, et vérifie si ces données existent déjà avant de les définir à nouveau. L'intendant de la définition des données s'occupe de la définition métier de ces données pour l'organisation.

Un intendant de la production de données est une personne qui produit des données et qui connaît et suit sciemment les règles et normes de qualité associées à la production de ces données. Les intendants de la production de données s'occupent de produire des données de qualité pour l'organisation.

Les personnes qui utilisent des données et qui connaissent et suivent sciemment les règles et les normes associées à la manière d'utiliser ces données sont des intendants de l'utilisation des données. L'intendant de l'utilisation des données s'occupe de la manière dont l'organisation utilise les données.

L'approche non intrusive de la gouvernance des données repose sur l'idée que l'on ne peut pas devenir un intendant de données en choisissant d'y participer ou non. Une personne est un intendant de données si elle a une relation avec les données (en tant que définisseur, producteur ou utilisateur des données) et si elle est tenue formellement redevable de cette relation et des actions qu'elle entreprend avec les données. Les personnes qui dirigent les efforts de gouvernance des données doivent savoir qui sont ces personnes. Comme je l'ai déjà dit dans ce livre, « tout le monde est un intendant de données ».

Certains considèrent ces personnes comme des intendants opérationnels des données ou les désignent comme des définisseurs, des producteurs et des utilisateurs de données. En général, les gens entreprennent plus d'une de ces actions avec les données. Il est courant que les personnes définissent et utilisent les données, ou qu'elles produisent et utilisent les données. Ces personnes sont des intendants opérationnels des données qui se préoccupent avant tout de faire leur travail respectif et qui ont souvent un intérêt limité (en raison de contraintes de temps) à faire des choses qui profitent à l'organisation dans son ensemble.

Il existe un deuxième niveau d'intendance, souvent qualifié de tactique. Les intendants tactiques sont des personnes qui s'occupent, ou qui sont redevables, de sujets ou de domaines de données qui traversent les frontières organisationnelles. La distinction entre l'intendant opérationnel et l'intendant tactique réside dans l'étendue de ses connaissances et de son autorité. Un intendant opérationnel se concentre sur les données propres à sa fonction, tandis que l'intendant tactique s'intéresse aux données partagées par plusieurs fonctions de l'entreprise.

Par exemple, dans une université, le registraire peut être l'intendant tactique des données relatives aux étudiants, tandis que le boursier est l'intendant tactique des données relatives à l'aide financière. Le deuxième niveau de gestion se concentre sur les intérêts de l'ensemble de l'organisation, ainsi que sur la qualité des données et la confiance qu'elles inspirent.

L'intendant de données tactiques est souvent appelé le propriétaire des données. Lorsque les organisations utilisent le terme « propriétaire », cela envoie un message contradictoire avec celui d'être un intendant de données. Pour rappel, l'intendant de données est formellement redevable de s'occuper des données **pour** l'organisation. L'utilisation du terme « propriétaire » implique exactement le contraire de ce que signifie l'intendance. La propriété déclare : « Ceci est à moi. Il m'appartient. C'est moi qui prends les décisions à ce sujet ». Dans l'approche non intrusive de la gouvernance des données, nous désignons généralement les intendants tactiques des données comme les intendants du domaine des données (sujet) ou les experts de données.

L'intendant tactique a souvent l'autorité ou la redevabilité de prendre des décisions pour l'organisation. Dans l'approche non intrusive, le conseil de la gouvernance des données au niveau stratégique a la responsabilité de prendre des décisions qui sont transmises du niveau tactique au niveau stratégique.

Tenez compte de ces aspects lorsque vous reconnaissez vos intendants tactique :

- Vision de l'avenir de ce domaine de données (en tant qu'actif).

- Recherche de moyens d'améliorer le statu quo pour le domaine.

- Capacité à motiver l'organisation.

- Donner l'exemple d'un comportement lié aux données.

- Esprit d'équipe.

- Diplomate.

- Intérêt personnel, capacité intuitive et compétences en communication pour résoudre les problèmes de manière gagnante pour tout le monde.

---

### Ce qu'il faut retenir

Le succès d'un programme de gouvernance des données viable dépend de la force des intendants de données opérationnels et tactiques. Un intendant de domaine de données au niveau tactique s'assure que les bonnes actions sont prises avec les données dans ce domaine. Cela peut conduire à des situations inconfortables lorsque l'autorité n'est pas clairement définie.

La gouvernance des données est « l'exécution et l'application de l'autorité sur la définition, la production et l'utilisation des données ». Les règles doivent être respectées. Les données doivent être gouvernées. L'intendance est un élément important d'une gouvernance des données réussie, en particulier aux niveaux opérationnel et tactique.

## Perspective : Qu'est-ce qui fait d'une personne un intendant de données?

Votre organisation compte très probablement de nombreuses personnes ayant accès à des données sensibles. Toutes ces personnes doivent protéger ces données. Le gouvernement (et vos clients) ne seront pas satisfaits si seul un petit nombre de ces personnes est redevable de la protection des données. Par conséquent, toutes les personnes qui utilisent des données sensibles doivent protéger ces données. D'après mon expérience, vous devriez considérer ces personnes comme des intendants de données (d'utilisation). Tout le monde est un intendant de données s'il est tenu formellement redevable de la manière dont il utilise les données.

Pour que quelqu'un soit formellement redevable des données, il faut qu'il connaisse et comprenne la différence entre un comportement sain et un comportement malsain vis-à-vis des données. Cela signifie que quelqu'un dans l'organisation doit être responsable de la définition d'un comportement sain en termes de relations des personnes avec les données. La mise en œuvre d'une redevabilité formelle signifie également qu'il doit y avoir des conséquences en cas de non-respect des normes en matière de comportement lié aux données. C'est ce qui rend la redevabilité formelle.

Qu'en est-il des personnes qui définissent les données nécessaires aux opérations, à l'analyse, à la satisfaction des clients et à la prise de décision pour votre organisation? Sont-elles redevables de ces définitions et qu'est-ce que cela signifie?

Les définisseurs de données sont ceux qui définissent les données dont l'organisation a besoin pour fonctionner. Ils créent de nouveaux systèmes ou acquièrent de nouveaux progiciels, applications ou données au profit de l'organisation. Les définisseurs de données doivent être redevables de :

- tenir compte du fait que les données peuvent déjà exister avant d'en définir de nouvelles;

- s'assurer que les données sont bien documentées, c'est-à-dire que les métadonnées et les règles métier appropriées sont consignées et disponibles; et

- classifier les données afin que les personnes puissent protéger les données selon les règles définies.

Les personnes qui définissent les données sont automatiquement des intendants de données lorsqu'elles sont tenues formellement redevables de ces actions.

Qu'en est-il des personnes qui produisent les données nécessaires aux opérations quotidiennes? Doivent-elles être redevables des données qu'elles produisent et qu'est-ce que cela signifie?

Les producteurs de données sont les personnes qui, en première ligne, saisissent les données dans vos systèmes. Les producteurs de données acquièrent des données de l'extérieur de l'organisation pour les utiliser dans le cadre de leurs fonctions. Les producteurs de données sont les personnes qui combinent, fusionnent, sélectionnent et enrichissent les données existantes pour en créer de nouvelles. Les producteurs de données sont les personnes qui alimentent les données définies comme étant nécessaires au fonctionnement de l'entreprise. Les producteurs de données devraient être redevables de ce qui suit :

- comprendre comment l'organisation utilisera les données qu'ils produisent;

- la qualité des données qu'ils produisent ou qu'ils introduisent dans les progiciels ou les applications; et

- la qualité, la confiance et la protection des données qu'ils introduisent dans l'organisation depuis l'extérieur.

Les personnes qui produisent des données sont automatiquement des intendants de données lorsqu'elles sont formellement redevables des données qu'elles produisent.

Qu'en est-il de ceux qui, au sein de votre organisation, utilisent les données définies et produites par les personnes mentionnées dans les paragraphes précédents? Sont-elles redevables de l'utilisation qu'elles font des données, et qu'est-ce que cela signifie?

Les utilisateurs de données ont accès aux données de vos systèmes d'information et de vos bases de données à des fins de déclaration et d'analyse. Les utilisateurs de données doivent être redevables de la manière dont ils utilisent les données, des personnes avec lesquelles ils les partagent et de la manière dont ils les diffusent à l'intérieur ou à l'extérieur de l'organisation. Les utilisateurs de données doivent être redevables de :

- connaître les règles associées à l'utilisation des données;

- protéger les données en fonction de leur classification; et

- partager les règles d'utilisation des données avec les personnes avec lesquelles ils partagent ces données.

Les personnes qui utilisent les données sont automatiquement des intendants de données lorsqu'elles sont tenues formellement redevables des données qu'elles utilisent.

## Ce qu'il faut retenir

Les personnes qui définissent, produisent et utilisent les données dans votre organisation sont des intendants de données si elles sont tenues pour responsables de ces actions. Les intendants de données doivent connaître et adopter un comportement sain vis-à-vis des données. Cela signifie que quelqu'un dans l'organisation doit définir ce comportement sain en termes de relations des personnes avec les données. La mise en œuvre d'une redevabilité formelle signifie également qu'il doit y avoir des conséquences en cas de non-respect des normes relatives au comportement lié aux données. C'est ce qui rend la redevabilité formelle et fait d'une personne un intendant de données.

## Perspective : Les intendants de données devraient recevoir une augmentation

Le titre de cet essai vous a sans doute amené à penser que les intendants de données méritaient d'être mieux rémunérés pour ce qu'ils font. Ce n'est pas ce que je voulais dire (mais je suis pour). Il y a d'autres augmentations que les gens reçoivent en devenant intendant de données. Quelle(s) augmentation(s) vos gens verront-ils en devenant intendant de données?

Pour rendre le mérite à qui lui revient, cet article est issu d'une conversation que j'ai eue avec une cliente. Celle-ci travaillait à l'intégration de ses intendants de données. Dans le cadre du processus de certification (en fait, plutôt de sensibilisation et de littératie), elle voulait leur faire savoir ce qu'ils y gagnaient (« WIIFM »[20] du point de vue de l'intendant).

L'intégration des intendants de données est une activité courante du programme de gouvernance des données. Voici une liste d'augmentations et d'avantages que l'on peut retirer en devenant intendant de données :

- Une notoriété accrue. Le fait que l'on reconnaisse sa compétence en matière de données dans un domaine spécifique, un système d'information ou une fonction de l'entreprise ou des processus métiers critiques présente certains avantages. Le fait d'être intendant de données vous permet d'être « là où ça se passe » et d'être consulté lorsque des discussions importantes ont lieu ou que des décisions sont prises.

- Améliorer sa littératie. Accepter d'être reconnu comme un intendant de données offre souvent l'opportunité d'augmenter son niveau littératie aux données. La communauté d'intendance peut fournir une éducation, une formation et un mentorat complémentaires. Pouvoir raconter des « histoires sur les données » et des « histoires avec les données »

---

[20] NdT : Acronyme de « *What's it in for me?* », c'est à dire « Qu'est-ce que ça m'apporte? »

augmente les opportunités pour les personnes qui acceptent le rôle d'intendant de données et l'adoptent.

- Augmenter l'efficience (efficacité). Les intendants de données qui définissent, produisent et utilisent activement les données, sont les « yeux et les oreilles » pour informer l'organisation là où les données non gouvernées causent des inefficacités et de l'inefficience. Le temps passé à manipuler des données a un impact négatif sur les analystes et les experts en sciences des données. Le temps requis pour chercher des données, demander l'accès aux données, puis franchir des obstacles pour accéder aux données limite la capacité de tous à travailler de manière efficace et efficiente. Devenir un intendant de données augmente la capacité de l'individu à mettre en évidence les lacunes dans l'ensemble de l'organisation.

- Améliorer ses performances professionnelles. Les intendants de données qui 1) reconnaissent qu'ils sont officiellement tenus responsables des données qu'ils définissent, produisent et utilisent, 2) prennent les mesures appropriées pour prendre soin des données par cette redevabilité de leurs actions, et 3) sont évalués en partie sur la base de la façon dont ils satisfont à cette redevabilité, sont souvent plus performants que leurs collègues qui ne répondent pas à ces trois critères. L'intendance formelle joue un rôle déterminant dans la réussite d'un programme de gouvernance des données.

- Augmentation des résultats de l'entreprise. Des définitions et des utilisations incohérentes des données affaiblissent les résultats de l'entreprise. Engager les intendants de données là où ils travaillent et de la manière dont ils le font réduit les risques, améliore les performances de l'entreprise et la prise de décision.

---

## Ce qu'il faut retenir

Lorsque l'intendance est faible, les personnes qui définissent, produisent et utilisent des données dans le cadre de leur travail quotidien le font sans comprendre l'impact qu'elles ont sur l'ensemble de l'organisation. Ces personnes agissent quotidiennement avec des données sans être pleinement conscientes, mises à jour, instruites, entraînées et tenues pour responsables de leurs actions.

Ce manque de compréhension affaiblit les résultats de l'entreprise car il conduit à une définition, une production et une utilisation incohérentes des données. Impliquer les intendants de données là où ils travaillent et de la manière dont ils le font permet de réduire les risques et d'améliorer les performances de l'entreprise et la prise de décision. Tels sont les véritables avantages d'être un intendant de données.

## Expérience : Guide pour reconnaître les intendants de données

On me demande souvent : « Comment identifier les intendants de données appropriés au sein de notre organisation? » Je réponds rapidement : « Tout le monde est un intendant de données parce que tout le monde, à un moment donné, est confronté à des données ou les utilise dans le cadre de son travail quotidien. » Sensibiliser tous les membres de l'organisation à la question des données n'est pas une mauvaise idée. Mais engager formellement tout le monde en tant qu'intendant de données exactement au même niveau n'est pas une bonne idée. Permettez-moi de l'expliquer à l'aide de quelques règles de base.

### *Un intendant de données peut être n'importe qui*

Si vous suivez l'approche de la gouvernance non intrusive des données, vous m'avez peut-être entendu dire que vous ne pouvez pas étiqueter chaque intendant de données en lui disant « C'est toi » et vous attendre à ce qu'il ou elle commence dès lors à gérer les données. Ce n'est pas ainsi que cela fonctionne.

Cependant, chaque personne qui définit, produit et utilise des données dans votre organisation a un niveau de redevabilité ou de responsabilité quant à la manière dont elle définit, produit et utilise les données. Cette redevabilité est souvent informelle, inefficace et inefficiente par rapport à ce qui est nécessaire à la mise en place d'un environnement propice à la gouvernance de vos données.

Les personnes au front sont redevables de l'exactitude et de la pertinence des données saisies. Les personnes qui définissent les données ont la redevabilité de s'assurer qu'elles ne redéfinissent pas ce qui est déjà défini. Enfin, les personnes qui utilisent les données sont redevables de la manière dont elles les utilisent.

*La redevabilité en matière de données est souvent informelle
ce qui conduit à l'inefficacité et au manque d'efficience.*

C'est le concept principal de l'approche de la gouvernance non intrusive des données. Si nous pouvons formaliser la redevabilité des intendants et les convaincre, ainsi que la direction, qu'ils gèrent déjà les données de manière informelle, la communication s'en trouvera améliorée. J'entends déjà les intendants de données dire : « Vous voulez dire que je fais déjà ce genre de choses? ». Et vous de répondre : « Oui, nous voulons formaliser certaines des choses que nous faisons déjà ». Et leur réplique : « Oh, je crois que j'ai compris maintenant. »

---

### *Être intendant de données décrit une relation avec les données et non une fonction*

Être intendant de données n'est ni un poste ni un titre. Il s'agit d'une relation entre une personne et des données, qui peuvent être un élément de données, un jeu de données, un domaine, une application, une base de données – soit la granularité de la relation que vous souhaitez utiliser. Dans le modèle opérationnel de gouvernance des données présenté plus tôt, il y a une distinction entre les intendants qui définissent les données, ceux qui les produisent et ceux qui les utilisent, mais la plupart des organisations ne font pas cette distinction.

Les personnes qui définissent les données devraient avoir la redevabilité formelle de s'assurer qu'elles rédigent et diffusent une description opérationnelle solide des données qu'elles définissent. Ou peut-être devraient-elles être redevables d'identifier et d'utiliser les données existantes. Ou encore, elles devraient avoir la redevabilité d'impliquer les personnes appropriées dans cet exercice.

Cette personne peut être associée à l'informatique décisionnelle, à la gestion de la relation client, à la planification des ressources de l'entreprise, à la gestion des données maîtres, aux mégadonnées, à la mise en œuvre de progiciels ou à la migration des données vers l'infonuagique, partout où de nouvelles données sont définies pour une organisation. L'approche de la gouvernance non intrusive des données demande que les intendants de la définition des données deviennent formellement redevables de la qualité de ces définitions.

Les personnes qui produisent des données devraient avoir la redevabilité formelle de s'assurer que les données sont produites et enregistrées conformément aux règles métier. Ou peut-être devraient-elles être redevables de veiller à ce que les données qu'elles produisent le soient en temps voulu. Ou encore, elle devrait être redevable d'informer les personnes appropriées lorsque les données sont mises à jour, lorsque leur exactitude offre un faible niveau de confiance ou lorsqu'elles n'ont pas été reçues. Il peut s'agir d'une personne chargée de la saisie des données, d'un intégrateur de données, d'un analyste de données, d'un créateur de rapports ou d'une personne impliquée dans l'un des efforts décrits dans le paragraphe ci-dessus. L'approche de la gouvernance non intrusive des données prévoit que les intendants de la production de données deviennent formellement redevables de la manière dont ils les produisent.

Il reste donc les intendants de l'utilisation des données. Toute personne qui utilise des données dans le cadre de son travail doit être redevable de l'utilisation qu'elle fait de ces données. Cela signifie que le programme de gouvernance des données doit se concentrer très tôt sur le registre et la diffusion des règles de conformité, de classification et de risque associées à l'utilisation des données. L'intendant de l'utilisation des données doit être formellement redevable des personnes avec lesquelles les données sont partagées. Il doit être responsable de la sécurisation et de la protection des données conformément aux règles documentées et disponibles. Cette personne peut être toute personne de l'organisation qui utilise des données dans le cadre de son travail.

Cela signifie-t-il que nous devons répertorier chaque personne de l'organisation qui a un lien avec les données? Probablement pas. Avons-nous besoin de connaître chaque division, département et groupe qui définit, produit et utilise les données? Probablement. J'ai mis au point une matrice des données communes que j'ai présentée dans le premier livre et que j'utilise régulièrement pour aider les organisations à enregistrer formellement qui fait quoi avec des données spécifiques au sein de leur organisation.

---

### *Un intendant de données n'est pas embauché pour être un intendant de données*

J'ai vu des organisations afficher des postes d'intendant de données à temps plein. Je pense que c'est une erreur pour la plupart des organisations. Comme vous avez pu le constater jusqu'à présent, je pense que les intendants de données existent déjà dans votre organisation et qu'ils peuvent être n'importe qui. J'en fais une règle parce que les personnes de votre environnement sont déjà les intendants de données, même si elles ne se considèrent pas officiellement comme tels.

Mon modèle opérationnel des rôles et responsabilités établit une distinction entre les intendants de données opérationnelles, décrits ci-haut, et les intendants des domaines de données au niveau tactique. L'intendant de domaine a généralement un niveau de redevabilité formelle ou parfois l'autorité de prendre des décisions pour un domaine ou un sujet de données pour l'ensemble ou une partie de l'organisation qui relève du programme de gouvernance des données. On ne recrute habituellement pas pour ce poste.

Certaines organisations désignent des intendants du domaine des données par le biais de lignes directrices et de politiques formelles. Une université avec laquelle j'ai récemment travaillé a axé son programme de gouvernance des données sur leur classification. La politique de classification prévoyait que le registraire était le gardien (intendant) des données des étudiants, que le contrôleur l'était pour les données financières et que le vice-recteur des ressources humaines pour les données des employés. Cette façon de faire est plus courante qu'on ne le pense.

Il est logique de désigner l'intendant de domaines des données en fonction du poste occupé dans l'organisation. Parfois, cette personne n'est pas l'autorité dans le domaine des données. Cependant, elle jouit d'une estime suffisante au sein de l'organisation pour gérer correctement les données de son domaine.

Lorsque l'intendant du domaine des données n'a pas l'autorité pour prendre des décisions pour l'organisation, c'est au conseil de la gouvernance des données, au niveau stratégique, qu'il incombe de prendre ces décisions. D'après mon expérience, les décisions concernant les données remontent rarement au niveau de la direction. Tout comme l'intendant de données opérationnel, l'intendant du domaine des données n'est pas un rôle où on embauche quelqu'un.

---

### *Un intendant de données n'a pas besoin du titre d'intendant de données*

Si tout le monde est intendant de données, il n'y a aucune raison de changer leurs titres. Changer les titres des personnes sera compliqué, coûteux et source de confusion. Comme je l'ai déjà dit, un intendant peut porter n'importe quel titre.

Ainsi, pour rester moins intrusif, permettons aux personnes de conserver leurs titres et éduquons-les sur les redevabilités formelles qui accompagnent leurs relations avec les données. Dans la plupart des cas, il n'y aura pas de changement majeur dans leur travail. Cela ne veut pas dire qu'il n'y en aura pas, mais il ne s'agira pas d'une redéfinition de leur poste ou de ce qu'ils font.

Il en va de même pour l'intendant du domaine de données. Il n'est pas nécessaire qu'un contrôleur soit appelé intendant du domaine des données financières, ni qu'un registraire soit appelé intendant du domaine des données des étudiants. Le plus important est que ces personnes soient reconnues comme celles qui remplissent le rôle d'intendant du domaine de données.

---

### On ne doit pas dire à un intendant de données comment il doit faire son travail

Est-ce que les intendants de données ont besoin ou non de savoir comment être des intendants de données? Peuvent-ils être certifiés en tant qu'intendants de données? La réponse à ces questions est que cela dépend. Cela dépend de quoi?

D'après mon expérience, il n'est pas nécessaire d'enseigner aux intendants de données comment devenir des intendants de données. Ils doivent plutôt être instruits sur les formalités de leurs relations existantes avec les données. Une personne qui utilise des données doit être informée de la signification des données, de leur origine, de la manière dont elles peuvent ou non être utilisées, des cas où elles peuvent ou non être partagées, etc. Une personne qui produit des données doit être informée de l'impact de la manière dont les données sont saisies et des lignes directrices relatives à la production de ces données. Je pense que vous comprenez ce que je veux dire.

Dans un sens, on peut dire que les intendants de données ont besoin qu'on leur explique ce que signifie cette formalité et comment être les meilleurs intendants de données possibles. À la question : « Cela signifie-t-il que nous devons dire aux intendants de données comment faire leur travail? », je réponds par un « NON » retentissant. Nous n'avons pas à dire aux intendants de données comment effectuer leur travail. Nous les aidons plutôt à le faire de manière plus cohérente en ce qui concerne les données qu'ils définissent, produisent et utilisent.

## La certification publique ou sectorielle des intendants de données n'est que foutaise

Il s'agit de la réponse à la deuxième question de la règle précédente. Je suis persuadé que les intendants de données ne peuvent pas être certifiés. Chaque intendant de données a une relation différente avec les données et, par conséquent, une responsabilité différente. Certains organismes de service public ou firmes conseil misent sur la certification des intendants de données. Je suis contre cette idée. Je suis contre le fait que quelqu'un d'autre certifie vos employés en tant qu'intendant de données. Je ne suis pas opposé à ce qu'une organisation mette en place des formations internes pour ses intendants afin de les certifier dans leur position d'intendants de données spécifiques qu'ils définissent, produisent et utilisent.

Une certification par l'organisation, oui. Il existe des cas bien documentés d'organisations certifiant leurs propres intendants de données.

La certification sectorielle, non. Faire certifier les intendants de données par un groupe externe reviendrait à leur dire comment effectuer leur travail. Et vous savez déjà que ce sujet est couvert par la règle précédente.

## Il existe plus d'un intendant pour chaque type de données

De nombreuses organisations désignent des personnes en disant : « Jean, c'est notre intendant de données clients. » « Marie, est notre intendante des données produit ». « Michel, c'est notre intendant de données sur les employés ».

Si vous vous référez aux personnes de cette manière, vous devriez cesser de le faire. Cette manière n'est pas correcte. Du moins, pas si vous suivez l'une des règles précédentes. N'oubliez pas qu'avoir un seul intendant de données par type, catégorie ou sujet n'est pas conforme à l'approche de la gouvernance non intrusive des données. À moins qu'il ne s'agisse de l'expert du domaine de données, qui pourraient se voir confier le rôle d'intendant du domaine des données clients, du domaine des données produits, etc. Ces personnes sont redevables des données de leur domaine pour l'ensemble de l'organisation. Il faut insérer le mot *domaine* dans le nom du rôle pour définir plus clairement sa portée.

Il y a plusieurs intendants de données pour pratiquement chaque type de données si vous incluez toute personne ayant une relation avec les données. Est-il nécessaire de savoir exactement qui sont ces personnes et de les désigner intendants de données? Avons-nous besoin de connaitre les personnes qui ont une relation avec un type particulier de données dans une certaine partie de l'organisation? Savoir qui sont les intendants et où ils se trouvent dans l'organisation est important pour réussir votre programme de gouvernance des données.

### *Éduquer les intendants de données sur la formalisation de la redevabilité*

Plutôt que de certifier les intendants de données, un programme de gouvernance des données devrait se concentrer à leur offrir une formation sur les redevabilités formelles selon leurs relations spécifiques avec les données. Les définisseurs sont formés aux responsabilités liées à la définition des données. Les producteurs sont instruits des responsabilités liées à la production des données. Peut-être plus important encore, les utilisateurs reçoivent une formation sur les responsabilités liées à l'utilisation des données. Enfin, les personnes qui entretiennent activement plusieurs de ces relations reçoivent une formation à la gouvernance des données sur toutes les relations qui s'appliquent à elles.

Et il ne s'agit pas seulement d'une formation générale sur le travail des intendants de données. Je parle d'une formation spécifique à la définition, à la production et à l'utilisation des données qu'ils gèrent dans le cadre de leur travail quotidien. Cela peut être effrayant pour certaines organisations, car il se peut qu'elles ne disposent pas des redevabilités explicites et documentées pour chaque action et type de données, facilement partageable avec leurs intendants de données.

### *Ce qu'il faut retenir*

Cet essai portait sur les règles pour associer des personnes au rôle d'intendant de données. Je continue à partager l'idée que tout le monde est un intendant de données et que l'intendance définit la relation d'une personne avec les données plutôt que quelque chose de tout à fait nouveau. Je suggère que si l'on ne respecte pas ces règles, on ne parviendra pas à une gouvernance des données holistique.

## Expérience : Description du poste de gestionnaire de la gouvernance des données

De temps à autre, on me demande de décrire le poste de la personne qui dirigera le programme de gouvernance des données. D'après mon expérience, il existe plusieurs approches de la gouvernance des données, et l'approche choisie dicte le type de personne dont vous avez besoin. Mon expérience m'a également montré que les raisons pour mettre en place le programme de gouvernance des données ainsi que la taille, la complexité et le contexte politique de l'organisation peuvent également être utilisés pour déterminer les qualifications, les compétences et les capacités de leadership nécessaires pour le poste.

Il est donc difficile de répondre aux exigences de chaque organisation dans une description de poste unique qui soit suffisamment générique pour s'appliquer à tous les cas. Je serai donc général. Utilisez la description de poste suivante comme une ébauche générale et un modèle pour élaborer votre propre description de poste de gestionnaire de la gouvernance des données.

### Description du poste

- Notre société requiert un gestionnaire de la gouvernance des données qui dirigera et gérera toutes les activités de gouvernance des données à l'échelle de l'organisation et sera responsable de l'amélioration de la qualité et de la protection des données sensibles et des actifs informationnels. Le titulaire du poste veillera à établir et à faire respecter un cadre de gouvernance des données d'entreprise pour les politiques, les normes et les pratiques de gestion des données, tant au niveau des départements que des secteurs d'activité, afin d'atteindre le niveau requis de cohérence, de qualité et de protection pour répondre aux besoins globaux de l'entreprise.

- Le gestionnaire de la gouvernance des données sert de point d'escalade pour les questions de gouvernance, de qualité et de protection des données et travaillera en étroite collaboration avec les responsables des départements et des secteurs fonctionnels pour améliorer la qualité et la valeur des actifs de données de base, satisfaire aux exigences réglementaires en matière de protection et soutenir les besoins stratégiques de la société.

## Rôles et responsabilités

- Établir et gérer un plan pour la mise en œuvre de la gouvernance des données de l'entreprise, y compris les priorités stratégiques pour le développement des capacités basées sur l'information.

- Déployer un cadre de gouvernance des données à l'échelle de l'entreprise, en se concentrant sur l'amélioration de la qualité des données et la protection des données sensibles par des modifications des politiques et normes de comportement, des principes, des mesures de gouvernance, des processus, des outils et de l'architecture des données.

- Définir les rôles et les responsabilités liés à la gouvernance des données et assurer une redevabilité claire pour la gestion des principaux actifs informationnels de l'organisation.

- Assurer la liaison entre les secteurs opérationnels et fonctionnels et la technologie pour veiller à ce que les exigences opérationnelles pour la protection des données sensibles soient clairement définies, communiquées, comprises et prises en compte dans le cadre de l'établissement des priorités et de la planification opérationnelles.

- Élaborer et tenir à jour la cartographie de l'information de l'entreprise, y compris les systèmes faisant autorité et leurs propriétaires.

- Faciliter l'élaboration et la mise en œuvre de normes de qualité des données, de protection des données et promouvoir leur adoption dans l'ensemble de l'entreprise.

- Définir des indicateurs de performance et de qualité et veiller au respect des politiques, normes, rôles et responsabilités liés aux données, ainsi que des besoins en gestion du changement.

- Diriger l'équipe de direction, composée de ressources issues des fonctions opérationnelles et de l'informatique, afin d'atteindre leurs objectifs; résoudre les problèmes escaladés par les représentants de la gouvernance des données des domaines fonctionnels.

- En collaboration avec les TI, fournir des états d'avancement à la direction et superviser les mises à jour périodiques de la feuille de route de gouvernance des données.

- Coordonner les sources de données externes afin d'éliminer les redondances et de rationaliser les dépenses liées à ces services.

- Identifier de nouvelles opportunités pour l'utilisation des actifs informationnels afin d'atteindre l'efficience et l'efficacité. Présenter les données comme un actif stratégique auprès de la haute direction.

## Qualifications

- Au moins ___ ans d'expérience dans une grande organisation de services avec une expérience de la gestion et de la supervision de données ou de projets à grande échelle. Au moins ___ ans d'expérience dans une grande organisation.

- ___ ans dans une fonction de cadre supérieur, avec une expérience du changement ou de la transformation au niveau de la haute direction.

- Connaissance des pratiques de gestion de la qualité et de la protection des données en vigueur dans notre industrie.

- Connaissance des pratiques de gouvernance des données, des questions opérationnelles et technologiques liées à la gestion des actifs informationnels et des approches liées à la protection des données.

- Connaissance des exigences réglementaires gouvernementales en matière de données et des tendances et questions émergentes.

- Compétences en matière de conseil sur les concepts et les stratégies de gestion du changement, y compris la communication, le changement de culture et la conception de systèmes de mesure de la performance.

- Connaissance de l'architecture des données de risque et des solutions technologiques.

- Expert reconnu en interne et en externe, capable d'influencer la manière dont les choses sont faites.

- Baccalauréat ou maîtrise en informatique ou gestion de l'information.

## Compétences souhaitables

### Leadership

- Intégrité personnelle et professionnelle irréprochable et forte éthique de travail.

- Capacité à formuler une vision et un sens de la mission.

- Volonté d'accepter le changement et de donner des orientations.

- Orienté vers les résultats, prêt à s'engager dans une direction et à mener les opérations à leur terme.

- Capacité éprouvée à gérer l'adversité et les situations difficiles.

### Gestion des relations

- Capacité à gérer des relations de haut niveau dans l'ensemble des secteurs d'activité et des domaines fonctionnels.

- Aptitude à développer des relations de travail coopératives et constructives.

- Aptitude à traiter les plaintes, à régler les différends, à résoudre les conflits et à négocier avec les autres.

- Esprit de collaboration et d'équipe dans les relations de travail, très sensible à la culture de l'entreprise.

## Supervision des projets et prise de décision

- Compétences très développées dans la définition des priorités et leur alignement sur la stratégie du service.

- Aptitude à décomposer des situations complexes en objectifs gérables.

- Capacité à aller au cœur du problème et à prendre des décisions judicieuses et opportunes pour les résoudre.

## Gestion et développement du personnel

- Capacité à développer des compétences de relations humaines, de coaching, de mentorat et d'enseignement sur le lieu de travail.

- Aptitude à identifier et à recruter des talents, y compris à identifier les bonnes personnes pour des postes techniques et non techniques.

- Compétences en gestion des performances, de reconnaissance et de récompense, et d'identification des besoins de développement.

- Efficacité pour établir un climat de confiance, respect et coopération.

---

### *Ce qu'il faut retenir*

Le rôle du gestionnaire de la gouvernance des données ou de l'administrateur du programme est essentiel à sa réussite. C'est la personne chargée de définir et d'orienter les activités principales du programme, y compris la mise en place des composants fondamentaux, la communication avec la direction et les parties prenantes, l'opérationnalisation du programme et l'engagement des intendants de données. Cet essai présente une description de base du rôle et des compétences souhaitées pour le gestionnaire de la gouvernance des données.

# Expérience : Le rôle clé des partenaires de la gouvernance des données

Les partenaires de la gouvernance des données sont des fonctions existantes dans l'organisation qui gouvernent déjà. Elles peuvent ne pas être formellement désignées comme des fonctions de gouvernance. Par exemple, la fonction ressources humaines régit déjà les activités des employés et du personnel. La fonction juridique régit déjà les questions juridiques de l'organisation. Le bureau de gestion de projet régit déjà les activités des projets. Ces fonctions ne sont pas nécessairement qualifiées de « gouvernance », mais elles se concentrent toutes sur l'exécution et l'application de l'autorité sur quelque chose.

Les niveaux de gouvernance existants assurés par ces fonctions ne doivent pas être reproduits par la gouvernance des données. Et ces fonctions n'ont pas besoin de reproduire la gouvernance des données. Cela semble assez simple. En fait, les niveaux de redevabilité existants détenus par ces fonctions peuvent être exploités dans le cadre de votre programme de gouvernance des données si votre mission est de rester non intrusif dans votre approche.

Voici quelques exemples de partenaires de la gouvernance des données :

- Technologies de l'information (TI)
- Sécurité de l'information
- Audit interne/juridique
- Ressources humaines
- Finances
- Communication d'entreprise
- Bureau de gestion des projets
- Bureau de gestion du changement

Commençons par nous concentrer sur le rôle du partenaire de la gouvernance des données et sur la façon dont chaque exemple présenté ci-dessus peut déjà être considéré comme un partenaire de votre programme de gouvernance des données.

### Description du rôle du partenaire de la gouvernance des données

Le rôle du partenaire de la gouvernance des données est littéralement d'effectuer son travail. Cela semble simple et peu explicite, mais en réalité, cette règle est au cœur du rôle du partenaire de la gouvernance des données. Ceux-ci ont déjà une fonction qui n'est pas dictée par le programme de gouvernance des données. Toutefois, les actions qu'ils entreprennent dans le cadre de leur fonction habituelle peuvent bénéficier de la mise en œuvre d'une gouvernance efficace.

L'inverse est également vrai. Les fonctions partenaires peuvent souvent bénéficier directement de la collaboration avec le programme de gouvernance des données. Passons en revue chacun des exemples de partenaires de la gouvernance des données que je viens de citer.

D'après mon expérience, les départements suivants participent aux programmes de gouvernance des données en tant que partenaires :

### Technologies de l'information (TI)

Le département des TI est considéré comme l'un des partenaires les plus importants du programme de gouvernance des données. En fait, vous verrez parfois le programme résider dans ce département. Certains experts vous diront qu'un programme de gouvernance des données situé au sein du département informatique est voué à l'échec. Je ne fais pas partie de ces experts.

Lorsqu'on me demande si la gouvernance des données doit relever de l'informatique ou d'un secteur opérationnel, je réponds toujours par « oui ». Votre programme doit résider quelque part. Les programmes au sein des TI qui se concentrent uniquement sur les données pour les besoins de l'informatique sont voués à l'échec. Les programmes axés sur les besoins de l'entreprise peuvent se situer n'importe où dans l'organisation. De même pour la gestion des données.

Le rôle des TI est de faire son travail. Les rôles du conseiller en architecture des données et du modélisateur de données sont très importants lorsqu'il s'agit de la gouvernance technique des données et de la définition gouvernée des données modélisées. Ce sont probablement les informaticiens qui se concentrent le plus sur les données de l'organisation.

La réussite des opérations TI est importante pour le succès d'un programme de gouvernance des données. La fonction de gouvernance des données doit tirer parti du fait que l'informatique a déjà un ensemble de responsabilités qui ne sont pas dictées par le programme de gouvernance des données. L'informatique est le partenaire le plus important de la gouvernance des données. Les organisations qui n'exploitent pas les connaissances, l'expertise et la gestion de l'informatique pour faire avancer leur programme se rendent un bien mauvais service.

## Sécurité de l'information

La sécurité de l'information consiste à protéger les données et les informations en atténuant les risques. Elle fait souvent partie d'une fonction plus large de gestion des risques liés à l'information et vise généralement à empêcher l'accès non autorisé ou inapproprié aux données. Elle se concentre sur l'exécution et l'application de l'autorité sur l'accès aux données en établissant des lignes directrices sur les personnes autorisées et en accordant l'autorité à ces personnes et à ces groupes. La sécurité de l'information gère toutes les activités et consigne une quantité importante d'informations (métadonnées) sur qui a accès à quoi.

Le programme de gouvernance des données veut également savoir qui peut accéder aux données. Elle s'intéresse également à la formalisation de la personne redevable de la classification des données. Elle est activement impliquée dans la documentation et la formalisation des responsabilités de la personne qui accorde l'autorisation d'accéder aux données. La gouvernance des données veille à ce que les personnes qui travaillent avec des données sensibles connaissent les règles de manipulation et de sécurisation des données.

Les intérêts de la sécurité de l'information et de la gouvernance des données se recoupent. Ces fonctions sont des partenaires qui peuvent tirer un grand profit d'une communication efficace et de l'exploitation des connaissances et de l'expérience de chacun. La sécurité de l'information joue le rôle de partenaire dans les programmes de gouvernance des données réussis.

### Audit interne/juridique

L'audit interne et les services juridiques peuvent certainement être des partenaires de votre programme de gouvernance des données. Il m'est arrivé de dire que les auditeurs sont les amis du programme de gouvernance des données et de me faire rabrouer par des personnes qui se moquaient de cette affirmation (peut-être ne se rendaient-elles pas compte que je parlais d'auditeurs internes). Un audit interne a pour but d'examiner les finances et de fournir des contrôles de gestion de manière systématique, ciblée et indépendante. Les auditeurs internes comprennent généralement ce que les auditeurs externes « vérifieront » lorsqu'ils enquêteront sur votre organisation.

Lorsqu'elle est engagée en tant que partenaire de votre programme, le service d'audit interne peut fournir un avis impartial sur les forces et les faiblesses du programme de gouvernance des données. Travailler avec votre service d'audit interne peut aider votre programme de gouvernance des données à éviter de manière proactive les problèmes plutôt que d'y réagir. Les auditeurs internes sont de bons partenaires en matière de gouvernance des données.

*Les partenaires de la gouvernance des données ont déjà une fonction qui n'est pas dictée par le programme de gouvernance des données.*

Le service juridique peut également être un partenaire de votre programme de gouvernance des données. Il est généralement chargé d'examiner et d'approuver les contrats, les politiques, les accords d'achat et d'autres documents importants. La fonction juridique peut également influencer d'autres aspects du programme, notamment les rôles et les responsabilités, les chartes et les plans, et les membres du service juridique peuvent également participer au niveau stratégique du programme (conseil de la gouvernance des données).

Les auditeurs internes et le service juridique doivent être considérés comme des partenaires de la gouvernance des données.

## Ressources humaines

Le service des ressources humaines (RH) régit les aspects de l'emploi, tels que le respect du droit du travail et des normes d'emploi, les entrevues et l'administration des avantages sociaux. Les ressources humaines sont généralement redevables de l'organisation des données relatives aux employés et de la plupart des aspects du recrutement et de la cessation d'emploi. Ce service sert de lien entre la direction d'une organisation et ses employés.

Les ressources humaines sont liées au programme de gouvernance des données de plusieurs manières. Le personnel des RH est une partie prenante et un intendant de données critiques qui doivent être protégées. Les données des RH doivent être de haute qualité et documentées pour permettre au département d'analyser et d'évaluer la manière d'améliorer les relations avec les employés et de faire ressortir la meilleure éthique de travail des employés.

Tout comme les RH, la fonction de gouvernance des données concerne le personnel de l'organisation et vise à lui faire adopter un comportement approprié lors de la définition, de la production et de l'utilisation des données. Je définis la gouvernance des données comme « l'exécution et l'application de l'autorité sur la gestion des données » et l'intendance des données comme « la formalisation de la redevabilité pour la gestion des données. » Ces définitions sont centrées sur les personnes, car la gouvernance souligne que les employés sont censés suivre des règles et un comportement guidé ou normalisé. Le non-respect des règles entraîne des conséquences. Les RH seront très probablement impliquées dans toute mesure disciplinaire prise par une organisation à l'encontre de ses employés en raison d'un manque de gouvernance et d'intendance.

Les RH ne sont peut-être pas le premier groupe auquel vous pensez lorsque vous essayez d'identifier vos partenaires en matière de gouvernance des données. Pourtant, le département des ressources humaines joue un rôle clé dans tout ce qui concerne les employés, et la gouvernance des données a un impact direct sur les employés.

### Finances

Le service des finances de votre organisation joue un rôle important car il régit toutes les questions relatives à la gestion, à la création et à l'étude de l'argent et des investissements. Les finances régissent l'utilisation des ressources monétaires et les mesures prises par les dirigeants pour accroître la valeur de l'organisation pour les parties prenantes et les actionnaires. Les actions de ce service doivent respecter les règles de conformité et de réglementation de leur secteur d'activité, et il gère généralement les états et les audits. Le service des finances a très probablement été l'une des premiers à gouverner formellement les données, car il a été un pionnier à adopter les meilleures pratiques en matière de gouvernance des données.

Bien que toutes les organisations ne fassent pas les mêmes choix, le directeur des finances est souvent le parrain exécutif du programme de gouvernance des données (redevable en dernier ressort de la réussite du programme). Parmi les autres postes de direction qui parrainent souvent les programmes de gouvernance des données, citons le directeur des données, le directeur de l'informatique, le directeur des risques ou encore le directeur des opérations.

Que le directeur des finances soit ou non le parrain exécutif de la gouvernance des données, la conformité financière et les contrôles réglementaires exigent une gouvernance. Les états et l'auditabilité nécessitent une gouvernance. Les gens de la finance sont des parties prenantes et des intendants de données critiques et sont souvent les premières personnes de l'organisation à reconnaître l'importance d'une gouvernance formelle.

### Communication d'entreprise

Votre groupe de communication d'entreprise est un partenaire important de votre programme de gouvernance des données. Ce groupe est souvent négligé en tant que partenaire, mais il doit être considéré pour la valeur qu'il peut apporter à votre programme. En termes de gouvernance des données, les spécialistes de la communication peuvent se concentrer sur le message à transmettre et sur la manière de le transmettre. Les organisations savent que les communications jouent un rôle important dans le programme, car elles se concentrent sur l'amélioration de la maîtrise des données et sur la compréhension par les gens de leur rôle d'intendant de données.

L'élaboration d'un plan de communication sur la gouvernance des données est un élément essentiel de bon nombre de mes missions. Mes clients reconnaissent l'importance d'interactions efficaces comme un élément essentiel de la réussite du programme. Les plans de communication se concentrent sur l'orientation des personnes vers la gouvernance des données, l'intégration des personnes dans leur rôle de gouvernance et les communications continues.

Les responsables de votre programme de gouvernance des données sont peut-être de bons communicants, mais les membres de votre groupe de communication d'entreprise sont des spécialistes de cet art. Pour tirer parti de leurs connaissances et de leur capacité à délivrer un message efficace sur la gouvernance des données, il faut qu'ils comprennent l'objectif et le but de votre programme, afin qu'ils puissent apporter une valeur ajoutée et devenir d'excellents partenaires en matière de gouvernance des données.

## *Bureau de gestion des projets*

Le bureau de gestion de projet (BGP) régit la gestion des projets. Cela ressemble à un pléonasme, mais c'est vrai. Le BGP peut gérer le processus de planification et la livraison de votre programme de gouvernance des données. Cela prouve que vous êtes en partenariat avec cette partie de l'organisation. Ce partenariat dure généralement le temps des activités du projet. Une fois qu'un programme est devenu opérationnel, le BGP passe généralement au projet suivant.

L'intégration de l'action de gouvernance des données dans les plans de projet garantit de manière proactive que la définition, la production et l'utilisation des données dans le projet s'alignent sur la nécessité d'exécuter et d'appliquer l'autorité sur ces données. Le BGP est un partenaire idéal pour la gouvernance des données.

## Bureau de gestion du changement

Si votre organisation dispose d'un département ou d'un bureau de gestion du changement, celui-ci est très probablement chargé de régir la manière dont l'organisation prépare, soutient et aide les individus, les équipes et les organisations à accepter et à embrasser le changement. La gouvernance des données nécessite de nombreux changements organisationnels, notamment un passage à des données, des rôles, des processus gouvernés, des communications, des mesures et des outils plus formalisés. Par conséquent, envisagez de faire appel à des personnes compétentes en matière de gestion du changement en tant que partenaires de la gouvernance des données lors de la mise en œuvre de votre programme.

Les programmes de gouvernance des données ne sont couronnés de succès que lorsque la culture est adaptée ou modifiée pour reconnaître la valeur des données et la redevabilité formelle. Cette formalisation constitue un changement important pour de nombreuses organisations. Par conséquent, si vous avez un bureau de gestion du changement ou un département similaire dans votre organisation, vous devriez envisager de l'inclure dans votre liste de partenaires pour la gouvernance des données.

## Ce qu'il faut retenir

Les départements mentionnés dans cet essai peuvent être considérés comme des partenaires de la gouvernance des données. Ils ne constituent pas un groupe en soi. Les organisations qui reconnaissent les partenaires comme faisant partie de leur programme tirent parti de l'expertise et des pratiques des personnes dans les départements qui gouvernent déjà quelque chose. Le plus souvent, la relation entre le programme et le partenaire est individuelle, mais il est également judicieux de faire appel à plusieurs partenaires si nécessaire. Les partenaires ne forment pas un groupe, mais ils jouent un rôle essentiel dans la réussite du programme de gouvernance des données.

# Comportement et documentation

Certains disent que la gouvernance des données devrait s'appeler gouvernance des personnes. La valeur opérationnelle des données et des métadonnées ne sera appréciée que lorsque le comportement des personnes sera formalisé et respecté, ce qui permettra d'améliorer la qualité, la confiance et la protection des données. La gouvernance des données consiste à comprendre à quoi ressemblent des données gouvernées, à fournir de la documentation et des métadonnées sur les données, et à changer les habitudes des personnes en matière de données pour relever les défis auxquels elles sont confrontées chaque jour.

La dernière section de ce livre propose des considérations importantes pour régir le comportement des personnes et des éléments significatifs à garder à l'esprit en ce qui concerne la technologie de gouvernance des données et la gestion de vos métadonnées. Les chapitres de cette section se concentrent sur la définition claire des caractéristiques des données gouvernées, les défis communs auxquels les organisations sont confrontées lors de la mise en œuvre d'un programme de gouvernance des données et la consignation des exigences et des changements d'habitudes associés à la gestion des données et à la documentation des données.

# CHAPITRE 7

# Gouverner le comportement des gens

L'exécution et l'application de l'autorité sur la définition, la production et l'utilisation des données (ma définition de la gouvernance des données) exigent que les « bonnes » personnes se comportent de la « bonne » manière lorsqu'elles interagissent avec les données et les métadonnées. La formalisation de la redevabilité (ma définition de l'intendance) se concentre sur le changement des habitudes des gens en matière de données, en les éduquant sur la manière d'obtenir des données gouvernées, et en les aidant à relever les défis qu'ils rencontrent lorsqu'ils travaillent avec les données.

Ce chapitre commence par des essais expliquant que les données ne se gouverneront pas d'elles-mêmes et que les gens doivent changer leurs comportements liés aux données avant qu'il ne soit trop tard. Les autres essais offrent une perspective et une expérience des caractéristiques des données bien gouvernées et des défis les plus courants auxquels les organisations sont confrontées lors de la mise en œuvre de leur programme de gouvernance des données.

## Perspective : Les données ne se gouvernent pas d'elles-mêmes

Il existe une relation directe entre la valeur que votre organisation tire de ses données, la confiance qu'elle leur accorde et le degré de formalisation de la gouvernance de ces données. Ce n'est pas nouveau. En fait, cela a toujours été le cas. La valeur provient de la capacité à utiliser les données pour prendre de bonnes décisions, prédire le comportement et répondre à des questions qui améliorent l'efficacité et l'efficience. La confiance vient de la compréhension des données, de leur signification, de leur origine et de la façon de les utiliser pour améliorer les opérations.

Les personnes travaillant dans la gestion des données savent qu'il faut un effort formel pour s'assurer que les données des plateformes analytiques, des bases de données de soutien à la décision et des entrepôts de données (entre autres) sont de la plus haute qualité. Ils savent qu'un effort formel est nécessaire pour garantir la qualité des données dans les systèmes d'information que nous construisons et les progiciels que nous achetons et vers lesquels nous migrons nos données. L'effort formel garantit que des données de qualité sont fournies grâce à des ressources telles que les initiatives de gestion des données maîtres, l'amélioration des capacités analytiques et le regroupement des mégadonnées.

Les organisations savent que la valeur de ces ressources proviendra des données gérées dans le cadre de ces efforts. Pourtant, les organisations continuent à se concentrer sur ces efforts de manière indépendante et sans se soucier de la manière dont les données peuvent être exploitées ensemble pour améliorer leur succès. Les mêmes données, définies et produites différemment et en fonction des besoins spécifiques de chaque commanditaire plutôt que des besoins stratégiques de l'organisation, donnent lieu à des ressources de données cloisonnées, ou en silo, qu'il est difficile d'intégrer, de partager et d'exploiter.

C'est pourquoi l'intelligence artificielle et la centralité des données restent un rêve pour de nombreuses organisations. Les organisations continuent de dépenser d'importantes sommes pour la technologie associée à leurs données sans les gouverner formellement en tant qu'actif transversal de valeur. La gouvernance favorise la cohérence. La gouvernance crée l'interopérabilité. La gouvernance crée de la valeur et de la confiance dans les données.

---

*La plupart des gens reconnaissent que les données*
*ne se gouvernent pas d'elles-mêmes.*

---

Cette courte phrase devrait être répétée plus souvent afin d'étayer l'idée que la gouvernance formelle des données exige que l'on se concentre sur les « bonnes » personnes pour qu'elles prennent les « bonnes » mesures au « bon » moment avec les « bonnes » données afin d'obtenir le « bon » résultat avec les données aussi souvent que possible.

La gouvernance des données est l'exécution et l'application de l'autorité sur la définition, la production et l'utilisation des données et des actifs liés aux données. L'exécution et l'application de l'autorité résument assez bien la situation. Cette définition exprime le fait que les actions des personnes sont au centre de la gouvernance des données.

Vous pouvez même envisager d'appeler cette discipline « gouvernance des personnes » plutôt que gouvernance des données, car c'est le comportement des personnes associées à la définition, à la production et à l'utilisation des données qui améliorera la qualité, la valeur et la confiance dans les données. La formalisation du comportement des personnes conduit systématiquement à une amélioration de la valeur et de la confiance dans les données. Nous savons tous que les données ne se gouvernent pas d'elles-mêmes.

L'un des moyens d'améliorer la valeur et la confiance que les gens accordent aux données est d'améliorer leur connaissance des données. Cela comprend la connaissance des ressources de données qui sont à leur disposition et la connaissance des données spécifiques qui résident dans ces ressources. Les métadonnées sont les informations utilisées pour améliorer la connaissance des données. Les métadonnées existent dans les catalogues de données, les glossaires métier, les dictionnaires de données et les référentiels, constitués de bases de données, de feuilles de calcul et de documents qui décrivent les données.

La documentation des données intervient souvent après coup dans de nombreux efforts de développement ou d'intégration de systèmes. Les métadonnées sont alors dispersées dans l'organisation, séparées des autres métadonnées, et souvent non gérées de manière formelle, non mises à jour et non facilement accessibles. Par conséquent, les personnes ne disposent pas des métadonnées dont elles ont besoin pour améliorer l'efficacité et l'efficience dans l'exercice de leurs fonctions. Les métadonnées sont souvent incomplètes, incohérentes, inappropriées ou indisponibles. Les métadonnées ne sont pas régies, ce qui signifie que les personnes ne sont pas formellement redevables de la documentation des données ou des métadonnées. Cette situation est source de problèmes.

Le dernier essai de ce livre décrit comment les métadonnées ne se gouverneront pas non plus d'elles-mêmes.

## Ce qu'il faut retenir

Voyons-nous là une tendance? En fin de compte, les données n'augmentent pas naturellement ou automatiquement leur valeur et ne gagnent pas la confiance des gens sans un effort délibéré. Nous devons orchestrer l'effort aux niveaux stratégique et tactique de l'organisation pour démontrer la valeur et gagner la confiance des gens au niveau opérationnel. Cet effort exige que les personnes disposent du temps, des compétences et des outils nécessaires pour apporter de la valeur et de la confiance dans les données. Les métadonnées sont un élément indispensable. En général, les organisations doivent impliquer fortement leur personnel et l'amener à s'investir dans la nécessité d'améliorer les données. Cela ne se fera pas comme par magie. Les données ne se gouverneront pas d'elles-mêmes.

## Expérience : Changer les habitudes concernant les données avant qu'il ne soit trop tard

La gestion des données est très similaire à la gestion de la santé. L'une de ces similitudes m'est apparue très clairement au fil des ans. Si vous ne vous occupez pas de votre bien-être personnel, une mauvaise santé vous rattrapera toujours. Une fois que la mauvaise santé devient un problème, il faudra parfois beaucoup de temps, voire une éternité, pour surmonter ces problèmes.

Mais qu'en est-il de vos données? Si vous ne prenez pas soin des données de votre organisation, leur santé peut également se dégrader. Si vous n'avez pas pris soin de la santé de vos données depuis longtemps, il se peut que vous ayez un grave problème de santé des données que de petites modifications ne suffisent pas à corriger. Une mauvaise santé des données peut nécessiter une intervention chirurgicale majeure, telle que la réorganisation de l'ensemble de l'infrastructure de données de votre organisation.

### *Évaluer la santé des données de votre organisation*

Comme lorsque vous allez chez le médecin, la première chose à faire pour évaluer la santé des données de votre organisation est d'évaluer son état actuel. Il faut toujours faire cette évaluation pour prescrire le bon remède. Il existe plusieurs façons d'évaluer la santé des données de votre organisation. En voici trois :

- **Évaluer les meilleures pratiques.** Les organisations doivent adopter une approche pragmatique pour évaluer la santé de leurs données, ce qui nécessite de définir les meilleures pratiques pour chaque discipline de données évaluée. L'évaluation comprend la définition des raisons pour lesquelles la meilleure pratique a du sens, l'observation et la consignation des pratiques actuelles et des améliorations possibles, la constatation de l'écart entre la pratique actuelle et la meilleure pratique, et la définition du risque associé à cet écart. Une fois l'évaluation et l'analyse terminées, on peut utiliser ces informations pour déterminer la voie à suivre pour atteindre la meilleure pratique.

- **Utiliser les modèles de l'industrie.** Vous pouvez utiliser un modèle existant pour évaluer l'état actuel de vos données. Ces modèles fournissent une base de comparaison avec de nombreuses disciplines de gestion des données. Voici trois modèles que je vous propose de considérer : CMMI's Data Management Maturity Model,[21] EDM Council – DCAM,[22] et DAMA International – Body of Knowledge (DMBOK).[23]

- **Demandez à vos clients.** Demandez à vos partenaires ce qu'ils pensent de la manière dont vous les aidez à travers chaque discipline de données. De nombreuses organisations interrogent leurs communautés commerciale et technique sur leurs performances et comment elles pourraient être plus efficaces. Ces enquêtes portent généralement sur la satisfaction des clients, la valeur ajoutée et le retour sur investissement.

La santé des données de votre organisation dépend de la manière dont vous les définissez, produisez et utilisez. Les améliorations de la gestion des données sont souvent liées à une ou plusieurs de ces actions. J'utiliserai ces trois actions pour mettre l'accent sur les moyens de modifier vos habitudes en matière de données.

### Changez la façon dont vous définissez les données

La qualité de la production et de l'utilisation des données dépend de la qualité de leur définition. La probabilité que des données de qualité soient produites diminue lorsque la définition des données est incomplète ou rédigée d'une manière qui conduit à des données qui ne peuvent pas être interprétées, et donc produites par l'entreprise. La probabilité que les données soient utilisées correctement dépend également de la qualité des définitions des données. Les définitions de données de qualité amèneront les gens à produire des données de

---

[21] http://cmmiinstitute.com/data-management-maturity.

[22] https://www.edmcouncil.org/dcam.

[23] http://dama.org/content/body-knowledge.

meilleure qualité et à utiliser les données de la manière dont elles sont définies pour être utilisées.

- **Modélisez vos données**. La modélisation des données est une discipline importante qui est un art en déclin. Elle était une pierre angulaire lorsque j'ai commencé à travailler dans la gestion des données, et ce pour de bonnes raisons. Les organisations qui modélisent logiquement et physiquement leurs données disposent de données et de structures bien définies, ce qui se traduit par une gestion solide des métadonnées et une conception efficace et efficiente des bases de données. La modélisation des données évolue à mesure que les organisations adoptent de nouvelles technologies, notamment les bases de données graphes, celles NoSQL, les mégadonnées et les approches Agile.

- **Gérez vos métadonnées**. La gestion des métadonnées, ou la gestion de ce que vous savez sur vos données, est extrêmement bénéfique pour la capacité de votre organisation à comprendre et à faire confiance aux données. Il est impossible d'avoir une bonne santé des données sans se préoccuper des métadonnées. Les organisations peinent à rentabiliser leurs investissements dans les données parce qu'elles n'accordent pas suffisamment d'importance à l'élaboration et à la maintenance de glossaires métier, de dictionnaires de données et de catalogues de données. Il n'est pas essentiel de centraliser le catalogue de données ou le référentiel de métadonnées pour obtenir des résultats positifs, mais il est certain que cela contribue à la santé des données.

- **Implication dans la méthode Agile**. La méthodologie de projet Agile vise à réaliser des projets de grande qualité de manière rapide, efficace et progressive. Les organisations choisissent généralement des projets de premier plan et qui seraient long à réaliser lorsqu'elles optent pour cette approche, en privilégiant souvent la rapidité au détriment de la santé des données. Les données sont au cœur de ces projets, d'où l'importance de la qualité des données. Les organisations qui évaluent la santé de leurs données doivent examiner la gestion des données dans les projets Agile afin de préserver le temps et les ressources nécessaires pour se préoccuper des données.

### Changez la façon dont vous produisez les données

L'ère des mégadonnées force l'amélioration de la santé des données et accroit le besoin de trouver et d'utiliser toutes les formes de données. Celles-ci comprennent des sources structurées et non structurées. Les organisations trouvent des moyens de produire des données nouvelles et de meilleure qualité à partir d'anciennes données chaque fois qu'elles intègrent des sources de données pour résoudre un problème. Le taux de croissance des données est stupéfiant. Il est donc évident que les organisations qui cherchent à changer leurs habitudes en matière de données doivent se concentrer sur la production de données, car c'est un domaine qui permettra d'améliorer la santé des données.

- **Évaluer les sources de données.** La capacité à tirer parti de la propriété (intendance des données) est très importante pour la gouvernance des données. Les sources de données qui sont suffisamment importantes pour utilisées pour la prise de décision et l'amélioration des opérations sont également suffisamment importantes pour être bien documentées et comprises. Les organisations qui souhaitent améliorer leurs habitudes en gestion des données devraient évaluer leurs sources de données existantes pour déterminer ce qu'elles savent et ce qu'elles ne savent pas, afin de combler les lacunes et d'améliorer la santé de leurs données.

- **Contrôler les points d'entrée.** Laisser de mauvaises données entrer dans les systèmes n'est jamais une bonne idée. En fait, si nous pouvions le prévenir, cela résoudrait bien des problèmes de qualité des données. D'où viennent donc tous les problèmes de qualité des données? Le contrôle (ou son absence) du point d'entrée des données est un facteur important de la santé des données. Qu'il s'agisse d'une saisie manuelle, d'une transformation des données ou de sources externes, on doit évaluer comment les points d'entrée des données sont gérés afin d'améliorer la qualité des données et, par conséquent, leur santé.

- **Gérer la qualité des données.** Nous pouvons également évaluer la qualité des données à l'aide des trois mêmes actions : définition, production et utilisation. L'amélioration de la santé des données peut passer par l'amélioration de la qualité de la définition des données, comme nous l'avons vu dans la section précédente, par l'amélioration de la qualité de la production des données, comme nous venons de le voir, et par l'amélioration de la qualité de l'utilisation des données grâce à un meilleur accès, à une meilleure compréhension et à une meilleure protection. Les organisations s'améliorent en appliquant la gouvernance des données à ces trois actions. En effet, elles se rendent compte que la qualité des données est un facteur clé de la santé des données.

---

### Changez votre façon dont vous utilisez les données

Certaines organisations se concentrent sur les habitudes d'utilisation des données pour obtenir le soutien de la direction pour la gouvernance des données. La protection des données sensibles est facile à comprendre pour la direction parce qu'elle reconnaît que cette action n'est pas facultative. Il en va de même pour la conformité aux directives réglementaires. La direction sait que les règles associées à la protection et à la réglementation lui sont dictées. Cependant, l'utilisation des données à des fins d'analyse est une décision consciente, souvent prise par la direction, qui exige une bonne santé et une discipline sérieuse en matière de données. L'évaluation des habitudes liées à l'utilisation des données, y compris la compréhension, la classification et la protection des données, est essentielle pour améliorer la valeur que l'on tire de l'utilisation de ses données.

- **Améliorer la compréhension des utilisateurs.** L'amélioration des capacités de gestion des métadonnées est l'une des clés de l'amélioration de la compréhension des données par l'organisation. Les organisations commencent souvent par se concentrer sur les glossaires métier et les dictionnaires de données parce qu'ils aident à la compréhension d'un petit sous-ensemble de données importantes, telles que les données dans leurs environnements d'informatique décisionnelle, d'entrepôts de données et de données maîtres. Il s'agit donc d'un bon endroit pour améliorer la compréhension en se concentrant sur la santé des méta-données associées aux données les plus importantes. Le développement d'un référentiel de gestion des métadonnées riche requiert des ressources similaires à celles nécessaires à la construction d'un entrepôt de données. Évaluez ce que vos parties prenantes ont besoin de savoir sur les données, par rapport à ce qui est déjà consigné et mis à leur disposition, afin d'améliorer la santé des données de votre organisation.

- **Classifiez vos données.** Ces deux dernières suggestions pour améliorer l'utilisation des données sont étroitement liées. Avant de pouvoir prétendre à une parfaite santé en matière de protection des données sensibles, il est important de classer (c.-a-d. confidentielles, sensibles, publiques) vos données sur la base de règles correspondant à chaque niveau de classification. Classifiez d'abord les données, puis les règles associées à leur traitement selon chaque niveau doivent être définies, communiquées à tous, suivies et appliquées afin de satisfaire à un élément essentiel de la gouvernance des données de votre organisation.

- **Protéger les données sensibles.** La protection des données est une préoccupation de toutes les organisations. Qu'il s'agisse de renseignements personnels identifiables, de renseignements sur la santé, de propriété intellectuelle ou de renseignements personnels relevant du RGDP (Règlement général sur la protection des données) de l'Union européenne, les règles associées à la protection des données sensibles sont en perpétuelle évolution, et une partie de la santé de vos données dépend de la façon dont vous les protégez. Par conséquent, changer vos habitudes en matière de protection des données sensibles est une exigence de toutes les organisations que l'on ne saurait surestimer.

---

### *Ce qu'il faut retenir*

La gestion de la santé de vos données est similaire à la gestion de votre santé personnelle. La plupart des médecins vous suggéreront de changer vos habitudes si vous êtes en surpoids et en mauvaise forme. Vos problèmes de santé ne se corrigeront pas d'eux-mêmes si vous ne changez pas vos habitudes. Les organisations peuvent s'inspirer de cette simple leçon de santé. Si l'organisation veut améliorer la santé de ses données, elle doit commencer par changer ses habitudes. Les organisations doivent changer leurs habitudes de définition, de production et d'utilisation des données avant qu'il ne soit trop tard.

# Expérience : Caractéristiques des données qui sont gouvernées

La gouvernance des données n'a pas la même signification pour tout le monde. Parfois, les organisations utilisent indifféremment les termes « gouvernance des données » et « intendance des données ». Parfois, elles utilisent « non intrusif » pour décrire leur approche de la gouvernance des données. Malheureusement, il n'existe pas de définition unique et acceptée de la gouvernance des données.

Ma définition, « la gouvernance des données est l'exécution et l'application de l'autorité sur la gestion des données », est une définition controversée en raison de la force de sa formulation. Ma définition soulève toujours les questions suivantes : « À quoi ressemblent les données gouvernées? » et « Que signifient réellement l'exécution et l'application de l'autorité? ».

Cet essai expliquera brièvement ce que signifie « gouverner » quelque chose. Commençons par la définition de base de « gouverner » provenant de TheFreeDictionary.com. J'ai ajouté le mot « données » autour de chaque caractéristique d'identification de la définition. Les caractéristiques d'identification sont la partie de la définition qui vous indique en quoi ce terme est unique ou différent des autres termes. L'ajout du mot « données » rend ces caractéristiques plus faciles à lire et les place dans notre contexte.

Voici la définition de « gouverner » selon TheFreeDictionnary.com (version anglaise), avec notre contexte :

gouverner [les données]

Caractéristiques d'identification :

- Élaborer et administrer la politique et les affaires publiques [des données]
- Exercer une autorité souveraine [sur les données]
- Contrôler la vitesse ou l'ampleur [des données]
- Réglementer [les données]

- Contrôler les actions ou le comportement [des données]
- Garder sous contrôle [les données]; restreindre [les données]
- Exercer une influence décisive ou déterminante [sur les données]
- Exercer une autorité politique [sur les données]

TheFreeDictionary.com [ajouts par Bob Seiner]

Passons en revue chacune des huit caractéristiques d'identification et voyons elle s'applique à la gouvernance des données.

**1. Élaborer et administrer la politique et les affaires publiques des données.**

- **Gouverner les données** signifie que la politique en matière de données sont des documents écrits et approuvés de l'organisation.

- **Gouverner les données** signifie que vous avez une politique de gouvernance des données. Cette politique peut être cachée dans la politique de sécurité de l'information, de protection de la vie privée ou de classification des données.

- **Gouverner les données** signifie que votre organisation tire parti des efforts investis dans l'élaboration et l'approbation de la politique plutôt que de laisser la politique rester sur le carreau.

**2. Exercer une autorité souveraine sur les données.**

- **Gouverner les données** signifie qu'il existe un moyen de résoudre une divergence d'opinion sur une question de données transversales.

- **Gouverner les données** signifie qu'une personne ou un groupe a l'autorité de prendre des décisions concernant les données.

- **Gouverner les données** signifie qu'il existe une escalade entre les niveaux opérationnel, tactique et stratégique de l'organisation pour la prise de décision. Il est rare que la gestion des données nécessite une remontée des problèmes de données au niveau de la haute direction.

**3. Contrôler la vitesse ou l'ampleur des données.**

- **Gouverner les données** signifie que les données sont partagées selon les règles de classification (confidentiel, sensible, public) associées à ces données.

- **Gouverner les données** signifie que la création de nouvelles versions des mêmes données est examinée de près afin de gérer et d'éliminer la redondance des données.

- **Gouverner les données** signifie que les gens ne font pas de copies de données critiques ou confidentielles qui ne sont pas soumises au même examen et à la même gouvernance que les données d'origine.

**4. Réglementer les données.**

- **Gouverner les données** signifie que des processus appropriés sont mis en place pour réglementer les données et contrôler leur définition, production et utilisation à tous les niveaux d'une organisation.

- **Gouverner les données** signifie que des processus proactifs et réactifs sont définis, approuvés et suivis à tous les niveaux de l'organisation. Les situations qui ne respectent pas ces procédures réglementaires peuvent être identifiées, évitées et résolues.

- **Gouverner les données** signifie que les comportements réglementaires autour des données sont présents dans l'esprit des membres de votre personnel au lieu d'être relégués au second plan comme un « inconvénient » ou une « chose à faire éventuellement ».

**5. Contrôler les actions ou le comportement des données.**

- **Gouverner les données** signifie que les comportements et les actions appropriés associés au contrôle des données sont mis en place et suivis pour gérer la définition, la production et l'utilisation des données à tous les niveaux de l'organisation.

- **Gouverner les données** signifie que les processus proactifs et réactifs sont définis, approuvés et suivis à tous les niveaux de l'organisation et que les situations où ces comportements ne sont pas acceptés et suivis sont identifiées, prévenues et résolues.

- **Gouverner les données** signifie que les comportements appropriés autour des données sont mis au premier plan dans l'esprit de votre personnel au lieu d'être relégués au second plan comme un « inconvénient » ou une « chose à faire éventuellement ».

## 6. Garder sous contrôle les données; restreindre les données.

- **Gouverner les données** signifie que l'accès aux données est géré, sécurisé et contrôlable par leur classification et que des processus et des responsabilités sont mis en place pour garantir que les privilèges d'accès ne sont accordés qu'aux personnes appropriées.

- **Gouverner les données** signifie que tous comprennent les règles associées à la copie de données dans des feuilles de calcul, au chargement de données sur des ordinateurs portables, à leur transmission ou à toute autre activité qui copie les données de leur source d'origine.

- **Gouverner les données** signifie que les règles associées au contrôle des versions papier des données sont bien documentées et communiquées aux personnes qui génèrent, reçoivent ou distribuent ces copies papier.

## 7. Exercer une influence décisive ou déterminante sur les données.

- **Gouverner les données** signifie que les bonnes personnes sont impliquées au bon moment pour les bonnes raisons afin de garantir que les bonnes décisions sont prises concernant les bonnes données.

- **Gouverner les données** signifie que les informations sur qui fait quoi avec les données sont entièrement consignées, partagées et comprises dans l'ensemble de l'organisation.

- **La gouvernance des données** signifie qu'il existe une procédure formelle d'escalade pour les problèmes de données connus qui passent de l'opérationnel au tactique, puis au stratégique et aux personnes identifiées comme étant les autorités pour cette utilisation spécifique des données.

## 8. Exercer une autorité politique sur les données.

- **Gouverner les données** signifie qu'une personne ou un groupe a l'autorité de prendre des décisions sur les données qui ont un impact sur l'entreprise.

- **Gouverner les données** signifie que la nature politique de la prise de décision est mise à profit pour prendre des décisions tactiques et stratégiques qui profitent au mieux à l'entreprise.

- **La gouvernance des données** signifie qu'il existe une procédure formelle d'escalade pour les problèmes de données connus qui vont de l'opérationnel (spécifique à l'unité opérationnelle) au tactique (transversal à l'unité opérationnelle) au stratégique (entreprise) et aux personnes identifiées comme les autorités pour l'utilisation spécifique de ces données.

---

### *Ce qu'il faut retenir*

Cet essai explique brièvement ce que signifie « gouverner ». La définition de ce mot présente plusieurs caractéristiques qui soutiennent la définition que j'ai donnée tout au long de cet ouvrage. Pour exercer et faire respecter l'autorité sur les données, l'organisation doit respecter un grand nombre des caractéristiques d'identification de ce que signifie « gouverner » quelque chose.

La prochaine fois que quelqu'un vous demandera de lui expliquer la différence entre des données gouvernées et des données non gouvernées, n'ayez pas peur de sortir la liste de cet essai et d'expliquer pourquoi les données de l'organisation doivent suivre la définition du dictionnaire du mot « gouverner ».

## Expérience : Défis courants de la gouvernance des données

Les organisations qui mettent en place des programmes formels de gouvernance des données sont souvent confrontées à de nombreux défis. Ces défis diffèrent d'une organisation à l'autre. Toutefois, certains défis reviennent souvent. Cet essai décrit brièvement ces défis courants de la gouvernance des données.

Avant de commencer, il convient de reconnaître que chaque environnement de données est différent. Les organisations ont des niveaux de maturité différents pour chaque défi. Pour cette raison, j'ai fourni un tableau simple ci-dessous pour évaluer le statut de votre organisation par rapport à chaque défi. Une couleur plus foncée signifie que le défi risque d'anéantir vos chances de réussite. Une couleur mi-obscure signifie que la manière dont vous relevez le défi doit être améliorée, et une couleur plus claire signifie que vous relevez le défi d'une manière acceptable. Vous pouvez également utiliser les couleurs rouge, jaune et verte, ou un système de numérotation pour indiquer votre niveau de maturité.

Les défis présentés dans la liste ci-dessous et dans la figure 4-1 constituent un bon point de départ pour fournir des bonnes pratiques pragmatiques pour la mise en place d'un programme formel de gouvernance des données.

Les défis courants liés à la mise en œuvre d'un programme formel de gouvernance des données sont les suivants :

- Manque de leadership
- Comprendre la valeur de la gouvernance des données
- Définir l'objectif de la gouvernance des données et les problèmes causés par les données
- Soutien, parrainage et compréhension de la part de la haute direction
- Budgets et appropriation
- Les gens pensent que les TI possèdent les données
- Manque de documentation sur les données
- Ressources requises pour la gouvernance des données

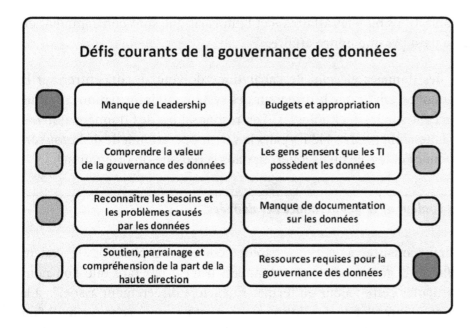

Figure 4-1 Défis courants de la gouvernance des données

Passons en revue chacun de ces défis de la gouvernance des données.

---

### *Manque de Leadership*

Le leadership en matière de données est un défi auquel sont confrontées de nombreuses organisations. Les organisations acceptent peu à peu l'idée qu'elles ont besoin de personnes responsables de leurs données et de leurs analyses, au-delà de la technologie nécessaire pour exploiter et protéger les données. C'est pourquoi le rôle de directeur des données (*CDO Chief Data Officer*) se fraye lentement un chemin jusqu'au niveau de visibilité généralement et historiquement réservé au directeur des systèmes d'information (*CIO Chief Information Officer*).

Mon ami Anthony Algmin, leader d'opinion sur le leadership en matière de données, a résumé le défi que représente l'absence de ce leadership de la manière suivante : « Le défi du leadership en matière de données va au-delà de l'utilisation appropriée des données. Nous devons orchestrer les nombreuses activités liées aux données afin d'en maximiser l'impact sur l'entreprise. »

Dans les organisations où « les affaires » et l'informatique sont constamment en désaccord, ce n'est pas une mince affaire.

Le directeur des données et celui de l'analytique doivent se concentrer sur la gestion des données, tandis que le directeur des systèmes d'information continue de mettre l'accent sur les technologies. Les responsables des données doivent s'efforcer de faire comprendre à leurs pairs la valeur opérationnelle de la gouvernance des données et le rôle qu'ils joueront dans la réussite du programme.

### Comprendre la valeur de la gouvernance des données

Un autre défi consiste à décrire rapidement et simplement la valeur opérationnelle de la gouvernance des données. Il n'est pas rare que l'on nous demande d'articuler cette valeur en termes financiers directement associés à la gouvernance et à l'intendance des données. Ce n'est pas une tâche facile. Il faut tenir compte du fait que la valeur peut provenir des données gouvernées elles-mêmes plutôt que de l'acte qui les gouverne.

Les organisations doivent examiner la valeur attendue d'autres investissements axés sur les données. Les investissements les plus importants concernent souvent les transformations numériques et commerciales, les systèmes de gestion intégrés mis à niveau, l'intelligence artificielle et l'apprentissage automatique, l'informatique décisionnelle et les données maîtres, l'analytique et la science des données. Souvent, les organisations n'atteignent pas le niveau de rendement attendu de ces investissements si les données ne sont pas gouvernées.

Les investissements qui se concentrent uniquement sur la technologie n'amélioreront pas la qualité et la valeur de vos données actuelles. Ils mettront toutefois en évidence les lacunes des données. Comme je l'ai déjà dit dans des essais précédents, les données ne se gouvernent pas d'elles-mêmes. Cela devrait suffire, mais la direction semble en vouloir plus.

C'est pourquoi nous essayons de leur en donner plus. Nous essayons de quantifier les données de plusieurs manières, notamment en mesurant la confiance de l'organisation dans celles-ci, leur qualité et leur cohérence, la capacité des personnes à travailler efficacement avec les données, le temps nécessaire pour accéder aux données, le niveau de compréhension des données disponibles, la manière dont elles sont classées et la manière dont elles doivent être traitées, pour n'en citer que quelques-unes. Nous trouvons d'autres moyens de démontrer la valeur opérationnelle de la gouvernance des données lorsque nous examinons le retour sur investissement d'autres investissements.

## *Définir l'objectif de la gouvernance des données*

Un défi facile à relever consiste à définir l'objectif de la gouvernance des données au sein de votre organisation. Vous devez être en mesure de répondre rapidement à la question suivante : « Pourquoi mettons-nous en place un programme de gouvernance des données? ». La réponse se traduit par une déclaration d'objectif de la gouvernance des données. Voici quelques exemples de déclarations d'objectifs succinctes :

L'objectif de notre programme de gouvernance des données est de :

- Utiliser les données stratégiques en toute confiance.
- Protéger les informations confidentielles.
- Améliorer la fourniture de données de haute qualité et utilisables.
- Veiller à ce que les données soient fiables et accessibles par les personnes appropriées.

## *Définir les problèmes causés par les données*

Un autre défi consiste à comprendre les problèmes causés par les données. Interrogez les gens sur les difficultés qu'ils rencontrent dans leur travail et avec les données. Plus tôt dans le livre, j'ai mentionné des questions à poser, notamment « Que ne pouvez-vous pas faire? » et « Que feriez-vous? » si les gens avaient un accès efficace et effectif à des données auxquelles ils font confiance. De telles questions donnent souvent lieu à des conversations ouvertes qui permettent 1) d'en savoir plus sur les difficultés ressenties par les personnes qui travaillent avec des données et 2) de comprendre comment la gouvernance des données atteindra son objectif.

L'objectif de la gouvernance des données doit se concentrer sur un besoin de l'entreprise et répondre aux problèmes qu'elle rencontre. Le seul moyen de connaître les problèmes de données est d'interroger les gens de l'entreprise.

### Soutien, parrainage et compréhension de la part de la haute direction

Dans mes deux livres, j'ai inclus des essais visant à relever ce défi. Obtenir le soutien et le parrainage de la haute direction et lui faire comprendre ce qu'il faut faire pour appliquer une gouvernance formelle aux données critiques est un défi constant pour de nombreuses organisations. Le soutien et le parrainage interviennent souvent très tôt, tandis que la planification et la formation sont nécessaires pour que la direction générale comprenne à quoi ressemble un paysage de données gouvernées et gérées, et ce qu'il faut faire pour y parvenir.

Chaque organisation devrait considérer cela comme une meilleure pratique lors de la mise en place de son programme de gouvernance des données. Celui-ci sera menacé si vous n'obtenez pas un niveau élevé de soutien, de parrainage et de compréhension de la part de la direction générale en ce qui concerne la gouvernance des données et les actions de votre programme.

### Budgets et appropriation

De nombreuses organisations sont confrontées à la question de savoir qui va payer pour la gouvernance des données. L'une des questions que l'on me pose souvent est de savoir où la gouvernance des données doit se situer dans l'organisation. Les réponses habituelles sont « l'informatique » ou « les affaires ». Certains pensent que votre programme de gouvernance échouera s'il est budgétisé (et donc placé) sous la responsabilité des TI. Je ne suis pas de ceux-là.

La réponse « les affaires » est très vague, mais c'est aussi celle qui est donnée le plus souvent. Les programmes de gouvernance des données relèvent souvent de la finance, de la gestion des risques, des opérations, de l'analyse d'entreprise ou d'autres secteurs opérationnels. La propriété de la gouvernance des données doit résider quelque part, ce qui signifie que son administration doit relever de la responsabilité formelle de quelqu'un.

La gouvernance des données doit être détenue et financée par quelqu'un. Si cette personne est l'informatique, il faut rompre avec l'idée que l'informatique « possède les données ». L'informatique peut « posséder » l'administration de la gouvernance des données, mais il faut reconnaître que l'entreprise doit gérer les données et en être responsable. C'est un point que j'ai soulevé dans le premier livre lorsque j'ai écrit que « tout le monde est un intendant de données ». Les personnes qui définissent, produisent et utilisent les données sont des intendants si elles sont tenues formellement responsables de la manière dont elles font ces tâches. Il s'agit le plus souvent de gens opérationnels.

### Les gens pensent que les TI possèdent les données

Ce défi est lié au précédent. Dans de nombreuses organisations, on pense généralement que l'informatique possède les données et que les professionnels ne sont que des utilisateurs de ces données. Je tiens à préciser que, d'après mon expérience, ce postulat est faux. Bien que cela ait été perçu au fil des ans, nous devrions, en tant que praticiens, nous donner pour mission de dissiper ce mythe.

Les TI ont de nombreuses responsabilités en matière de données, mais la définition, la production et l'utilisation des données d'entreprise en font rarement partie. L'informatique est chargée de fournir la technologie nécessaire à la définition, à la production et à l'utilisation des données. Mais presque tous les praticiens s'accordent à dire que les gens de métier devraient être responsables de la collaboration avec l'informatique pour définir les données et leurs exigences, produire des données de haute qualité et utiliser les données à des fins opérationnelles et décisionnelles.

### Manque de documentation sur les données

La documentation des données est certainement un défi. Je qualifie souvent celle-ci de métadonnées, car les données relatives aux données doivent être consignées quelque part pour que les responsables de leur gestion puissent en bénéficier. Il existe de nombreuses catégories de métadonnées qui peuvent provenir d'outils internes ou externes à votre environnement. La sélection des catégories appropriées qui apporteront une valeur opérationnelle et la détermination de la quantité de métadonnées à collecter et à mettre à disposition constituent un premier défi.

La gestion des métadonnées est également un défi pour de nombreuses organisations. Quelqu'un doit être officiellement responsable de la définition des métadonnées à collecter. Quelqu'un doit être formellement responsable de leur production et quelqu'un doit être formellement responsable de leur utilisation. La documentation des données est un défi que chaque organisation doit relever.

---

### Ressources requises pour la gouvernance des données

J'ai indiqué à plusieurs reprises dans ce livre que les données et les métadonnées ne se gouverneront pas d'elles-mêmes. Quelqu'un doit être tenu formellement responsable si votre organisation espère obtenir un succès durable dans la gestion de ces actifs. Les organisations qui allouent des ressources dédiées obtiennent de meilleurs résultats et progressent plus rapidement que celles qui confient cette responsabilité à quelqu'un en plus de ses autres fonctions et qui n'y accordent que peu de temps.

Au-delà de l'administrateur, il faudra probablement une représentation stratégique et tactique dans le programme et du temps pour impliquer les intendants de données qui définissent, produisent et utilisent les données dans le cadre de leur travail. Un administrateur de la gouvernance des données efficace relève ce défi et sait qui sont ces intendants et comment et quand les impliquer. L'essai sur les rôles et responsabilités de la gouvernance des données présente un ensemble complet à ce sujet.

---

### Ce qu'il faut retenir

Les organisations qui mettent en œuvre des programmes de gouvernance des données sont confrontées à de nombreux défis, tant au début qu'au fur et à mesure de la maturation de leur programme. Cet essai aborde plusieurs défis courants de la gouvernance des données et fournit un graphique simple à utiliser pour mettre évaluer votre situation par rapport à ces défis.

## Perspective : Principes progressifs de protection des données

De nombreuses raisons poussent les organisations à mettre en place des programmes formels de gouvernance des données. Les raisons les plus courantes sont : l'amélioration de la qualité des données, l'amélioration des capacités d'analyse, la résolution des problèmes connus, l'obligation de rendre des comptes sur les données, la conformité aux réglementations, et bien d'autres encore. La protection des données n'a cessé de remonter à la surface en tant qu'élément le plus important et le plus facile à mettre en œuvre dans le cadre d'un programme formel. Je n'ai pas dit « facile ». J'ai dit « plus facile ». Je m'explique.

Tout d'abord, il est facile d'obtenir un consensus sur la protection des données. Le gouvernement vous dit que vous devez protéger les données sensibles et être en mesure de le prouver. Il existe de nombreuses règles en matière de protection des données. Tout le monde doit savoir qu'il y a des règles, être informé des règles, savoir comment les suivre et le faire. Cela semble assez facile.

À moins que votre organisation n'ait jamais protégé des données sensibles.

Les énoncés suivants sont des principes progressifs associés à la gouvernance et aux comportements liés à la protection des données. Vous remarquerez vite que ces principes se renforcent mutuellement et peuvent devenir la base de la protection des données par le biais d'une gouvernance formelle des données.

Ces principes sont:

- **Vos clients pensent que vous protégez leurs données.** Vous perdrez vos clients s'ils soupçonnent que leurs données ne sont pas en sécurité lorsqu'elles sont en votre possession. J'ai toujours dit que les auditeurs étaient vos amis. Je dis cela parce que les auditeurs sont les personnes de votre organisation qui peuvent vous dire si vous protégez vos données d'une manière qui doit être déclarée et conforme.

  Je vous suggère d'impliquer vos auditeurs internes de manière proactive plutôt que d'attendre une évaluation externe (comprendre : mauvaises nouvelles!). Il y a de fortes chances que vous et votre organisation sachiez déjà si vous protégez suffisamment bien les informations personnelles de vos clients. De nos jours, il ne suffit pas que les clients aient confiance dans la protection de leurs données.

- **Le gouvernement exige que vous protégiez les données.** Rechercher « protéger les données des clients » sur Google donne des millions de résultats, la plupart provenant d'entreprises voulant vous aider à protéger vos données. Plusieurs pays ont adopté des lois sur la protection des données, y compris la plupart des pays d'Europe et d'Amérique latine. Les États-Unis se distinguent pour ne pas avoir adopté de loi complète sur la protection de la vie privée. En revanche, ils ont adopté des lois sur la protection de la vie privée dans les domaines financier, médical, politique et de l'internet.

  Aux États-Unis, le respect de la vie privée est garanti par la constitution. Le gouvernement prend cette protection très au sérieux et les règles sont de plus en plus strictes. Je suppose qu'un jour viendra, si ce n'est déjà fait, où il exigera de toutes les organisations qu'elles prouvent qu'elles respectent la loi en protégeant les données de leurs clients.

- **Les dirigeants affirment que nous protégerons les données.** Ce principe peut ne pas être fondé sur des faits. D'après mon expérience, les dirigeants doivent affirmer que leur organisation protège les données sensibles des clients, mais ils ne sont pas toujours certains que les données sont protégées de manière appropriée. Pour s'assurer de bien protéger les données, tous les membres de l'organisation doivent connaître les règles et être tenus formellement redevables de la manière dont ils traitent les données sensibles.

  Dans de nombreuses organisations, les personnes ne sont généralement pas conscientes des spécificités des règles, à moins qu'il n'y ait des activités visant à les sensibiliser à ces règles et à modifier leur comportement. Les données sensibles peuvent inclure des renseignements personnels identifiables, des informations personnelles sur la santé et, de plus en plus, la propriété intellectuelle, pour n'en citer que quelques-unes. Quel que soit votre secteur d'activité, il est probable que certaines données doivent être protégées.

- **La gouvernance des données nous indique comment protéger les données.** S'il est bien connu que la gouvernance des données permet d'améliorer la valeur des données de l'entreprise, les organisations cherchent encore comment s'y prendre. La protection des données sensibles est un excellent moyen de commencer. Si vous convenez que les comportements des personnes doivent changer pour que les données soient protégées, on doit alors se concentrer sur des activités spécifiques qui favorisent ce changement. Celles-ci comprennent la définition des rôles et des responsabilités, des meilleures pratiques, des communications et d'un plan de sensibilisation portant spécifiquement sur la gouvernance des données (et la protection des données), la mise en place d'une formation approfondie et la diffusion de ce matériel.

  La gouvernance des données, que je définis comme « l'exécution formelle et l'application de l'autorité sur la gestion des données », devrait inclure une composante sur la protection. La gouvernance des données nous indique comment protéger les données. La protection des données commence par la sensibilisation des personnes aux règles de protection des données et à la manière de les appliquer.

---

### Ce qu'il faut retenir

Dans cet essai, j'ai partagé quatre principes progressifs qui assurent le lien entre la gouvernance des données et leur protection. La plupart des organisations ont des programmes axés sur la sécurité de l'information, la protection de la vie privée, la conformité et la gestion des risques. Les partenaires de votre programme de gouvernance des données fournissent ces activités de gouvernance.

Rappelez-vous que vos clients pensent que vous protégez leurs données, que le gouvernement dit que vous devez les protéger et que votre direction dit déjà que vous les protégez. L'étape suivante consiste à utiliser votre gouvernance des données pour consolider la façon dont vous protégez leurs données.

# CHAPITRE 8

# Technologie et métadonnées (Documentation des données)

L
a technologie et les métadonnées sont des facteurs de réussite des programmes de gouvernance des données. Les technologies de données telles que les catalogues de données, les référentiels de métadonnées, le maillage et la fabrique de données sont des instruments précieux qui favorisent la définition, la production et l'utilisation efficaces des données de l'entreprise en tant qu'actif apprécié. Les technologies et les métadonnées figurent dans la colonne des outils du cadre non intrusif de gouvernance des données, présentée au chapitre 1.

Le dernier chapitre du livre se concentre sur plusieurs considérations importantes concernant l'utilisation efficace de la technologie et des métadonnées pour améliorer votre programme de gouvernance des données. Les essais de ce chapitre abordent les défis de la gouvernance des données associés aux grands modèles de langage, la gouvernance du maillage et des fabriques de données, les questions auxquelles il faut répondre lorsque des métadonnées gouvernées et fiables sont mises à la disposition des responsables des données de l'organisation, et les considérations relatives aux exigences en matière d'outils de métadonnées. Le dernier essai vous rappelle que, tout comme les données, les métadonnées ne se gouverneront pas d'elles-mêmes.

## Perspective : Défis de gouvernance des données associés aux grands modèles de langage

Cet essai est une perspective parce que, au moment de la publication de ce livre, un nombre limité d'organisations ont orienté la priorité de leurs programmes de gouvernance des données vers les grands modèles de langage (GML). Une grande partie du contenu se concentre sur le développement, le déploiement et l'utilisation des GML. Il y a également du contenu sur les préoccupations en matière d'éthique, de protection de la vie privée, de partialité et du pouvoir que les gens ont avec l'utilisation des GML. Cet essai se concentre sur la relation entre la discipline de la gouvernance des données et l'utilisation des GML.

Comme je l'ai mentionné dans ce livre, la gouvernance des données est l'exécution et l'application de l'autorité sur la définition, la production et l'utilisation des données. La gouvernance des données implique que les personnes soient formellement redevables des actions qu'elles entreprennent avec les données. Elle nécessite un effort déterminé pour gérer les informations dont vous disposez sur vos données. La gouvernance des données devient de plus en plus une considération importante associée aux avantages des GML.

Les grands modèles de langage sont des systèmes d'intelligence artificielle formés sur des quantités massives de données et capables de générer des interactions semblables à celles des personnes à travers le texte. Les GML utilisent des algorithmes d'apprentissage automatique pour analyser des tendances dans les données et apprendre à générer du texte similaire à ce qu'un humain pourrait écrire ou dire. L'utilisation des GLM peut créer des défis importants en matière de gouvernance des données, notamment en ce qui concerne la qualité des données, leur confidentialité et les considérations éthiques.

Parmi les GML les plus connus, citons GPT-3 (*Generative Pre-trained Transformer 3*), ChatGPT (le même acronyme s'applique) et BERT (*Bidirectional Encoder Representations from Transformers*), qui ont été utilisés, avec plus ou moins de scepticisme, pour diverses applications, telles que la traduction linguistique, la génération de contenu et les robots de conversation. Dans cet essai, j'aborderai la relation entre la gouvernance des données et les GML et discuterai de certaines considérations clés pour les organisations qui cherchent à mettre en œuvre des technologies de GML.

Dans le passé, lorsque j'ai écrit sur mon expérience de la mise en œuvre de programmes de gouvernance des données, je me suis généralement concentré sur la façon dont les programmes gouvernent les actifs de données de l'organisation pour s'assurer qu'ils sont exacts, cohérents, sécurisés et conformes aux exigences légales et réglementaires. J'ai écrit sur les politiques, les procédures, les meilleures pratiques, les outils et les technologies de gouvernance des données utilisés pour soutenir ces activités. La gouvernance des données est essentielle pour garantir que les données sont disponibles en cas de besoin, qu'elles sont d'une qualité suffisante pour soutenir la prise de décision et qu'elles sont protégées contre l'accès non autorisé ou l'utilisation abusive. Ces mêmes sujets sont pertinents lorsque les GML entrent dans la conversation.

Les GML sont des outils formidables qui utilisent des algorithmes complexes pour identifier des tendances et des relations dans les données et le langage. Ils ont fait preuve d'un succès remarquable dans la génération de textes semblables à ceux des personnes, ce qui a conduit à leur adoption dans un large éventail d'industries. L'application de la gouvernance des données à l'utilisation des GML pose de nouveaux défis aux organisations.

Ces défis comprennent :

- Défis liés à l'intendance des données
- Défis liés à la documentation des données
- Défis liés au risque, à la confidentialité et à la sécurité des données
- Défis liés à la qualité des données
- Défis liés aux tiers et aux fournisseurs
- Défis liés à l'efficacité opérationnelle

Étant donné que de nombreuses organisations n'ont pas encore relevé les défis de la gouvernance des données associés aux GML, et pour démontrer l'efficacité de la technologie, un GML a apporté sa contribution aux détails des défis suivants. Des références limitées à la gouvernance non intrusive des données ont été insérées, soulignant le fait que les défis en matière de données présentés par les GML sont cohérents dans toutes les approches de la gouvernance des données.

---

### Défis liés à l'intendance des données

Les GML s'appuient sur de grands volumes de données, ce qui accroît la nécessité de pratiques actives d'intendance des données visant à garantir qu'elles sont gérées de manière éthique et responsable dans tout ce volume. L'intendance fait référence à la formalisation de la redevabilité pour la définition, la production et l'utilisation des données tout au long de leur cycle de vie, et est essentielle pour garantir que les GML sont utilisés de manière responsable et efficace.

Les défis liés à l'intendance des données incluent :

- **Qualité et exactitude des données :** Les GML s'appuient sur de grandes quantités de données pour générer des informations précises et significatives. Garantir la qualité et l'exactitude de ces données est essentiel pour l'efficacité du modèle. Cependant, des problèmes de qualité des données peuvent survenir à différents stades de leur cycle de vie, y compris la collecte, le traitement et l'étiquetage des données. Les organisations doivent tenir les personnes formellement redevables de s'occuper des processus robustes d'assurance de la qualité des données afin d'atténuer ces risques.

- **Biais et équité des données :** Les GML peuvent être formés sur des ensembles de données biaisés ou non représentatifs, ce qui entraîne des résultats biaisés ou injustes. Ces biais perpétuent les inégalités et les discriminations existantes et nuire à la réputation de l'organisation. Les intendants doivent mettre en œuvre des processus appropriés d'étique-tage et de sélection des données, ainsi qu'un contrôle et une vérification continus, afin de s'assurer que le modèle est juste et impartial.

- **Confidentialité et sécurité des données :** Les GML doivent souvent avoir accès à des données sensibles, telles que des renseignements personnels ou des données commerciales confidentielles. Il est essentiel de garantir la confidentialité et la sécurité de ces données pour maintenir la confiance des clients et des parties prenantes. Les intendants doivent être redevables de la mise en œuvre de politiques appropriées en matière de confidentialité et de sécurité des données, telles que le chiffrement des données, les contrôles d'accès et l'anonymisation des données.

- **Propriété des données et licences :** Les GML peuvent incorporer des données provenant de sources tierces ou utiliser des ensembles de données en libre accès. Il est essentiel de s'assurer que l'organisation possède les droits de propriété et les licences d'utilisation appropriés pour ces données afin d'éviter les risques juridiques ou de réputation. En gérant le GML comme une ressource de données, les organisations doivent mettre en œuvre des accords appropriés de licence et d'utilisation des données et veiller à obtenir les autorisations nécessaires.

- **Gouvernance et contrôle des données :** Les GML nécessitent une gouvernance et une supervision permanentes pour garantir qu'ils sont utilisés de manière efficace et responsable. Il peut s'agir d'établir des rôles et des responsabilités clairs pour la gestion des données, de mettre en œuvre des processus de suivi et d'établissement de comptes rendus appropriés et de veiller à ce que le modèle soit conforme aux valeurs et à l'éthique de l'organisation.

---

### Défis liés à la documentation des données

Les GML s'appuient fortement sur de grandes quantités de données, et leur efficacité et leur précision dépendent de la qualité et de l'exhaustivité des données sur lesquelles ils s'appuient. La documentation des données est essentielle au développement, au déploiement et à l'utilisation continue des GML.

Les défis liés à la documentation des données comprennent :

- **Pipelines de traitement de données complexes :** Les GML nécessitent des pipelines de traitement de données complexes, ce qui rend difficile la documentation efficace des données. Ces pipelines impliquent de multiples sources de données, étapes de traitement et processus de formation de modèles, ce qui rend le suivi de l'origine des données et la compréhension de la façon dont elles ont été transformées compliqués.

- **Des ensembles de données vastes et diversifiés :** Les GML s'appuient sur des jeux de données importants et diversifiés pour générer des constats précis et significatifs. La gestion et la documentation de ces jeux de données peuvent s'avérer difficiles, en particulier s'ils proviennent de plusieurs endroits ou s'ils contiennent des données sensibles. Les organisations doivent mettre en œuvre des pratiques appropriées de documentation des données pour s'assurer que les jeux de données sont bien documentés, accessibles et traçables.

- **Des modèles qui évoluent rapidement :** Les GML évoluent constamment au fur et à mesure que de nouvelles données sont ajoutées et que de nouveaux modèles sont développés. Cela pose le problème de la mise à jour de la documentation des données afin de s'assurer qu'elle reflète correctement le modèle actuel. Il peut être difficile de suivre ces changements, en particulier si le modèle est utilisé par plusieurs départements.

- **Gouvernance et contrôle des données :** Les GML nécessitent une gouvernance et un contrôle permanents pour garantir qu'ils sont utilisés de manière efficace et responsable. Il s'agit notamment de documenter les politiques d'utilisation des données, les mesures de performance du modèle et toutes les considérations éthiques pertinentes. S'assurer que cette documentation est complète et à jour peut s'avérer difficile, en particulier si le modèle est utilisé par plusieurs équipes ou départements.

---

### Défis liés au risque, à la confidentialité et à la sécurité des données

Les GML peuvent contenir des informations critiques sur les clients, les membres et les associés d'une organisation, des données sur les produits et les matériaux, des propriétés intellectuelles et des renseignements financiers et personnels, ce qui en fait une cible attrayante pour les cyber-attaques. Si le GML n'est pas correctement sécurisé, des intrus peuvent voler des données sensibles ou injecter des logiciels malveillants dans le système, ce qui peut entraîner des pertes financières, des amendes réglementaires ou des atteintes à la réputation.

Défis liés au risque, à la confidentialité et à la sécurité des données incluent :

- **Confidentialité des données :** Les GML nécessitent de grands volumes de données textuelles, y compris des renseignements personnels identifiables tels que des noms, des adresses et d'autres données personnelles. Si ces données ne sont pas correctement sécurisées, elles risquent d'être consultées ou volées par des personnes non autorisées.

- **Génération de contenu malveillant :** Les GML peuvent être utilisés pour générer des contenus malveillants, tels que des pourriels, des messages d'hameçonnage ou de faux articles d'actualité. Cela peut être particulièrement préoccupant lorsque le contenu généré par les GML est utilisé pour manipuler l'opinion publique ou influencer des processus décisionnels importants.

- **Attaques adverses :** Les GML sont vulnérables aux attaques qui impliquent la modification intentionnelle des données d'entrée afin que le modèle produise des résultats incorrects ou malveillants. Par exemple, une attaque pourrait être utilisée pour modifier des données textuelles de manière à ce que le GML génère un contenu offensant ou trompeur.

- **Vol de modèles :** Les GML constituent une propriété intellectuelle précieuse, et les modèles eux-mêmes risquent d'être volés ou de faire l'objet d'une rétro-ingénierie. Si une personne non autorisée accède à un GML, elle peut potentiellement l'utiliser pour générer du contenu sans autorisation ou surveillance appropriée.

- **Préoccupations éthiques :** Les GML peuvent générer des données textuelles difficiles à distinguer d'un texte écrit par des personnes. Cela soulève des préoccupations éthiques quant à l'utilisation des GML à des fins de tromperie ou à d'autres fins contraires à l'éthique, telles que la génération de faux avis ou de faux messages sur les médias sociaux.

## *Défis liés à la qualité des données*

Les GML sont sensibles aux problèmes de qualité des données, tels que des données inexactes, incomplètes ou incohérentes. Cela peut être dû à des erreurs de saisie, à la duplication des données ou à des problèmes de formatage des données, entraînant des résultats incorrects ou peu fiables lors de l'utilisation du GML pour la production d'états, d'analyses ou la prise de décision.

Les défis liés à la qualité des données sont notamment les suivants :

- **Biais :** les GML apprennent des biais et des stéréotypes à partir des données qui leur sont fournies, ce qui peut affecter le contenu qu'ils génèrent. Un GML formé sur un texte qui comprend un langage ou des sujets biaisés peut générer un contenu discriminant ou stéréotypé.

- **Données incomplètes ou inexactes :** Les GML nécessitent de grands volumes de données de haute qualité pour apprendre. Si les données utilisées pour former le GML sont incomplètes ou inexactes, cela peut entraîner de mauvaises performances ou des erreurs dans le texte généré. Les GML formés sur des données textuelles comportant des erreurs ou des omissions peuvent générer des textes contenant des inexactitudes factuelles ou des incohérences logiques.

- **Spécificité du domaine :** Les GML sont généralement formés sur de grands ensembles de données qui couvrent un large éventail de sujets et de domaines. Toutefois, si le GML est utilisé dans un domaine ou un contexte spécifique, il risque de ne pas avoir accès aux données pertinentes nécessaires pour générer un texte précis ou pertinent. Un GML formé sur des données textuelles générales peut ne pas être en mesure de générer un langage juridique ou médical précis sans une formation supplémentaire sur des ensembles de données spécialisés.

- **Le bruit :** Les grands ensembles de données peuvent contenir des données non pertinentes ou étrangères, ce qui peut affecter la performance des GML. Le bruit peut également prendre la forme de fautes d'orthographe, d'erreurs de frappe ou de formatage dans les données, ce qui entraîne des erreurs dans le texte généré.

- **Manque de diversité :** Les GML formés sur une gamme étroite de données peuvent limiter leur capacité à générer un contenu diversifié et nuancé. Les GML formés uniquement sur des textes écrits par un groupe particulier d'auteurs peuvent ne pas être en mesure de générer des textes dans d'autres styles ou d'autres voix.

---

### *Défis liés aux tiers et aux fournisseurs*

Les organisations s'appuient souvent sur des fournisseurs tiers pour fournir et gérer leurs GML, ce qui peut présenter des défis supplémentaires. Si le fournisseur subit une violation de données ou un autre incident de sécurité, cela peut compromettre les données de l'organisation et la mettre en danger.

Les défis liés aux tiers et aux fournisseurs incluent:

- **Sécurité des données et protection de la vie privée :** Lorsque les organisations partagent leurs données avec des fournisseurs pour développer ou utiliser des GML, elles peuvent s'exposer à des risques en matière de sécurité des données et de protection de la vie privée. Les fournisseurs peuvent ne pas avoir mis en place le même niveau de mesures de sécurité ou de protocoles de protection de la vie privée, ce qui pourrait entraîner des violations de données ou d'autres incidents de sécurité.

- **Propriété et licence des données :** La propriété et l'octroi de licences pour les données utilisées dans les GML peuvent être complexes, en particulier lorsque plusieurs parties sont impliquées. Les organisations doivent s'assurer qu'elles ont conclu des accords de propriété et de licence appropriés avec leurs fournisseurs et qu'elles comprennent clairement comment leurs données seront utilisées et à qui appartiennent les GML qui en résultent.

- **Contrôle de la qualité et performance :** Les organisations doivent s'assurer que leurs fournisseurs développent et utilisent des GML qui répondent à leurs normes de qualité et de performance. Cela peut nécessiter la mise en œuvre de mesures de contrôle de la qualité et le suivi des performances des fournisseurs afin de s'assurer que les GML produisent les résultats escomptés.

- **Risques liés à la conformité et à la réglementation :** En fonction de l'application ou du secteur, les organisations peuvent être soumises à des réglementations ou des normes spécifiques qui ont un impact sur leur utilisation des GML. Les organisations peuvent être confrontées à des risques juridiques ou réglementaires si leurs fournisseurs ne respectent pas ces réglementations ou normes.

- **Propriété intellectuelle :** La propriété et l'octroi de licences de GML peuvent présenter des difficultés, en particulier lorsque plusieurs parties sont impliquées. Les organisations doivent s'assurer qu'elles ont conclu des accords de propriété et de licence requis avec leurs fournisseurs et qu'elles n'enfreignent pas les droits de propriété intellectuelle d'autrui.

---

### Défis liés à l'efficacité opérationnelle

Les GML peuvent devenir lourds et difficiles à gérer au fil du temps, en particulier s'ils ne sont pas régulièrement entretenus et mis à jour. Cela peut entraîner des inefficacités opérationnelles, telles que des temps de réponse lents, des coûts accrus ou des difficultés à extraire des informations utiles des données.

- **Exigences élevées de calcul :** Les GML nécessitent d'importantes ressources informatiques, notamment une infrastructure de calcul à haute performance, du matériel spécialisé et du stockage. Ces exigences peuvent être coûteuses, tant en termes d'investissements dans l'infrastructure que de dépenses opérationnelles permanentes.

- **Traitement complexe des données :** Les GML s'appuient sur de grandes quantités de données, qui doivent être traitées et formatées d'une manière spécifique pour être utilisables par le modèle. Ce traitement des données peut prendre du temps et nécessiter une expertise spécialisée, ce qui entraîne des inefficacités opérationnelles.

- **Formation et optimisation du modèle :** Les GML doivent être formés sur de grands ensembles de données, ce qui peut prendre des semaines ou des mois. Ce processus de formation nécessite d'importantes ressources informatiques, ainsi qu'une expertise spécialisée dans l'apprentissage automatique et le traitement du langage naturel.

- **Maintenance et mises à jour :** Les GML nécessitent une maintenance et des mises à jour permanentes pour garantir leur efficacité. Il peut s'agir de contrôler les performances, d'identifier et de corriger les erreurs ou les biais, et de mettre à jour le modèle pour refléter les données sous-jacentes ou les changements dans les besoins de l'entreprise.

- **Intégration aux systèmes existants :** Pour être efficaces, les GML doivent être intégrés aux systèmes et flux de travail existants. Cette intégration peut être complexe et nécessiter une coordination importante entre les différentes équipes ou départements, ce qui entraîne des inefficacités opérationnelles.

---

### Ce qu'il faut retenir

Pour gérer efficacement les défis de la gouvernance des données associés aux GML, les organisations doivent envisager d'établir une présence solide du programme de gouvernance des données qui aborde les défis présentés dans cet essai : l'intendance des données, la documentation des données, le risque, la confidentialité et la sécurité des données, la qualité des données, les tiers et les fournisseurs, et l'efficacité opérationnelle. Les grands modèles de langage (GML) sont là pour rester. Alors que les organisations commencent à les utiliser et à les intégrer dans leurs opérations, les programmes de gouvernance des données doivent être proactifs et réfléchir à la manière dont ils relèveront les nombreux défis posés par l'utilisation de cette technologie.

# Expérience : Gouverner le maillage et la fabrique de données

Les termes « maillage de données » et « fabrique de données » sont les termes les plus récents décrivant des techniques visant à aider les organisations à gérer leurs données. Dans cet essai, je me concentre sur le chevauchement et la relation entre la gouvernance des données, la fabrique et le maillage de données, ainsi que sur le rôle des données en tant qu'âme de cette transformation de l'entreprise.

La gouvernance met l'accent sur le comportement des personnes. Elle est souvent liée au pouvoir et au contrôle. La fabrique de données est centrée sur la technologie alors que le maillage de données se concentre sur le changement organisationnel. Il est logique de commencer par le changement organisationnel, car le maillage incite les personnes à modifier leur comportement. Après avoir décrit le lien entre la gouvernance et le maillage, il sera plus facile de traiter du lien entre la gouvernance et la fabrique. Cet ordre est cohérent avec la manière dont on doit appliquer la gouvernance à ces deux techniques complémentaires.

## Gouvernance des données et maillage de données

De nombreuses organisations séparent leurs données opérationnelles de leurs données analytiques. Les données utilisées à des fins d'analyses ont toujours été séparées logiquement et physiquement des données utilisées pour soutenir les opérations de l'organisation. Depuis l'époque révolue de l'entrepôt de données jusqu'à l'époque actuelle de la science des données et des plateformes analytiques, les données utilisées pour prendre des décisions ont été organisées différemment de celles conçues pour soutenir les processus métier.

L'architecture de maillage de données est née du l'idée de confier la responsabilité des données aux personnes qui se trouvent le plus près de ces données. Les termes « décentralisation » et « répartition de la redevabilité » sont au cœur de l'architecture maillée. Ce principe est directement lié à l'intendance des données, un pilier de la gouvernance des données. Les organisations qui formalisent la redevabilité pour la définition, la production et l'utilisation des données en tant que facteur déterminant de la gouvernance de leurs données ont une longueur d'avance sur les organisations qui évitent de faire de l'intendance la base de leurs programmes de gouvernance des données.

Les organisations qui cherchent à améliorer leur efficience et leur efficacité sont souvent décentralisée. Elles réduisent l'impact du changement continu en décomposant l'entreprise en domaines d'activité. Les domaines de données sont des considérations tactiques pour la gouvernance des données, mais l'intendance de ces domaines de données en tant qu'actifs **transorganisationnels** devient très difficile à faire dans ce contexte. La propriété des données par une fonction de l'entreprise peut améliorer l'efficacité mais conduit à des silos de données qui empêche de visualiser l'organisation dans son ensemble.

C'est là que la gouvernance des données doit être appliquée au maillage de données. Une gouvernance efficace exige que les activités des propriétaires de domaines de données soient coordonnées dans l'ensemble de l'organisation. Cette coordination ne se fait pas naturellement et nécessite un effort délibéré pour favoriser la coopération. La redevabilité formalisée des données (intendance) au sein d'un domaine de données et entre ces domaines est nécessaire pour atteindre le niveau de comportement formel lié aux données (gouvernance) nécessaire pour un paysage de données entièrement contrôlé.

### *Gouvernance des données et fabrique des données*

Une fabrique de données est un ensemble de services et d'architectures qui offrent des capacités fiables dans les environnements de données. Cette solution requière la standardisation des pratiques entre les outils de stockage de données et ceux utilisés pour accéder à ces données. La standardisation en tant que service nécessite l'exécution et l'application de l'autorité. Soit la gouvernance des données. La fabrique de données étant technique par définition, elle n'élimine pas la nécessité d'une redevabilité formalisée pour les services et l'architecture.

La fabrique de données est déployée pour optimiser l'accès aux données distribuées et fournir une vue logique et orchestrée des données afin de permettre le libre-service aux parties prenantes. La fabrique permet aux experts en sciences des données d'accéder aux données avec une efficacité et une efficience accrues et d'éliminer la complexité liées aux accès à des silos de données. À l'instar du maillage de données, la mise en œuvre de ces capacités nécessite la coordination et la coopération d'intendants de données formels et d'un écosystème de données gouverné.

Étant donné que la fabrique de données vise à démocratiser et à exploiter pleinement les ressources de données les plus importantes, la réduction de la complexité nécessite une cohérence et une standardisation mises en œuvre par une autorité et une redevabilité formalisée pour les pratiques de gestion des données. Ces pratiques améliorent la qualité des données, la compréhension et les constats, le contrôle et l'accès, la classification, la protection et la sécurité. La mise en œuvre d'une fabrique de données efficace reproduit les objectifs d'une gouvernance des données efficace.

La fabrique de données est un modèle relativement nouveau qui rationalise et intègre la gestion des données d'entreprise de nouvelle génération et fournit des données vers plusieurs points de livraison, y compris des environnements sur site et infonuagiques. La fabrique de données est une architecture et un ensemble de services qui soulagent les limitations physiques, fournissent un accès uniforme aux données et accélèrent la transformation numérique.[24]

---

### Ce qu'il faut retenir

Cet essai traite de la relation entre la gouvernance des données, la fabrique de données et le maillage de données, ainsi que du rôle des données en tant qu'âme de la transformation de l'entreprise. La disponibilité de personnes et des ressources nécessaires pour la construction d'un maillage de données et d'une fabrique de données réussis est un facteur de succès. Une coordination et une coopération gouvernées de ces personnes sont essentielles pour que l'organisation tire le meilleur parti de ses données.

---

[24] Paraphrase de l'aperçu du livre électronique, Tittel, Ed. La fabrique de données pour les nuls (Hitachi Vantara Special Edition)).

## Expérience : Questions auxquelles les métadonnées peuvent répondre

Le monde des technologies de l'information s'est considérablement développé au cours des vingt-cinq dernières années. Depuis l'époque des cartes perforées (je suis vieux!), à celle de l'entreprise numérique, de l'informatique décisionnelle, des mégadonnées, de l'intelligence artificielle, de l'apprentissage automatique, du maillage et de la fabrique de données – on pourrait croire qu'on a tout vu.

Mais nous sommes loin du compte. On ne peut qu'imaginer ce que les vingt-cinq prochaines années nous réservent. La nécessité de gérer les données, les informations et les connaissances sera un motivateur solide dans un avenir prévisible. La capacité d'une organisation à gérer ses données, ses informations et ses connaissances déterminera son succès.

Les organisations doivent savoir quelles données elles ont pour gérer leurs données, leurs informations et leurs connaissances. Elles doivent savoir précisément comment leurs données sont utilisées et comment elles peuvent être exploitées pour créer un avantage concurrentiel. Une grande partie de ces connaissances existe sous la forme de métadonnées. Pour certains, les métadonnées sont des « données sur les données ». Ou, comme je définis les métadonnées, « des données stockées dans des outils informatiques qui améliorent à la fois la compréhension opérationnelle et technique des données et des actifs liés aux données. »

Lorsqu'elles sont gérées efficacement, les métadonnées répondent à un grand nombre des questions que les gens se posent sur les données de votre organisation et les métadonnées deviennent la clé pour accroître la confiance que les gens ont dans les données qu'ils utilisent. En planifiant la manière dont votre organisation va gérer et gouverner les métadonnées, vous augmentez la probabilité que vos programmes de gouvernance des données et de gestion des métadonnées apportent de la valeur aux parties prenantes de votre organisation.

Un plan de métadonnées doit comprendre l'identification des questions que les gens poseront sur les données et des questions auxquelles les métadonnées répondront. Cet essai aborde plusieurs catégories de métadonnées qui devraient faire l'objet d'une attention particulière au début de votre parcours autour des métadonnées, les questions que les gens poseront à propos de vos données et les questions auxquelles les métadonnées peuvent répondre.

## *Catégories de métadonnées*

J'ai classé les questions en six catégories. Si ces catégories ne répondent pas à vos besoins, organisez vos questions d'une manière qui ait du sens pour vous. Par exemple, les métadonnées relatives au mouvement des données sont incluses dans ma catégorie de définition parce que le fait de savoir d'où viennent les données et comment elles ont été manipulées avant d'atteindre l'endroit où vous accédez aux données relève logiquement de la catégorie de définition.

Les six catégories que j'ai choisies sont :

- Métadonnées de définition des données métier
- Métadonnées de structure des données
- Métadonnées de gouvernance et d'intendance des données
- Métadonnées des rapports et analyses
- Métadonnées des règles métier
- Métadonnées de rationalisation

## *Avant de lire les questions*

Les catégories de questions sont importantes. Cependant, il existe quelques questions connexes que vous pouvez envisager de poser pour chacune des questions des catégories. Les réponses à ces questions peuvent vous fournir les informations dont vous avez besoin pour justifier la gestion de vos métadonnées.

Pendant que vous lisez les catégories, répondez à ces trois questions simples :

- Mon organisation peut-elle répondre à ces questions?
- Quel est le coût pour mon organisation de répondre à ces questions?
- Qu'arrive-t-il si nous ne pouvons pas répondre à ces questions?

Vous serez surpris de constater à quel point il devient simple de justifier la gestion des métadonnées si vous examinez les réponses à ces trois questions par rapport aux questions fournies ci-dessous. Bon nombre des questions que je vais vous soumettre pourraient être classées dans plusieurs catégories. Et il y a des questions pertinentes pour vous que je n'ai pas énumérées ici. Envisagez de commencer votre propre liste de questions auxquelles les métadonnées peuvent répondre et répondez aux trois questions ci-dessus pour justifier l'effort qui sera consacré à la gestion de vos métadonnées.

### *Métadonnées de définition des données métier*

Les métadonnées de définition des données d'entreprise décrivent les caractéristiques logiques et physiques des données, ainsi que le chemin qu'elles suivent pour atteindre leur cible. Les caractéristiques logiques sont axées sur les taxonomies de données, les glossaires métier de la terminologie, les dictionnaires de données pour les ressources de données opérationnelles, les référentiels de normes de données et de règles métier, et la connexion entre les structures de données logiques et physiques. Les caractéristiques physiques des données sont détaillées dans la catégorie des structures de données. Les métadonnées de mouvement se concentrent sur le mappage source-cible et les transformations qui ont été effectuées sur les données dans ce mouvement.

Il s'agit de la première catégorie de questions sur les métadonnées que de nombreuses organisations demandent et fournissent, car elle améliore l'accessibilité des données, leur utilité et la confiance qu'elles inspirent. Les utilisateurs posent souvent ce type de questions sur la définition des données d'entreprise :

- Quelles sont les données dont dispose mon organisation?
- Comment les données de l'organisation sont-elles organisées?
- Comment les données sont-elles liées à d'autres données?
- Quelle est la définition opérationnelle des données?
- Quelles sont les données considérées comme critiques?
- Quels sont les attributs physiques des données?
- Quelles sont les règles métier associées aux données?

- Quelle est la norme de qualité des données?
- Quelle est la qualité des données?
- Les éléments de données ont-ils des domaines restrictifs?
- Quelles sont les valeurs autorisées pour les données?
- D'où proviennent mes données? De quel système ou base de données proviennent-elles?
- Comment les données ont-elles été manipulées (transformées) au cours de leur parcours vers la cible?
- Qui a été autorisé à modifier ces données et quand ont-elles été modifiées?
- Quel(s) champ(s) a (ont) été utilisé(s) pour alimenter ces données, ou le champ a-t-il été dérivé?
- Comment les données ont-elles été dérivées ? À l'aide de calculs, de conditions ou des deux?
- La valeur de ces données dépend-elle de la valeur d'autres données? Lesquelles et comment?

## *Métadonnées de structure des données*

Les métadonnées de structure de données décrivent les données physiques. Les métadonnées de structure de données sont stockées dans une plate-forme de données technologiques ou dans le catalogue de bases de données d'un produit. Les développeurs et les administrateurs de bases de données accèdent à ces métadonnées et les mettent à jour à l'aide d'outils de gestion de bases de données. Les utilisateurs opérationnels accèdent à ces métadonnées, notamment les personnes qui élaborent des requêtes ou utilisent des outils d'analyse pour examiner les données et établir des comptes rendus à partir de celles-ci.

Les utilisateurs posent souvent ce type de questions sur les structures de données physiques :

- Quelles sont les bases de données existantes?
- Où les données sont-elles stockées?

- Quels sont les noms des tables de la base de données?
- Quelles sont les colonnes des tables?
- Quelles sont les clés des tables et quels sont les autres index existants?
- Comment ces données sont-elles liées à d'autres données?
- Quelles sont les vues existantes?
- Quand la structure de la base de données a-t-elle été mise à jour?
- Quel est l'historique des modifications apportées à la structure des données?

---

### *Métadonnées de gouvernance et d'intendance des données*

Les métadonnées de gouvernance et d'intendance décrivent les relations entre les personnes et les données en termes d'expertise, d'autorité, de propriété et d'intendance des données. Les données relatives aux relations entre les personnes et les données sont des métadonnées qui répondent à la question la plus fondamentale et la plus souvent posée : « À qui appartiennent les données? » Les organisations consignent des métadonnées sur « qui fait quoi » avec leurs données pour démontrer qui les gouverne et comment elles sont gouvernées.

Les métadonnées d'intendance des données décrivent les personnes qui sont redevables de la définition, de la production et de l'utilisation des données. Les organisations conservent rarement les métadonnées d'intendance des données, et ceux qui les gèrent utilisent souvent des bases de données personnelles et des feuilles de calcul. Les catalogues de données deviennent l'outil de choix pour stocker les métadonnées d'intendance des données.

- Qui doit-on contacter si l'on a une question sur les données?
- Qui est responsable de la définition des données?
- Qui est redevable de la production des données?
- Qui utilise les données et avec qui les partage-t-on?
- Qui est habilité à prendre des décisions concernant les données?
- Qui est responsable de la mise en correspondance des données entre les systèmes et de l'attribution de valeurs aux données?

### *Métadonnées des rapports et analyses*

Cette catégorie de métadonnées fournit un inventaire des artefacts de rapport et d'analyse de l'organisation. Ce type de métadonnées décrit les rapports créés, les tableaux de bord partagés, les analyses effectuées et l'endroit où trouver les métadonnées destinées à améliorer la capacité de l'organisation à utiliser ses comptes rendus et ses capacités d'analyse.

Cette catégorie de métadonnées décrit également les étapes permettant d'accéder aux rapports et aux analyses, la description de la manière dont les données peuvent être interprétées, les outils disponibles, les descriptions des rapports, etc. Les métadonnées des rapports et d'analyses se trouvent généralement dans les outils de rapport et dans les types de documentation traditionnels (bases de données, traitement de texte et feuilles de calcul).

- Quels sont les rapports produits ou les analyses réalisées?
- Quelle est la description et l'objectif du rapport, de l'analyse?
- Comment puis-je accéder aux rapports ou aux analyses?
- Comment obtenir l'autorisation d'utiliser les données?
- Comment les rapports et les analyses choisissent, organisent, trient, regroupent, totalisent et affichent les données?
- Quelles données ont été utilisées par un rapport ou un ensemble d'analyses spécifique?
- Quand le rapport ou l'analyse a-t-il été mis à jour?
- Dois-je exécuter le rapport ou l'analyse moi-même ou les artefacts qui en résultent sont-ils déjà disponibles?

### *Métadonnées des règles métier*

Les métadonnées des règles métier décrivent le fonctionnement de l'entreprise et les contraintes qui s'appliquent à une organisation. Les règles métier décrivent les relations entre les données et les exigences qui définissent l'utilisation des données par l'entreprise. Les métadonnées des règles métier existent généralement dans un outil de modélisation ou dans des moteurs de règles métier, souvent dans des documents non structurés et des feuilles de calcul.

- Quelle est la relation entre les activités de l'entreprise et les données?
- Quelle est la cardinalité de cette relation (1:1, 1:m, m:n)?
- Quelles sont les conditions opérationnelles dans lesquelles une donnée peut prendre certaines valeurs?
- Quelles valeurs une donnée peut-elle prendre? Quelle est la signification de ces valeurs?
- Comment les données sont-elles créées, mises à jour et supprimées?
- Quand les règles sont-elles établies? Qui établit les règles?

## Métadonnées de rationalisation

Ma définition de la rationalisation est la suivante : « donner un sens à quelque chose ». Les organisations doivent donner un sens à leurs données. Les métadonnées de rationalisation décrivent comment les données sont communes et liées à d'autres données dans l'entreprise. Des données similaires existent souvent dans plusieurs systèmes, avec plusieurs définitions et dans plusieurs formats. Pour que les données aient un sens, il faut que les similitudes et les différences soient bien documentées et accessibles aux personnes qui prennent des décisions à partir des données.

Par exemple, à la question typique « Combien de gadgets avons-nous vendus? », on peut répondre de différentes manières en fonction de la définition et du contexte commercial d'un « gadget » et d'une « vente ». La réponse à cette question dépend de la source de données utilisée et de la manière dont ces concepts sont définis et enregistrés dans les données. Les métadonnées de rationalisation peuvent décrire le degré de similitude et de différence des données au sein de l'organisation.

La rationalisation des métadonnées consiste simplement à établir des connexions entre les métadonnées stockées dans votre outil de métadonnées. Le découverte de ces connexions peut être assistée par l'automatisation, ou les actions de rationalisation des données et des métadonnées peuvent être manuelles. Les métadonnées de rationalisation sont souvent stockées dans des glossaires métier, des dictionnaires de données, d'autres référentiels de métadonnées et des types de documentation traditionnels.

- Comment les données que j'utilise se comparent-elles à des données définies de manière similaire dans l'ensemble de l'organisation?
- Pourquoi obtenons-nous des résultats différents pour une même question posée à plusieurs personnes?
- Quelles sont les autres données existantes susceptibles d'être liées aux données que j'utilise?
- Quelles sont les normes relatives à la définition, à la production et à l'utilisation des données que j'utilise?
- Comment les données que j'utilise se comparent-elles aux normes de définition, de production et d'utilisation?
- Comment puis-je naviguer dans les métadonnées pour trouver les données dont j'ai besoin?

---

### Ce qu'il faut retenir

Lorsque vous planifiez votre gestion des métadonnées, il est logique de commencer par identifier les questions que les gens poseront sur les données de votre organisation. Cet essai aborde plusieurs catégories de métadonnées qui devraient faire l'objet d'une attention particulière au début de votre démarche, les questions que les gens poseront sur vos données et les questions auxquelles les métadonnées peuvent répondre.

Les métadonnées répondent à un grand nombre de questions que les gens se posent sur les données de votre organisation et sont la clé pour accroître la confiance que les gens ont dans les données qu'ils utilisent. La planification de la gestion et de la gouvernance des métadonnées par votre organisation, grâce à une compréhension approfondie des questions auxquelles répondent les métadonnées, améliore la probabilité que vos programmes de gestion des métadonnées apportent de la valeur aux parties prenantes de votre organisation.

# Expérience : Exigences pour les outils de métadonnées

Les outils de métadonnées, tels que les catalogues de données et les référentiels de métadonnées, sont utiles aux organisations à plusieurs égards. Ils permettent notamment d'améliorer les capacités de découverte et de localisation des données, de mieux comprendre les données, d'améliorer la gouvernance et la gestion de la définition, de la production et de l'utilisation des données, et d'améliorer la collaboration afin d'accroître la qualité et la valeur des données.

Lors de la sélection d'un outil, il est important d'identifier les exigences techniques et opérationnelles qui seront utilisées pour faire correspondre les outils aux besoins de l'organisation. Les exigences opérationnelles, ou la manière dont on utilisera les métadonnées, sont extrêmement précieuses pour la sélection. Pour en savoir plus sur ces exigence, utilisez l'essai précédent sur les questions auxquelles les métadonnées devront répondre.

Nous devons également tenir compte des exigences techniques lorsque nous évaluons la capacité d'un outil à démontrer sa valeur. Dix catégories d'exigences techniques doivent être prises en compte dans le cadre du processus de sélection, indépendamment des exigences opérationnelles.

Les catégories sont:

- Métamodèles et versions du logiciel
- Extensibilité
- Chargements auto-définis
- Représentation des rôles
- Intégration des processus
- Contrôle des changements et des versions
- Communications
- Navigation pour l'utilisateur
- Formation et éducation
- Ressources nécessaires

Cet essai décrit brièvement ces exigences techniques à prendre en compte lors de la sélection de l'outil de métadonnées approprié pour votre organisation.

## *Métamodèles et versions du logiciel*

Les métamodèles représentent la manière dont les métadonnées sont stockées dans l'outil. Les métamodèles sont souvent spécifiques à un fournisseur ou à un produit, en fonction de la façon dont les métadonnées sont représentées dans chaque outil. Par exemple, un métamodèle peut varier d'un système de gestion de base de données à l'autre. Les métadonnées d'une base de données Oracle peuvent être différentes de celles d'une base de données IBM.

Les fournisseurs réutilisent souvent les métadonnées et des portions de métamodèles gérées par leurs outils. Par exemple, le métamodèle de base de données physique réutilisera les composants d'une base de données physique (le nom de la base de données, de la table, de la colonne, de la clé) et le métamodèle logique réutilisera les caractéristiques de la modélisation logique (entités, attributs, domaines).

Les informations contenues dans les métamodèles deviendront importantes:

- si vous accédez aux métadonnées par d'autres moyens que l'outil;
- si vous développez vos propres fonctions de chargement des métadonnées;
- si vous développez vos propres rapports à partir des métadonnées contenues dans les outils;
- si vous intégrez les métadonnées entre les outils et la plateforme;
- si vous souhaitez évaluer la qualité des métadonnées dans l'outil.

Les métamodèles sont souvent associés à des versions de l'outil de métadonnées. Par exemple, lorsqu'un produit passe d'une version à l'autre, la manière dont les métadonnées sont stockées dans l'outil est généralement modifiée. Les métamodèles sont mis à jour pour représenter ces changements.

## Extensibilité

L'extensibilité est la capacité d'ajouter des catégories de métadonnées et des attributs à la version de base de l'outil de métadonnées et de les incorporer dans les métamodèles existants et les fonctionnalités de l'outil. L'extensibilité devient importante lorsque l'outil ne répond pas précisément à vos besoins ou à vos exigences. Les extensions entraînent généralement des modifications des métamodèles. Les organisations maintiennent généralement un environnement de développement pour créer, tester et intégrer les modifications dans la base de données de l'outil. Les extensions de l'outil qui permettent d'alimenter les métadonnées requièrent généralement la possibilité d'entrer et de maintenir les métadonnées dans l'outil lui-même, ou de créer un processus de chargement personnalisé ou auto-défini (voir plus loin).

## Chargements auto-définis

L'expression « chargements auto-définis » est utilisée pour décrire la capacité de concevoir et de construire des processus personnalisés pour charger les métadonnées dans l'outil. Les fournisseurs offrent généralement la possibilité de charger des métadonnées à partir d'un nombre fini d'outils dans votre environnement grâce à des connecteurs qui lisent les métadonnées dans ces outils et les insèrent correctement dans le catalogue de données ou le référentiel. Ces connecteurs peuvent être inclus dans l'outil de métadonnées ou doivent être achetés auprès d'un intégrateur. C'est probablement de là que proviendront la plupart de vos métadonnées (d'autres outils).

La possibilité de définir et de déployer un processus de chargement personnalisé est essentielle pour contrôler votre capacité à charger rapidement et facilement des métadonnées provenant d'endroits non soutenus par le fournisseur.

Une autre raison pour laquelle ces chargements sont importants est que, même si vous pouvez acheter le « moteur » permettant de charger les métadonnées d'un outil vers l'outil de métadonnées, les fournisseurs publient souvent de nouvelles versions de leur logiciel de manière indépendante. Le moteur peut cesser de fonctionner correctement lorsqu'un fournisseur modifie la manière dont les métadonnées sont stockées dans son outil. La synchronisation du moteur de chargement des métadonnées retarde alors son utilisation. Par conséquent, la définition et le déploiement de chargements auto-définis deviennent essentiels pour maintenir à jour les métadonnées.

Cette fonctionnalité est étroitement liée à l'extensibilité définie auparavant. Lorsque l'outil de métadonnées est étendu à de nouvelles informations, les moteurs qui fonctionnent entre les outils n'alimentent pas les extensions. Ou bien les extensions se traduisent par une catégorie ou un domaine de métadonnées qui ne peut être chargé par les moyens traditionnels. Par conséquent, la capacité d'écrire et de maintenir des fonctions de chargement personnalisées devient essentielle pour le chargement des métadonnées dans l'outil.

## Représentation des rôles

La représentation des rôles est la capacité de l'outil à consigner les personnes dans les rôles définis dans le cadre de votre modèle opérationnel de gouvernance des données. La définition claire de la redevabilité des données est au cœur de votre programme de gouvernance des données. Cette redevabilité doit porter sur les données gouvernées ainsi que sur les métadonnées associées à ces données. Les outils de métadonnées doivent pouvoir associer 1) une personne à un rôle et 2) un rôle à une fonction de l'outil.

Souvent, plusieurs personnes jouent le même rôle ou un rôle similaire dans un programme de gouvernance des données. Par exemple, toutes les personnes qui utilisent un type spécifique de données doivent respecter les mêmes règles en matière de protection des données, de gestion des risques et de qualité. Une même personne peut jouer plusieurs rôles. Il est donc important que 1) les personnes puissent être associées à plusieurs rôles et 2) que plusieurs rôles puissent être associés simultanément aux données, aux métadonnées et aux processus. Il est important que l'outil de métadonnées puisse représenter efficacement ces relations.

## *Intégration des processus*

L'intégration des processus est un terme utilisé pour décrire la manière dont l'outil de métadonnées peut faire partie des activités quotidiennes associées aux données et à la gouvernance de ces données. Les métadonnées contenues dans l'outil ne prendront de la valeur que si elles sont stockées et utilisées afin que les personnes puissent facilement utiliser ces métadonnées pour améliorer l'efficacité et l'efficience des opérations de l'entreprise. Il est donc important que les outils s'intègrent facilement et efficacement dans les processus métiers.

L'intégration des processus peut inclure des processus de métadonnées simples tels que l'ajout de nouvelles métadonnées, la mise à jour de ces métadonnées et la suppression de métadonnées. Les processus peuvent également être plus complexes, comme la fourniture de la signification et de la traçabilité des données avec les données dans un rapport, sur un tableau de bord, sur un écran, ou la capacité de coordonner le processus de rétroaction sur les définitions de données nouvelles ou affinées. La capacité à mettre les métadonnées entre les mains des personnes est essentielle au succès des outils de métadonnées.

## *Contrôle des changements et des versions*

Le contrôle des modifications est une exigence importante de la mise en œuvre d'un outil de métadonnées. Le contrôle manuel et automatisé des modifications apportées aux métadonnées contenues dans l'outil est essentiel à la réussite de la mise en œuvre et de l'utilisation de l'outil. Sans un contrôle efficace des modifications, les métadonnées stockées dans l'outil deviennent une image des métadonnées à un moment passé. Par exemple, il est extrêmement important de charger la structure de la base de données de l'entrepôt de données dans l'outil de métadonnées. Cependant, il est essentiel de maintenir ces informations à jour lorsque la conception de l'entrepôt de données évolue afin de conserver des métadonnées actuelles et de haute qualité dans le catalogue ou le référentiel.

La gestion des versions est également une exigence importante de la mise en œuvre de l'outil. Le registre et la conservation des modifications apportées aux métadonnées deviennent un actif précieux pour l'organisation. Les outils de métadonnées doivent disposer de capacités efficaces pour suivre l'historique des modifications apportées aux métadonnées.

## Communications

La capacité de l'outil de métadonnées à améliorer les communications associées aux données critiques devient vitale pour tirer le meilleur parti de l'outil de métadonnées. L'outil de métadonnées doit fournir les fonctions de communication les plus élémentaires. Ces fonctions peuvent être aussi simples que de fournir les coordonnées de la personne à contacter en cas de question sur les données, ou aussi complexes que de notifier à toutes les parties prenantes concernées qu'une règle associée aux données a été modifiée.

## Navigation pour l'utilisateur

Les exigences relatives à la navigation portent sur la capacité des consommateurs à parcourir les métadonnées de l'outil pour trouver les informations nécessaires à l'accomplissement de leur tâche. Ces exigences couvrent les fonctions et les opérations que les utilisateurs considèrent comme essentielles pour tirer le meilleur parti de l'outil de métadonnées.

## Formation et éducation

Une formation et un entraînement doivent être dispensés pour familiariser les personnes avec l'outil de métadonnées, ses fonctionnalités et la manière dont il peut être utilisé. La plupart des fournisseurs proposent une formation importante à leur clientèle par le biais de différents canaux (par exemple, hors site, sur site, en ligne/à distance et à la demande). Votre organisation doit prendre en compte la formation dans le processus d'évaluation des outils de métadonnées.

La formation fait généralement partie du prix d'achat et de maintenance de l'outil et doit être prise en compte dans le coût total de possession. La formation doit être prise en compte pour la gestion du produit – y compris l'installation, les tests, le développement d'environnements de test et de production, la maintenance et les nouvelles versions de l'outil, le développement et la synchronisation des connecteurs pour copier les métadonnées vers et à partir de l'outil.

La formation et l'éducation des utilisateurs deviennent également très importantes dans la mise en œuvre de l'outil. Il est important de fournir aux utilisateurs une base solide sur la gouvernance des données et la définition, la production et l'utilisation des métadonnées, ainsi que de les former et de les informer sur l'accès à l'outil et ses fonctionnalités. Le soutien continu aux utilisateurs est également extrêmement important, non seulement lors du déploiement de l'outil, mais également sur une base régulière et en fonction des besoins.

## *Ressources nécessaires*

Les besoins en ressources sont un facteur de réussite technique essentiel lorsqu'il s'agit d'investir dans un outil de métadonnées et de le mettre en œuvre. Les outils de métadonnées nécessitent des ressources pour une mise en œuvre réussie et durable. La quantité de ressources nécessaires varie en fonction de la complexité de l'organisation et de la taille, de l'étendue, des objectifs et des attentes de la mise en œuvre des métadonnées.

Le plus souvent, le fait de disposer des ressources nécessaires à la mise en œuvre et à la maintenance d'un outil de métadonnées devient un facteur de réussite déterminant. J'observe souvent que les entreprises fonctionnent avec un personnel très réduit, dont les membres jouent de nombreux rôles différents. Il est donc essentiel que votre organisation comprenne parfaitement les ressources nécessaires pour tirer le meilleur parti de son outil de métadonnées.

Le fournisseur de l'outil de métadonnées doit être en mesure de vous remettre une estimation des ressources nécessaires au déploiement de son outil et au soutien de vos communautés techniques et opérationnelles. Il doit être en mesure de fournir des informations basées sur des mises en œuvre similaires avec des attentes semblables à celles de votre organisation.

## *Ce qu'il faut retenir*

La plupart des organisations reconnaissent que les exigences opérationnelles jouent un rôle important dans l'évaluation de tous les outils logiciels, en particulier les outils de métadonnées. Cependant, elles ne reconnaissent peut-être pas que ces exigences ne sont pas les seules à prendre en compte lors de l'évaluation des outils et des fournisseurs.

Cet essai traite d'une série d'exigences techniques qui doivent également être prises en compte lors de l'évaluation de la capacité d'un outil à démontrer sa valeur. Cet essai a brièvement abordé dix catégories d'exigences techniques relatives aux outils de métadonnées qui doivent être prises en compte dans le cadre du processus de sélection d'un outil.

## Perspectiue : Les métadonnées ne se gouvernent pas d'elles-mêmes

Pour conclure ce livre, je vais aborder un de mes sujets préférés : la gouvernance des métadonnées. La gouvernance des métadonnées est plus facile à expliquer si l'on sépare le terme en deux parties : la gouvernance des métadonnées et la gouvernance des données. Demandez à une organisation qui excelle dans la gestion des métadonnées si elle gouverne ou non ses métadonnées, et elle vous répondra certainement par l'affirmative. Ces organisations veillent à ce que des personnes soient formellement redevables des métadonnées, car on sait que les métadonnées ne se gouvernent pas d'elles-mêmes.

La redevabilité formelle signifie que le fait de ne pas prendre les mesures requises entraîne des conséquences. La redevabilité formelle exige que les actions soient documentées et formalisées en étant incluses dans la description de poste d'une personne et sert à l'évaluation de ses performances. Certaines organisations sont réticentes à l'idée d'une redevabilité formelle parce qu'elle semble envahissante ou qu'elle s'ajoute aux tâches existantes d'une personne.

La redevabilité est souvent supposée mais n'est pas formellement appliquée. C'est l'application formelle des directives et des règles qui semble menaçante pour les individus et pour l'organisation. Mon expérience avec l'approche non intrusive de la gouvernance des données a montré qu'on ne doit formaliser la redevabilité que pour les actions dont on doit s'assurer qu'elles ont bien lieu. La redevabilité formelle pour d'autres actions semblera intrusive.

La plupart des redevabilités requises pour les données doivent également être appliquées aux métadonnées. Pour garantir des métadonnées de qualité, des personnes doivent être formellement redevables de la définition des méta-données importantes pour l'organisation, de leur production et de leur utilisation. Les programmes de gouvernance des données doivent se concentrer sur l'orientation des actions de ces personnes afin de garantir que les métadonnées sont définies, produites et utilisées de manière cohérente.

Un intendant de métadonnées, comme un intendant de données typique, est une personne qui définit, produit ou utilise des métadonnées dans le cadre de son travail et qui est formellement redevable des actions qu'elle fait sur les métadonnées. Ces personnes sont essentielles à vos efforts de gestion et de gouvernance des métadonnées.

Le concept de gouvernance des métadonnées, ou de gestion formelle de la documentation des données, est peut-être nouveau pour votre organisation. Ainsi, la gouvernance des métadonnées peut être perçue comme un élément supplémentaire ou intrusif de la gouvernance. Pour remédier à cette perception, il est nécessaire d'intégrer les activités de définition, de production et d'utilisation des métadonnées dans les fonctions et procédures actuelles des employés.

Gouverner la définition des métadonnées signifie qu'il existe une redevabilité formelle pour la sélection des métadonnées appropriées qui doivent être gouvernées. Cette action consiste notamment à fournir des descriptions utilisables des métadonnées, à expliquer pourquoi elles sont importantes et comment elles peuvent et doivent être utilisées. La gouvernance de la définition des métadonnées comprend la formulation de lignes directrices et de normes pour les métadonnées qui seront produites et utilisées, ainsi que le suivi des exigences relatives aux métadonnées supplémentaires qui seront régies.

Régir la production de métadonnées signifie qu'il existe une redevabilité appliquée pour la création et la mise à jour des métadonnées. Il s'agit notamment de garantir que les métadonnées seront produites au moment et à l'endroit appropriés, conformément aux lignes directrices et aux normes spécifiques associées à cette catégorie de métadonnées. Les lignes directrices et les normes associées à la production de métadonnées se concentrent sur l'exactitude, l'exhaustivité, la cohérence et l'actualité des métadonnées.

Gouverner l'utilisation des métadonnées signifie qu'il existe une redevabilité formalisée pour l'utilisation des métadonnées afin de garantir que les actions entreprises avec elles sont appropriées, conformes, responsables et éthiques. La gestion de l'utilisation des métadonnées garantit que les règles associées à l'utilisation des données et des métadonnées sont partagées avec les données.

Envisagez la ludification de vos initiatives de gouvernance des métadonnées afin de rendre les actions de gouvernance des métadonnées moins menaçantes ou intrusives. Dans un essai précédent, j'ai présenté quatre approches de la ludification de la gouvernance des données. Par exemple, mesurer l'engagement des intendants de données et de métadonnées lorsqu'ils participent à la gouvernance des données et des métadonnées.

En outre, envisagez d'automatiser autant que possible la définition, la production et l'utilisation des métadonnées afin de réduire votre niveau de dépendance à l'égard des responsables des métadonnées. L'automatisation des métadonnées exige que vous sachiez où et quand les métadonnées sont produites, quand les changements se produisent, comment les changements de métadonnées seront reflétés dans vos outils de métadonnées, qui sera informé des changements de métadonnées, et que vous automatisiez les processus de métadonnées lorsque des changements de métadonnées se produisent.

Les organisations reconnaissent que la documentation des données et les métadonnées jouent un rôle important dans la gouvernance et la gestion des données. L'automatisation des processus de définition, de production et d'utilisation des métadonnées deviendra de plus en plus importante à mesure que les organisations exploiteront les informations et les métadonnées dont elles disposent sur leurs données.

---

## Ce qu'il faut retenir

Sans automatisation, vous dépendrez de vos intendants de métadonnées pour définir, produire et utiliser vos métadonnées. La qualité de la définition, de la production et de l'utilisation de vos métadonnées sera un facteur important de la réussite de vos efforts en matière de gestion et de gouvernance des données.

Mobilisez vos intendants de métadonnées pour améliorer les chances de réussite de vos efforts de gestion des métadonnées. Il n'existe pas de solution magique à la gouvernance des métadonnées et à la production de métadonnées de grande valeur. L'absence de mesures formelles concernant les métadonnées se traduira par un faible niveau de confiance dans les données de votre organisation. Les métadonnées ne se gouvernent pas d'elles-mêmes.

# Index